Llewellyn's
Complete Book of

儀式魔法全書
CEREMONIAL MAGICK
西方祕法傳統完整指南

隆·麥羅·杜奎特、大衛·修梅克
——著——

邱俊銘、羅亞琪、邱鈺萱
——譯——

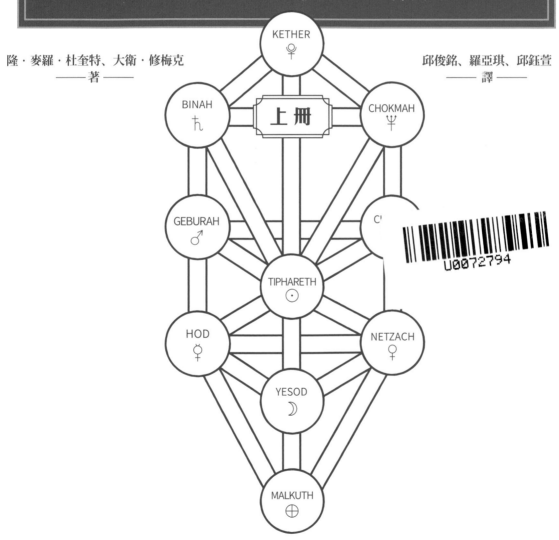

上冊

KETHER

BINAH   CHOKMAH

GEBURAH   C

TIPHARETH

HOD   NETZACH

YESOD

MALKUTH

楓 樹 林

推薦序
讓我們一起喚起魔法的靈魂

　　這是一本2020年出爐的魔法全書，亞馬遜網路五星評價。楓樹林出版社能在2021年將中譯本快速問世以饗讀者，的確令愛好閱覽心靈書籍的讀者感到興奮雀躍！

　　我個人因為多年鑽研宗教哲學與宗教心理學的背景，深知魔法在西方宗教世界以及西方人的心理世界，長期處於「補償」的非主流位置，並不總是能夠上得了檯面的。其中瑞士心理學家榮格（C. G. Jung）熱衷解讀魔法靈異現象的傾向，在上個世紀即飽受精神分析主流佛洛伊德學派的鄙夷，以及美國知名靈媒蘇菲亞（Sylvia Browne）在公共傳媒上現身尋求對話時，主流精神科醫師也往往避之唯恐不及，都只是俯拾即是的顯例而已。而學術界對魔法現象的探討，大多只停留在歷史與哲學的層次，絕少能夠直探魔法的儀軌與經驗核心，予以系統性的研究論述。因此，直到二十一世紀的今日，能有一本如此厚重的魔法大全書籍出版，並獲得靈修圈內人士的好評，實在不能不說是出於時遷世移帶來的改變效應。

　　身處科學時代的理性頭腦們，也許會好奇問說：「為什麼要學習魔法」？「為什麼會有那麼多人熱衷學習魔法」？「究竟要怎樣才能正確的學習魔法」？其中第一個問題是關於魔法的本質，第二個問題涉及時代的背景，而第三個問題則是技術層面的。讀者在閱讀這本魔法書之前，如果能夠適當的回答以上三個問題，相信對於本書的當代價值及其對個人修煉的意義，便能一目了然。

　　首先讓我們回答第一個問題：「為什麼要學習魔法？」。

　　要回答這個問題我們必須先弄清楚，「什麼是魔法」？在不涉及複雜歷史定義的情況下，我們可以簡要的說，魔法是開發彰顯人類本具生命神奇力量的各種方法。既然是人類本具的能力，那為何還需要特別學習魔法的方法來顯現它的效能呢？概括地說，是人類在演化過程中由於理性逐步抬頭，乃至壓倒了非理性的力量所致，而後者正是魔法所要釋放的能量區塊

所在。根據美國普林斯頓大學心理學家簡寧斯（Julian Jaynes）的人類意識起源論，人類在原始時期的思想行為是由右腦主導的，那時我們今日所謂的「靈異經驗」，在彼時根本是家常便飯的事。自從文字發明以後，雖然人類在傳播、貿易、科技等方面突飛猛進，逐漸形塑了我們今日引以為傲的物質文明，但是這時人類的思想行為卻逐漸落入左腦的掌控，以至於神異經驗被壓抑乃至於消失得無影無蹤。徵諸西方史實，魔法的長期受到打壓就是此一大腦意識模式發展在社會層面上的映現。因此，學習魔法就是要恢復人類本具而被壓抑下來的潛能，以見證生命的神奇靈異。

第二個問題是，「為什麼會有那麼多人熱衷學習魔法」？

我們可以在前面一個問題的答案基礎上，加上時代背景的解析說明，應該就可以回答這個問題。眾所周知，二十世紀是理性擅場的世紀，人類透過科技與工商業活動開創了前所未有的物質文明成就，徹底改變了人類生存居住的環境，但也因此造就了巨大的生態災難，以及人類精神文明的暗黑、荒蕪與病態。換言之，人類的魔法能力都轉移到科技的魔幻發明上去了，但在與自身神奇力量的接觸與連結方面，卻陷入史無前例的低谷中。基於補償性的反彈，以及因解構帶動的一定程度的靈性覺醒，人們開始恢復對魔法的好奇心與學習的熱衷。比如哈利波特魔法師小說與電影的暢銷流行，占星塔羅的滲入大眾文化傳播，記載榮格靈異體驗的《紅書》終於打破禁忌出版問世，卡巴拉（Qabalah）與蘇菲教派（Sufism）秘術的吸人眼球……，凡此種種皆是「二十一世紀乃靈性擅場世紀」預言的具體化現。

最後是第三個問題，「究竟要怎樣才能正確的學習魔法」？

在回答這個問題的同時，也就帶出了本書的價值與功能。一般而言，所有密教傳統法門的修習都需要有入會或入門（initiation）儀式的啟蒙，以及精熟祕法的上師（Master）引領指導，經過長期的積累後才能有成，無一例外。然而，在密教典籍與修行傳統呈現隱晦散逸狀況的當代處境下，想要正確修習魔法的第一要務，就是須有一套提供初學者入門的實用知識手冊。然而在很長的一段時間裡，這個願景都只停留在理想的空中樓閣狀態，未能落實。讀者可以在本書兩位編者的序言中窺見，要編輯一本彙集西方各種重要魔法傳統與議題的完整指南書籍，是多麼吃力不討好的一件艱難任務。如今這本書已呈現在中文讀者的面前，真的是令人鼓舞、可喜可賀。

純就西方魔法修習的技術指引層面而言，這本書的確無愧於「魔法全書」與「西方秘術完整指南」的名銜，因為它在含括的祕法種類上以及祕法介紹的層次上，可以說都達到了整全通透（comprehensive）的地步。其中在祕法種類上，本書納入了古代經典的卡巴拉傳統（第二冊），中世紀以降的行星魔法（第三冊）、煉金術（第四冊）、惡魔學與精靈召喚（第五冊），現

代的黃金黎明會（第八冊）〔包含克勞利這個代表人物的魔法體系（第九冊）〕，貫穿多個時代的多神信仰魔法儀式（第十冊），以及一般人比較少觸及的梅林魔法（第六冊）與以諾魔法（第七冊）。而在祕法介紹的層次上，本書更是含括了祕法的哲學根基、歷史演變、操作技術等，使讀者能夠在全觀的視野上，依據個人學習的實際需要來取用知識，這無疑是站在讀者受眾立場擬定的撰寫策略，令人擊節讚賞。

不過，盡信書不如無書，再好的書籍也都還是會有它的問題與限制，讀者仍須留意。首先是編者坦率指出的問題。因為這是匯集了十數位作者的作品所成之書，所以不同作者之間對於魔法所抱持的觀點必然有所不同，甚至有矛盾衝突之處，也在所難免。這是讀者在閱讀過程中需要發揮慎思明辨功夫的地方。其次是我個人要提醒讀者的。儘管這本書已具備魔法大全的規格與內涵，但它在祕法的修煉上畢竟只是一本入門書，讀者由此絕對可以獲得祕法知識的廣度，但是修煉講究的是一門深入的功夫，這仍有賴個人將知識內化轉換為個人經驗的過程，以及持續對選定之祕法進階知識的獲取與修習。

總而言之，魔法旨在喚醒人類生命的潛能，而在這個理性過度壓抑生命的時代，要達到這個目標，就必須要先從學習魔法知識與喚起魔法的靈魂著手。

本書正是這是這一趟魔法啟蒙之旅路上不可或缺的良伴。

美國費城天普大學宗教所哲學博士
蔡昌雄

推薦序
自黑夜退開，並追尋白日
——論儀式魔法的精妙質變

在看過編者序之後，實在是不禁對杜奎特與大衛感到佩服，有時候就是會這樣，我們會受到一種召喚感，而前去執行某些工作，我想這就是一脈精神傳承本身的生命力，它總會在適合的時代之中，找到呼應召喚的一群人，然後自發性的表達它自身。

我一直覺得這個過程是非常奧妙的，一個紮根於人類心靈根基的傳承，不會受到時代變遷與價值觀的隔閡所影響，它所要表達的並不是表面上的具體事物，而是與人的生命的成長與完整相呼應的心靈內涵。

也因此它在每個時代、甚或是從每個人的生命角度之中，都可以得出專屬於他個人的領悟，催發出個人的生命意志。畢竟這世界改變的越多，不變的也就更多，而這些不曾改變的，便是專屬於人類生命與精神成長的道途，也是我們存在之中那永恆且隱形的生命流動。

而在許許多多能夠啟明人心的精神傳承之中，儀式魔法無疑扮演著一個承先啟後的重要角色，我們可以將之理解為，在正統的宗教主流框架之下，致力於去探究、觸發個人的宗教心靈經驗的一系列工作與實踐。

主流權威式的宗教框架，發展到後來已經偏向於一種政治上、社會上的功能，用來鞏固勢力與解釋權，而其心靈教誨的成分也逐漸遞減，成為一種停留於意識表層的道德勸誡，或者是不假思索的迷信盲從。

當我們說上帝是神聖的，但我們卻從未精準的定義何謂神聖、也沒有任何直接的感觸與經驗來領悟上帝的神聖，我們無意識的認同並參與其中，將這一切交託給神職人員的詮釋與解說——這便會造成我們與自身心靈的深度內涵產生斷層，久而久之，便會形成懷疑與迷惘。

唯有透過悉心且誠實的體察自身的生命現象，學會以象徵之眼，洞見物象發生的背後，其深藏的精神寓意，從而使自身不致迷失於物象與顯化之中，做出符合自身生命成長的選擇，才能夠觸發生命之中的宗教心靈經驗。

換句話說，宗教與神話的經驗，起源於心靈，當我們試圖以現實的角度去詮釋它，那麼它會變的乾涸而貧瘠，只剩下荒謬與迷信，而當我們將心靈參與其中，洞見凡常事物背後的不凡與神聖性，也就為個人的生命帶來神話色彩的詮釋與豐富，並弭合了身心各層面之間的裂痕，從而朝向意識的整合與平衡，並且銜接上我們永恆流動的生命力與創造力。

而儀式魔法，顧名思義便是透過儀式工作，來進行一連串身心修習的魔法工作。

而儀式魔法究竟是什麼呢？

在理解何謂儀式魔法—Ritual Magic 之前，首先我們必須得知道所謂的魔法—Magic，Magic字面上的意思有魔法、魔術、戲法、巫術、神奇力量、不可思議、魔魅之力等涵義。

魔法，泛指各個文化中，許許多多用以觸發奇異經歷與特定意圖的咒術行為，當時的人們生命中會遭遇到很多情境的考驗，例如最重要的祈求豐收、祈雨、狩獵順利、消解天災或疫病、避開野獸的傷害、甚至是祈求征戰得勝、詛咒敵人，乃至於新生兒的祝福、往生者的送別、甚或是慶祝與感恩的祭祀、請示神諭的占卜；這些情境也觸發了許多咒術行為與祭祀儀禮，使一個信仰的內涵與行為逐漸豐富起來。

但這些咒術行為，與其說是為了特定的願望與祈求而執行，倒不如說它是一種面對外在不確定的變因時、以及面對內在的恐懼與迷惘時，給予人的一種寄託與希望，使人安穩自身的心靈、鼓舞自身的意志，以度過艱難的時光，畢竟相對於外在的考驗與難關來說，自我意志的失喪才是最嚴重的。

所以比較原始定義上的魔法，應該是魔法咒語，也就是存在於各巫術神話信仰之中的魔咒（Magic spell）——即咒術行為。

而儀式魔法（Ritual Magic）又或者是教儀魔法（Ceremonial magic），就是指這樣的魔法工作，主要是由許多部份的儀式、以及構成該儀式所必備的人事時地物所結構而成。而這些儀式的考量與引用，則源自於西方各個傳統的神祕哲學思想。

也因此，對於這些各個宗派的神祕哲學的認識，就顯得格外重要，但認識這些來自於不同時空——卻又在中世紀乃至文化復興之後的歷史過程中，慢慢的彙整成所謂西方儀式魔法的各個傳承，無疑是一項巨大的工程。

正如杜奎特所言，這是一個光聽到就覺得太費工夫的專案；但慶幸的是，杜奎特與大衛的努力不懈，促成了這本書的誕生，讓我們在接觸所謂西方儀式魔法時，可以有一個非常精確的開始，他們力邀各個神祕哲學領域的專家，為我們分門別類的介紹儀式魔法背後潛藏的思想與傳承。

　　在讀到這本書的第一時間我就在想，要是在我摸索的時期，能有這樣的一本好書就好了。雖然學習仍然得靠我們自己，但在學習的過程中，我覺得最重要的就是一個精準確切的指引，這會幫助我們省下許多繞路的時間，也會幫助我們建立對於西方神秘哲學的基礎觀念，進而建立在這扎實的基礎上更加深入。

　　對我來說，儀式是結合「意義」、「行為」與「形體」的一系列工作。它並非知其然，不知其所以然的一連串無意義的動作，而是透過身心的參與，而使自身全然進入「有意義的時空」之中，並非只是理性上的理解。

　　當我們參與進這個有意義的時空之中，我們領會到那些儀式工作之中所想要傳達的——神秘哲學之中的深遠寓意，我們的身心對其產生了共鳴與呼應，從而在儀式結束之後，我們獲得了這樣的印象與經歷，它就像是不可名狀的啟示之光，開始慢慢的點亮你的心智，這樣的經歷，會讓我們的現實產生微小的歧異與質變。

　　原先我們的現實，是一個因果相嵌的時空連續體，因累積成果、果又再度累積成因，連綿不絕、勢不可擋，人幾乎沒有插手介入的餘地，又或者是幾乎沒有從中去意識到任何不對勁的餘裕。

　　但因為經歷了某些非現實的、有意義的情境之後，會開始產生一些「新的立場」，雖然不見得可以馬上為自己的生命進程帶來巨大的改變，但這些儀式之中的印象，會慢慢的累積成在你生命之中的一些新的「因」。

　　你開始跳脫開一些制式僵固的意識模式，開始出現一些新的思考方向，又或者是可以從誘惑與反射行為之中，穩住自身的情緒與慾望。而這些微小的改變，會慢慢地匯集成新的「果」。

　　這就是儀式之中的時空情境，被慢慢的顯化到你原先所身處的現實與時空的過程，而平復了你的失衡、療癒了你的創傷。這是真正的偉大道業，並非是去針對某些目的與欲求而進行的術法，而是調整你整個生命進程的工作。

　　而在這樣的過程之中，被你虔誠專注意識著的象徵意義、被你慢慢的召喚到你自身之現實的儀式中的時空情境，會開始牽動一連串的效應，催發你個人心性的轉變與成長，這也呼應了黃金黎明的格言——「自黑夜退開，並追尋白日（Quit the night and seek the day）」。

　　願我們都能自蒙昧的昏暗中退開，並追尋啟明的意識之光輝。

一個台灣巫師的影子書版主

丹德萊恩

導讀
儀式魔法與靈性整合

　　當代的魔法師是一群熱愛生活與古典知識的浪漫主義者。在魔法的世界裡，物理學僅是他們用以理解宇宙的方式之一，魔法師接納這個世界的多元樣貌，同時又構思了一連串與世界的神秘層面取得互動的方法，這便是本書稱的「儀式魔法」。

　　和崇尚唯物主義的自然科學不同，也與提出「原型」及「集體潛意識」的榮格心理學相異，儀式魔法相信靈體、天使、惡魔的存在，同時建構著包含了這未知一切的道術體系。易言之，儀式魔法是一個同時強調哲學與應用的古老學科。此學科中固然有著傳統基督教的元素，但也含括了更多「異教」與神秘學的傳統。如果要用一句簡單的話來說明他們的哲學追求，那便是魔法師們相信著物質與心靈的交界處有我們尚不明白的廣大存在。

　　這樣的信念奠定了儀式魔法的基礎，是以你會見到魔法師們如何透過不同道具來象徵四元素或宇宙，甚至以此召喚及驅趕靈體，對他們來說，這些以特殊方式祝聖、潔淨或製作而成的工具並非死物，而是具有魔力的法器。他們也深信自己所對話的對象絕非心理學家所假定的「情結」，而是真實存在的靈體。這些靈體可能有益也可能有害於我們，並可在某些人為的情況下相互溝通，並借用某種權威對其作出指示與命令。

　　作為一位心理學家，介紹魔法書籍無疑是令人猶豫的，不僅可能對我的專業生涯帶來非議，對讀者本身也可能帶來誤解。讀者可能會錯誤地認為儀式魔法的操作與果效得到了心理學的背書，也可能誤以為可將魔法的內涵加以心理學化，從而使它淪為心理學的一部分。強調科學的心理學界不會歡迎前者，魔法師們肯定也會對後者保持提防。事實上，儀式魔法的歷史遠遠長於心理學，當代的魔法書籍雖然使用了許多心理學的術語，但魔法師們相當堅持自己的獨立性，認定肉身以外存在著不同的靈體。因此我期盼讀者根據個人的經驗，在妥善蒐集資訊之後發揮批判性思考，以便替這門學科做出妥切的評價。

　　然而，做為一位哲學家（亦即喜愛智慧的人／愛智者），我卻有義務向讀者們指出這樣的事實，亦即對儀式魔法與秘術的使用、乃至與靈體的溝通，在哲學史及宗教史上屢見不鮮，只是我們習慣在教科書裡諱莫如深，點到即止，乃至閉口不談，似乎只有文字、理性的那一面值得我們在書裡記錄，這些偉大人物在靈性生活上的實踐則屬茶餘飯後的消遣。但事實上，我們很難想像一個真正的哲學家如何能在沒有靈性生活的輔助下成就其偉大。

　　西方哲學的墊基者及精神象徵蘇格拉底就是其中一例，眾所周知，他會與自己的「daemon」對話，這是一個希臘文，是英文 demon（惡魔）的字根。如何正確地翻譯 daemon，乃至理解蘇格拉底與之對話溝通的行為，難倒了許多哲學家和翻譯者。如果把他視為一種守護靈，無疑地在宣告這位哲學之父承認靈體的存在，並透過他的幫助成就了自身的偉大。如果 daemon 不是守護靈的話，他又是誰？難不成偉大的蘇格拉底是一位思覺失調患者或者患有人格分裂？但我們很清楚，有這些病症的人往往也會伴隨相當程度的生活與人際功能的喪失，這又不像文武兼備的蘇格拉底留給我們的印象。

　　古希臘哲學家恩培多克勒宣稱記得自己的前世；畢達哥拉斯創造了獨特的教派（沒錯，就是那個提出畢達哥拉斯定理的數學家與音樂家），大談靈魂的輪迴與轉生；羅馬哲學家波愛修斯在死前寫下《哲學的慰藉》，以命運女神和哲學女神的對話留下最後的思想。這一切我們都可以果斷地宣稱那是一種時代的信仰，招收學徒的廣告手段，或只是一種文學的借喻法，並不代表哲學家本人的真正想法。

　　倘若如此，我們又要怎麼評價在《福音書》裡行大威能將惡魔驅趕進豬群，使盲人復視的耶穌呢？魔法的使用在教會中有著長遠的歷史，這反映的是魔法觀念是歐洲及小亞細亞地區廣泛流行的文化。耶穌的事蹟其實就是西方魔法傳統的一部分，並非無中生有。藉助某種外力（神、精靈、天使、或惡魔）對現實世界產生影響，這奠定了魔法的世界觀。

　　而雅好「煉金術」這門儀式魔法重要組成的人文主義者更是人數眾多，本書已詳細介紹了英國偉大政治家與戰略家約翰・迪伊的生平，讀者可以自行參考。我再另行補充兩位偉大的科學家，其一是研究光學與機械原理的先驅人物，被稱為「奇異博士」或「萬能博士」的羅傑・培根；其次是奠定古典物理學基礎的艾薩克・牛頓。這些人對煉金術與占星的執迷只被後世教科書當成難堪的笑話。他們的科學手稿被尊奉典藏，但煉金術研究的筆記則四散各地。此現象反映的是我們這個時代對人的「整體性」（wholeness）的拒絕，同時也嚴重低估了這些偉大人物的企圖。

　　他們所欲探究的不僅是物質，更包含了我在前面所提的，物質與心靈，乃至物質與其他次元的交界。

　　哲學家康德、史賓諾莎、乃至齊克果，當中沒有一個人不用自己的方式積極參與靈性生活。只是在靈性的領域裡，有人偏好直接的體驗（如許多神秘主義者和不知名的修行者）；有人則將之學術化（如心理學家榮格）；更有許多人試著把它與物質生活做結合，如煉金術士或魔術師；其餘或化為文字詩歌，或化為哲學思想與神話故事，其中的形式變化純依體驗者的性格與偏好而定。儀式魔法便是其中的一種，而且無疑是最具吸引力的一種。

　　喜歡儀式魔法的人往往是一群具有高度實驗精神的靈性工作者。魔法師們一邊建構著宇宙運行規則與人間萬物的對應，一邊破譯出心靈與物質間的關連，並用符號加以記錄。大抵從新柏拉圖主義誕生的時代開始（大約在西元3世紀），經過了近兩千年的努力，儀式魔法成為了豐富多樣又充滿禁忌與力量的學科。

　　除了上面提到的占星學與煉金術之外，大成於西班牙及義大利的「卡巴拉」，這個可被稱為歐洲曼陀羅的生命之樹，凝聚了所有儀式魔法的元素，最後成為歐洲最具代表，也最具深度的冥想象徵。文藝復興之後出現的「亞伯拉梅林魔法」，以及稍晚現身，直到晚近才逐漸被人所熟知但我認為無疑地還帶有相當爭議的「以諾魔法」，他們共同建構了近代以前儀式魔法的主要內容。

　　在特定神秘學家（通常也是魔法師）的接續努力之下，這些學問日漸整合，最後在1888年的倫敦大放異彩，這就是許多讀者可能已經熟悉的「黃金黎明會」的建立。

　　這個神秘學團體最大的貢獻就是系統性地整理、抄錄、並完善了兩千年來的西方神秘學知識，包含塔羅、占星、神話、卡巴拉、以及儀式魔法。拜大英帝國的影響力所賜，倫敦齊集了當時所能見到的所有神秘文獻的原文與古老事物的遺跡。創造力旺盛的創教者們創立了嚴格的等級制度，結合了動人的劇場效果（是的你沒看錯，他們就是如此先進），讓參與者在身心靈層面都同時受到感動與震撼。他們的成就是跨時代的，因此孕育出許多偉大的神秘主義者與魔法師。雖然他們才正式建立了約莫15年，之後就因為權力傾軋與路線問題而瓦解，但其門生遍布各地，紛紛創立了自己的教會與聖所。更由於他們的內鬥，讓重要的魔法文獻《黃金黎明》被公開刊行。從此神秘學的知識不再神秘，而是公開地接受質疑、學習、與檢驗。而這本《儀式魔法全書》也秉持這樣的精神，將那些神秘的知識公開於大眾。

　　偉大的神秘學團體孕育了偉大的魔法師，當中最知名的就是克勞利，他不僅是一位魔法師與傑出的理論家（但卻是一個糟糕的組織者），同時也在當代的流行文化中享有盛名。齊柏林飛船、批頭四樂團都受到了他的影響，在20世紀中葉，所有高舉回歸靈性、回歸真我、卻又摒棄傳統宗教的年輕人，可以說都歸向了克勞利所象徵的那種精神。他在東方（埃及）受到靈啟，而後又持續地向印度與中國取材，最後整合了東西方的靈修傳統，完成了多本劃時代的鉅作。

　　讀過克勞利作品的人無疑地會在當中找到濃厚的榮格精神。然而雖然可以肯定克勞利很熟悉佛洛伊德的思想，我們卻很難宣稱克勞利與榮格彼此之間是否有聯繫，又或者是誰影響了誰，很有可能正是時代的氛圍讓心理學與神祕學同時出現了相近的關懷，猶如存在主義誕生在整個歐洲大地，卻沒有一個真正的領導者或創始者那樣。但他們兩人都曾有過靈啟的經驗，從而開闊了自身的宏偉思想，並逐步創造出深具吸引力的理論，這點是沒有錯的。而這不就又再度證明了所有偉大的思想家必然有著豐富與深刻的靈性生活嗎？瑜珈冥想是其中的一種，禁欲修行是其中的一種，儀式魔法也是其中的一種。

　　雖如此，我曾不只一次公開談過克勞利為求出名的特立獨行作法。他的為人與他的思想理論似乎有著相當程度的分裂，這一方面源於他所強調的那種獨立精神使他必須站在世俗觀念的對立面，另一方面或許也說明他在整合生命態度的分歧上遇到了一定的困難。

　　他的思想精神走得太遠，但他的現世生活沒有跟上。他透過行為舉止的乖誕來吸引世界的注意，意味著克勞利並沒有成功地走到他在書裡提及的那種境界。我認為，文字與思想，生活與行為，這些不同面向必須取得相當的一致性，才足以成為一位夠格的「魔法師」。我們更期待他們是統合陰陽對立的人，而不是陷於分裂苦惱的人。此點還希望有志於魔法之路的讀者能夠明白。有些事物值得我們尊敬，但有些行為不見得值得我們學習。

　　此外，女性讀者可能發現了，在儀式魔法的領域裡幾乎都是男性的名字。我認為這一點也指出了儀式魔法圈的問題。透過物質手段（儀式、道具）來召喚靈體為己所用，這樣的動機本身就很陽剛。事實上，魔法還存在著另一面。那是由偉大的作家娥蘇拉・勒瑰恩在《地海巫師》中所描繪的那種魔法，重視平衡，尊重所有存在物，善待自然的恩賜，感受平凡日子美好的那種魔法。做為對基督教精神的補償，魔法具有一種陰性的氣質。那是對身體感受（包含了情緒與情慾）、對自然萬物（動植物亦有感受與靈魂）的重視。那是一種由來已久，並逐漸在我們周遭流行起來的女巫魔法。

　　本來儀式魔法就包含了這樣的陰性層面，但黃金黎明會的制度設計卻破壞了它。它嚴格的等級制度，繁複的對應體系，以及濃厚的菁英色彩都使人望而生畏。事實上，這樣的團體不可能長久。因為它掐死了修行者的個人體驗，否認了我們與神聖的直接接觸。相當程度來說，黃金黎明會走上了教會的舊路，那就是由上而下地規定學習者「應該」體驗到什麼，「不應該」體驗到什麼。難怪這會引發那麼多學徒包括克勞利本人的不滿，因為它將靈性事務搞成了個人崇拜。只能說「自我膨脹」是所有靈性修行時的最大難關，此點亦值得我們深思。黃金黎明會創立之初亦吸引了許多優秀的女性加入，但這些女魔法師們後來陸續離開，轉向追隨東方或更素樸直接的靈修傳統（克勞利本人也有這樣的轉向），就跟上述原因有或多或少的關連。

　　而從這些離開黃金黎明會的魔法師們去了哪裡，我們也就看出了儀式魔法的當前走向。首先，儀式魔法的體制化雖然確定了自己的體系，但魔法傳統被固化的同時也讓其他各地乃至東方的靈修傳統成為了新一代的主流。結合了愛爾蘭－凱爾特的傳統，原先失去傳承的德魯伊信仰在補充了黃金黎明的儀式作法之後逐漸復甦。與此同時，埃及的、北歐的、希臘的、乃至北美原住民的魔法與儀式也吸引了許多當地的追隨者。這些新魔法其實都有舊傳統，那就是「神話」。只要神話還保留住，黃金黎明會的魔法儀式與步驟就可以在改造後進行對接，因此黃金黎明會的影響力雖然看似消頹了，實則是滲透到了當今的新興教派中去。

　　其次，對儀式魔法失去信心的學習者轉向了東方式的傳統，亦即建立在瑜珈冥想，以及日常修行上的傳統。在印度，那是由黑天所口授的《薄伽梵歌》；在東亞，那是《金剛經》與淨土宗；在圖博，那是《西藏度亡經》及其背後的密教思想。從此點看來，人們真正想要從儀式魔法中得到的滿足並非對靈體的駕馭（事實上當時許多對召喚靈體的實際需要如今已經透過高科技得到解決了，例如傳話通訊的需要已經被手機給取代），而是對自身的駕馭。換言之，對整合分裂的需要。

　　因此我們再度回到了心理學，一種同時強調著身心靈的心理學。在這樣的心理學裡，我們尊重身體的需要；在這樣的心理學裡，我們重視關係的品質；在這樣的心理學裡，我們重視靈性的追求。如果儀式魔法可以滿足這樣的追求，那麼儀式魔法就是一門值得投入的學科。如果我們的心靈屬於其他領域，我們同樣應該勇敢地追求。人如果要成就其自身的偉大，靈性工作說什麼都是不可免的。這一點相信所有的魔法愛好者與心理學學習者都不會反對才是。

　　在儀式魔法的漫長歲月裡，許許多多優異的心靈共同建築了這門偉大的知識與技術，而今它們被系統性地統整在這本我認為將會主導並引領國內未來20年魔法領域的書裡。雅好人文知識的人應該讀它，因為你在他處無法接觸這樣的知識；不滿於傳統靈修方式的人應該讀它，因為它記錄了你從未領略過的學習典範。這本書一舉破除了國內魔法界多年來因為知識不足帶來的誤解與黑暗，將我們對魔法學的基礎理解抬升到與西方齊平的高度。

　　祝福迷茫的你能在這裡找到皈依，祝福好學的你能在這裡滿足好奇，祝福所有翻開本書的讀者能在這場千年以上的旅行中找到自己。

諮商心理師

鐘穎

致謝

　　我們兩位編輯想向所有為本書貢獻才華的作者致上最深的敬意，他們的智慧與洞見能夠幫助到未來的求道者。我們特別要感謝盧埃林出版社（Llewellyn）的伊萊西雅・高羅（Elysia Gallo），因為她除了給予專業指引，還有獨家本領，能使兩個瘋狂魔法師專注在這任務並按時完成。我們也要感謝我們的家人、朋友與老師們，感謝你們始終給予愛、智慧與支持。

目錄

CONTENTS

第四冊

第五冊

編者序

魔法係汝之所是，非汝行之事！
—唐納德・麥克・克瑞格（Donald Michael Kraig）[1]

魔法是引發符合意志的改變之科學與技藝。
—阿萊斯特・克勞利[2]

敝人原為無神論者，然而在十八歲時因致幻藥物引發的自我了悟而激起對於一切關於魔法與神祕事物之熱情。在永恆的無盡狹隙裡，我看到的是（當然到處都是絢爛奪目的顏色）宇宙裡面的所有事物——光、時間、空間、能量、物質、動作，以及「我自己」——都只是某個令人驚嘆的至高「單一意識」（singularity of consciousness）之串連碎形。不僅如此，當時的我居然如此輕易地完全接受這個不證自明的「我」之真理，即這道至高的「單一意識」就是「神」與「我自己」。

在那奇妙的覺醒之後，我有好幾個禮拜都是去大學圖書館的書堆中翻找禪、瑜伽及其他東方祕法分支的相關書籍，希望能在經典文獻中找到跟我那由藥物引發的經驗一致的例證。我不久就找到艾倫・瓦茨（Alan Watts）及帕拉宏撒・尤迦南達（Paramahansa Yogananda）的著作，以及其他值得注意的廣泛資料。我的追尋恰巧跟當時一九六〇年代中期的流行文化同步，那時的風氣會將奧祕的研究與習修視為流行、時髦、文化氣質及性感的象徵。噢，在那時候，棄絕小我會被認為是很酷的事情呢！

接下來的十年，我認真當一個好的瑜伽行者——現在的我仍完全不後悔當時的誦咒、禁食與調息——然而最後我了解到老天為我安裝的硬體設備，基本上跟自己想要嘗試模仿的東方祕法家不一樣。我比較主觀而不客觀，比較主動而非被動，所以開始尋找一些關於意識擴展與轉變的西方系統。而我到後來找到的是卡巴拉（Qabalah）以及長達六千年的哲學、靈性

---

1. 唐納德・麥克・克瑞格，*Modern Magick: Twelve Lessons in the High Magickal Arts*（改版及增編。盧埃林出版，2010），88。
2. 阿萊斯特・克勞利，《魔法的理論與實修》（*Magick in Theory and Practice*, 6nd, Castle Books, 1992），xii。

習修、技藝、科學以及深藏在西方哲學與宗教中心思想的神話故事。說真的，它形成西方文化的基礎。我找到「魔法」（Magick）。

即便在最佳的條件下，儀式魔法（ceremonial magick）仍是難以應付的困難研究課題。世上並沒有「魔法簡易上手101」之類的東西，看來決定要開始走這條路的人，本來應是已經熟悉（或精通）數個既晦澀又奧祕的主題。但不幸的是，無經驗的魔法師在這些主題的學習事實上都不會到那種程度，可以說就像被逼著潛入游泳池的最深之處學習游泳，學不會就溺斃那樣。我不確定自己為何沒在魔法游泳池的濁水中溺斃，也許是因為自己太懶而不想離開這片池水吧。

不過，我可以確信的是，如果我的魔法生涯初期能有類似《儀式魔法全書》的教科書的話，鐵定會走得更加順暢許多，因它讓我在必須學習的重要主題上有著基礎的奧祕教育，使我能妥善準備面對如同念碩士班難度的魔法習修。這樣的工具書應該能使我的魔法學習歷程縮短好幾年。

我承認自己是世上最懶的人，雖然已經出版一些書、寫過一些歌曲，但在面對眼前的專案時，我總是不情不願、又喊又叫、又推又踢地被人拉去執行那些事情。當盧埃林的朋友來跟我商量名為「儀式魔法全書」的巨型專案時，我當下的反應就是「光聽到就覺得太費功夫了！」

那時的我認為他們是在開玩笑，而當他們一再追問為何不想接下這工作時，我當時的回答大概是這樣：

　　　這代表……首先要去接觸許多舉世著名的魔法學者與專業人士，並說服他們放下手邊的工作撰寫一本小書，而且還得是籠括儀式的魔法科學與技藝之精華核心部分、為人指點方向的傑出著作。即使我們能夠說動這些隱遁世間的奧祕界超級明星同意，他們全都是天才呢！光是跟一個天才共事，你們知道有多困難嗎？那你們有想過一次跟十幾個天才共事的光景嗎？這個專案應該會在蒐集與編輯方面拖上好幾年。不要啦！光聽到就覺得太費功夫了！

當然，我後來改變主意了。

這專案所具有的深度及歷史價值（還有我個人對於未來世代的責任感）已經勝過敝人的懶散天性。而我非常驚訝的是，在個別接洽這些算是二十世紀魔法界中最為耀眼的明星並尋求他們的善意與參與時，整個過程比預期還要容易許多，每個人都相當大方、熱心。此外，眾神也垂顧我們，為每個撰稿者激發靈感而寫出貨真價實的傑出小品，變成是他們的職涯當中最佳著作之一——真正的魔法天才就是如此——這才是《儀式魔法全書》的真正魔法。

我特別想請各位讀者去看這本書的結語，即布蘭迪・威廉斯（Brandy Williams）所著的〈儀式魔法的未來〉（Future of Ceremonial Magick）。就讀者來看，布蘭迪所給予的表現形式跟其他篇章並不相同，那是一份真正具有預言性質的文章，生動呈現出真正魔法師的內在靈視。謹邀請讀者於靜心中閱讀這篇文章。

衷心感謝

如同之前所承認的，敝人是世上最懶的人。像這種程度的大作所需要的編輯心力相當龐大，完全超出我個人的技術或獨自承擔的能力。要不是我的好友兼協力編輯大衛・修梅克博士（Dr. David Shoemaker，也是本書第九冊的作者）的大力支持，這本書應該不會有出版的一天。感謝您，大衛・修梅克博士，希望我們的下一個專案會稍微簡單一點。

——羅・米洛・杜奎特

永遠別讓對於明晰的喜好勝過對於神祕的欲求。
——音樂家暨魔法師比爾・納爾遜（Bill Nelson）

當我還是年輕的臨床心理學博士生時，對於臨床理論與執行之可用練習的現況感到挫折。臨床心理學在過去數十年以來的重點是以經驗為確認依據的臨床態度，偏好容易研究的模式而不是比較傳統（也不流行）的「深度」心理學，也就是屬於佛洛伊德、榮格及其他先輩的心理學。以前的做法偶有懶於缺乏嚴格考量證據的時候，所以現代的做法算是必要的矯正，然而它把探究的心力只限縮在人類經驗的某一角落。在這樣的智性氣氛中，我發現自己在尋求某種心理學世界觀，能夠滿足自己對於人類意識深處奧祕的好奇。憑著這股探索，讓我很快接觸到卡爾・榮格（Carl Jung）的研究，不久就了解到自己不只是在找尋心理學觀點的基礎，也在尋找自身靈性生活的復甦。我所欲求的神祕不會在任何書籍或理論裡面，只會處在我接觸神的個人過程之中。不久，我找到伊斯瑞・瑞格德（Israel Regardie）的著作《The Middle Pillar》，[3]為我引介卡巴拉的心理學以及阿萊斯特・克勞利（Aleister Crowley）的著作。而在後續鑽研克勞利的著作時，我知道自己總算找到要走的路。

---

3. 伊斯瑞・瑞格德，*The Middle Pillar: The Balance Between Mind and Magic*，並由切奇・西塞羅（Chic Cicero）和桑德拉・塔巴沙・西塞羅（Sandra Tabatha Cicero）加註新的資料（盧埃林出版，2002）。

絕大多數的人在生活中只能偶爾得見展現自身本質、其存在即是表露某種特定狀態及生活的個人。然而當我開始參加數個不同的魔法組織所推出的活動時，卻發現這些組織裡面有很多這樣的人！而本書的所有撰稿人可是這些人當中最為優秀聰明者，能夠藉此引介他們真是敝人的榮幸。在閱讀及編輯這些文章時，能夠傾聽作者們以各自獨特表現形式清晰且熱切討論相關專業領域，真是莫大樂事。

在為這本書彙編時，我們有考慮到那些合理歸屬在儀式魔法這個概念範圍的哲學、靈性傳統及儀式形式所具有的差異性。本書的每一冊都會揭示各自不同的歷史、強調相應的關鍵觀念、哲學基礎及其儀式做法在魔法領域中的獨特貢獻。各冊裡面的文字框，會對重要的歷史人事物或與從屬相應傳統的活動，有更加詳細的描述。本書各冊大致上都依照時間先後順序安排，以幫助讀者掌握魔法於漫長歲月中在數個文化之間的進化過程。此外，由於許多傳統都是在更早的經典與修習方式所形成的基礎上建構而成，若按時間先後順序來了解的話，將能清楚追蹤各文獻對其他經典所帶來的影響。不過可以想見的是，若要多加探討某些傳統，那麼其他就只能稍微帶過，我們衷心盼望讀者能將其原因視為本書的容量及廣度有限，而非出於編輯的偏好。

在將如此多樣且多量的資料彙集成書的過程中有個非常值得注意的地方，即不同作者的獨特觀點也許有時會彼此矛盾。我們以編輯的身分所做的決定就是接受這些差異，將它們當成是聚集一群樂於付出且學識豐富的專業人士時必然出現的正面結果，而不是企圖推行教條及解釋的一致性，因為事實上一致性根本不存在。因此，我們邀請讀者拿出最為鋒銳的思考能力來閱讀本書，讓多樣的觀點在你得出個人結論的過程中豐富自己的研究。同樣基於類似的考量，我們也不為出現在本書的術語及概念統一文字拼法或使用方式。對於這類事物，如同大家所知道的，唯有明理之人能夠接受彼此意見不一的可能性，而且本書所列出的數種傳統通常會有各自獨特的使用方式。

至於我的好友、協力編輯以及同樣致力於那份魔法偉業（Great Work）的兄弟，羅・米洛・杜奎特，從他那寫作、演講、教導及作曲的多產生涯來看，可真是一點都不像他自己所認為的那麼懶。我想要對你說的是，感謝你與我分享本書的彙編工作，這項魔幻任務雖然相當困難，卻是一趟令人非常心滿意足的旅程。我也跟你一樣，希望未來世代能因這份彙編成果而獲益良多。

最後我想對讀者說，願你能夠往內找到魔法的永恆之光，並將這道光帶出來與你同行，在人生旅程的每一步都能找到許許多多的喜樂與滿足。

——大衛・修梅克

第一冊
西方魔法的基礎——山姆·韋伯斯特

　　西元一五一〇年，海因里希·柯奈流士·阿格里帕（Heinrich Cornelius Agrippa）藉其著作《祕術哲學三書》（Three Books of Occult Philosophy，簡稱 TBOP）第三本書的主題為我們帶來儀式魔法，而你手上這本書所討論的習修方式與傳統也因此都被認為是儀式魔法的不同形式。阿格里帕創建一套非常明確的魔法知識概要，即使到現在，我們的實修仍受其滋養，不過就習修魔法的人來看，這知識的絕大部分並不屬於魔法。

　　林恩·桑代克（Lynn Thorndike）到羅納德·荷頓（Ronald Hutton）等學者已指出西方儀式魔法從久遠的過去到現在的發展有其連續性。[1]就其整體而言，這一實修派別被稱為「西方祕儀傳統」（Western Mystery Tradition），近期則稱為「西方奧祕傳統」（Western esoteric tradition）。[2]由於篇幅有限，許多資訊只得蜻蜓點水地帶過，才能聚焦在後續我們所謂的魔法之事物。

---

1. 例如林恩·桑代克所著《魔法與實驗性科學》（A History of Magic and Experimental Science），以及羅納德·荷頓所著《月之勝利：現代巫術、巫者、德魯伊及亞瑟王的歷史》（The Triumph of the Moon: A History of Modern Pagan Witchcraft and Witches, Druids, and King Arthur）。
2. 關於西方奧祕主義（esotericism）的表述，請參考安東尼·費伏（Antoine Faivre）所著《進入西方奧祕主義》（Access to Western Esotericism）。至於其簡要歷史，請參考尼可拉斯·古錐克－克拉克（Nicholas Goodrick-Clarke）所著《西方奧祕傳統略史》（The Western Esoteric Traditions: A Historical Introduction）。

什麼是魔法？

西方魔法的歷史其實並不長，然而在學習之前，我們還是需要對這個名詞所代表的作為與不作為有一些概念，[3] 然而它很難精確定義。

許多人認為「魔法」是在反對「宗教」。它通常被定義成為專一目的——通常是世俗的願望——而對靈性力量進行的操縱手段，而宗教則是注重崇拜與概略性的祈求協助。這雖然是常見的分別方式，然而相反的例證仍屬常見。我們會將古希臘人的動物獻祭視為宗教活動，不是魔法活動——然而他們是為了求得答案才這麼做。即使到現在，任何參加天主教彌撒或新教徒聚會的人們也會注意到那些請願祈禱所具有的專一性。

有些人則將宗教與魔法之間的差異，定義為靈性資源的合法與非法取用之間的差別，而魔法自然被歸在非法的那一方。況且，每個文化事實上都會區分虔誠敬神的一般表現與隱密或禁忌魔法之間的差別——只不過就我們而言，每個文化對於這條區隔線的畫法差異甚大。同樣的魔方（magical square），倫敦的魔法師只能隱密製作以吸引神聖力量，但是新德里的印度商人卻可以把它公然掛在店鋪的收銀機後面，以吸引好運及眾神的眷顧。

更甚的是，就許多魔法實修方式而言，它們在過去也有不被認為是魔法的時候。例如，西元一五〇〇年的阿格里帕及西元一九〇〇年的黃金黎明會（Golden Dawn）是用「魔法」一詞來描述他們的習修方式，但再往前溯至西元三百年，當時的藹安布里克斯（Iamblichus）並不用這詞稱之，因為古人認為這些習修方式僅是他們的宗教中屬於「操作」的部分，而不是魔法。

一旦移除圍繞在「宗教」與「魔法」兩詞的文化架構，主觀的差異也不復存在。這份了解將引導我們探索魔法的古老形式，並將它們徹底視為當時宗教架構中的一部分，即實現願望的做法。

那麼，什麼是魔法呢？就敝人而言，魔法是具有宗教性質的運作或是「具有操作性質的宗教」。它就是為了獲得結果而利用宗教或靈性資源的方式，無論那結果是屬靈或屬世均是如此。說實在的，魔法並沒有與宗教「分別」的合理理由，它反倒是宗教的一部分，更精確地說是尋求結果的部分。

在得出此定義之後，我們現在可以探究那些屬於西方儀式魔法根基的古老源頭。以下的歷史是一段漫長歷程的摘要敘述，其開始甚至比歷史本身還要久遠，而它將帶我們去了解的那些古老文明，形塑出我們對於現稱為魔法的習修方式之了解。

---

3. 我從這裡以後所使用「魔法」一詞，其原文拼法均為 magic，係屬學術研究的慣用字。阿萊斯特·克勞利則習慣在其後多加一個 k，該拼法較適合用於當代魔法的習修。

我們將會探看久遠的過去，並思量青銅時代（Bronze Age）的先輩所擁有的有限資訊。進入鐵器時代之後，我們的探索就變得比較容易，而且可以追溯哲學傳統於一千多年期間的發展，而其累積的發展成果就是大約西元三〇〇年哈爾基斯（Chalcis）的藹安布里克斯所發展並教授的通神術（theurgy）習修方式。

這項傳統因羅馬帝國的衰落及基督信仰的快速興起與掌控而告中斷，然而從大約西元五〇〇年起，我們又能再次追蹤魔法理論及習修方式在中世紀到文藝復興初期的發展。這段簡短歷史最後會引領我們到現今時代的開端，即一五一〇年海因里希寫出他的《祕術哲學三書》，而這本關於魔法知識的學術性概要至今仍影響並增益我們現在的習修。

本章的其餘部分將會用來深入探討這段歷史的諸多面向，及其延續至今的過程。後續數冊則含括行星魔法（planetary magick）、卡巴拉（猶太人是用 the Kabbalah，基督徒是用 the Cabala，而赫密士教徒是用 the Qabalah）的影響、魔法書（grimoire）傳統及約翰・迪伊（John Dee）的以諾魔法（Enochian magick）、煉金術（alchemy）、亞伯拉梅林（Abra-Melin）系統，以及具有影響力的相關組織，像是玫瑰十字會（Rosicrucians）與美生會（Freemasons），後來則有黃金黎明會、東方聖殿騎士會（Ordo Templi Orientis，簡稱 O.T.O.）以及銀星會（A∴A∴）。而在這段漫長旅程的終章，儀式魔法回歸到自身多神信仰的根源。

◆ 與現在不可分割的久遠過去及青銅時代 ◆

現代人是智人種的智人亞種（Homo sapiens sapiens），出現在世上的時間大約有三十萬年。當然，久遠的過去對於現在的隱晦影響一直都有，然而直到近數百年以來，我們才開始掌握古老文化的真正資訊。例如，直到一八二二年才有古埃及語言的翻譯，而蘇美語的翻譯是從一八三八年才開始進行。

因此在查看年代久遠的古老世界時，需要記得的是我們直到近代才對自己的傳承有著些許的認識，而且那些概念通常有誤。對於西方魔法傳統的起源，我們的舊有概念大多是根據那些殘留至鐵器時代的過往建築、古物及其他枝節片段所做的推想。甚至這些碎散的片段本身也常會隨著時間改變，亦即它們在能被書寫下來並以神話、傳說與經文的形式傳給我們之前，就已被古人改變。

然而科學的多種發展，使我們重建過去的技術得以增進。我們對於久遠到西元前三萬三千年人類當時活動有更好的指標，「帕夫蘭的紅夫人」（Red Lady of Paviland）就是其中一例，

其下葬位置係為現在的不列顛島，遺體係被紅赭土覆蓋，陪葬品有貝殼項鍊及以猛獁象的象牙雕成的戒指與短棒。當紅女士在一八二三年出土時，科學家推測「她」是羅馬帝國時代的煙花女，然而直到一九六〇年代，相關分析揭露出這副骨架應屬男性，而且年代應有萬年之久。赭土與陪葬飾品應有某種象徵意義，也有可能表示這是儀式活動的某種形式。紅女士是目前公認歐洲最為古老的儀式性葬禮。這些遠古文化約在距今一萬兩千年以前結束，由於中間隔著冰河期，我們幾乎不知它們的存在。

歐洲的石圈原本被認為是由與古羅馬同一時代的德魯伊（Druids）所立。但我們現在知道它們其實是由更為古老的文化興建，那些文化的開始時間大約落在西元前三千三百年左右。而墓室與石堆的年代還要更早，至少能確定為西元前四千年新石器時代早期。比這更加久遠的是哥貝克力石陣（Göbekli Tepe），位置在現今土耳其境內，係由西元前一萬一千年尚未發展農業的人們所建。

然而約從西元前一千兩百年開始的一段衰退與破壞時期，使得歷史紀錄出現戲劇化的轉變。在那長約五百年的期間，當時西方世界的偉大文化，其中包括埃及、西臺（Hittite）、邁諾亞（Minoan）、亞述（Assyria）、巴比倫（Babylon）及邁錫尼（Mycenae）等文明，絕大多數就此崩毀或大幅縮減。當時位在地中海東端的城市幾乎完全被破壞，許多地方再也沒有人回去居住。歷史學家仍在爭論這現象的原因——乾旱、戰爭、到處都有的劫掠行為，還有無法靈活應變的僵化政治體系——但無論原因為何，這段崩壞期標示青銅時代的結束。

到這時候，我們的故事才真正開始。

◆ 光明重現：鐵器時代與古世界 ◆

我們現行修習方式的起源可以追溯至西元前九百年左右從青銅時代的崩壞中恢復的人類文化。倖存的史前世界事物多屬希臘與羅馬，有些希伯來文化的要素也跟著殘留下來。這些偉大文化就像透鏡，讓我們藉此了解更加古老的埃及與美索不達米亞（Mesopotamia）文化。

這段史前時代的末期，即鐵器時代，最先係由古希臘詩人海希奧德（Hesiod）於其詩作《神譜記》（Theogony）予以命名。就海希奧德而言，眾神是在神話時代興起，而鐵器時代是神話時代的第三時期，也是最野蠻的時期。海希奧德與荷馬（Homer）的史詩一起塑造出宇宙的長篇記事，日後成為地中海文化的基礎。約從西元前三二五年亞歷山大大帝（Alexander the Great）的幾次出征開始，帝國的擴張將這些神話與傳說廣為傳布。

　　諸多知識流派及習修方式即於這段古代時期浮現，像是哲學、神話、法術、尚未發展完全的崇拜方式，還有一點早期的科學與數學。然而直到文藝復興時期之前，這知識除了後來被基督信仰的教會吸收並保存的部分——雖然形式已經扭曲——之外多為蟄伏不顯。

　　鐵器時代與成文歷史的開端之間的界線並無明確的定義。大約在這時候，為了了解與解讀古老神話史詩，哲學開始嘗試找出合理的基礎。而哲學家不久就擴展自身觀點，並嘗試不依靠文字傳述的傳統來解釋整個世界。我們將這些古代哲學家稱為「前蘇格拉底哲學家」（pre-Socratics），而就殘留的人名與作品來說，泰勒斯（Thales，約為西元前624-546年）當數首位，他告訴我們「所有事物都充滿眾神」，並開始組織幾何學的規則。

　　至於「哲學」（philosophy）一詞公認係由畢達哥拉斯（Pythagoras，約為西元前570-495年）所創，而他還創造追隨者的社群，這社群在他去世後還持續很長一段時間。他會運用幾何學的證據進行教導，並要求學生懂得自律與沉思。他的貢獻從音樂泛音的理論到過好人生的方法，還有關於倫理學的轉世之文獻及一些數學定理。

　　我們對於聖人或賢者的想像，部分係源自西西里島的恩培多克勒（Empedocles of Sicily，西元前490-430年），他既是祕法哲學家，也是治療師。據稱恩培多克勒的出門裝束即是做工精細的紫袍、王冠以及金色涼鞋。那時有人批評他的華麗穿著實在古怪且過分，不過當時神職人員在崇拜時的一般服裝就是如此。

　　恩培多克勒宣稱自己記得其他的轉世，並知道自己是轉世到地球上的神聖存在。他在關於天體演化的偉大長詩《論自然》（On Nature）中寫道，爭（Strife）與愛（Love）這兩股神聖力量之間的衝突，是一切行為的推進動力。在這篇詩作中，他也給出西方最初的四元素象徵，即火（fire）、風（air）、水（water）與地（earth），而稱它們是「根源」（roots）。他離開人間（或說離開西西里島這一世）的方式，則是將自己的涼鞋留在火山口的邊緣，縱身躍入火山。

　　蘇格拉底（Socrates，西元前470-399年）是雅典的石匠，而他的教導方式以提問為主，而非授予知識。我們並沒有他的著作，只有柏拉圖（Plato）、色諾芬（Xenophon）及少數當代人士對他的撰述，而柏拉圖描述的蘇格拉底因其不尋常的教學方式而著名，該方式係由一連串的詢問所組成，而他在倫理德行方面的觀點，使他最終與雅典的領導階級發生衝突，導致後續的審判並以服食毒芹為其死刑。

　　就魔法的習修者而言，這裡需要注意的重點在於蘇格拉底宣稱自己是由個人「守護靈」（daemon）所引導，其告知幾乎都是「何事別做」。學者們對此有所爭論，然而這樣的描述就我們看來十分清楚，即他當時所面對的現象就是我們今天所知道的神聖守護天使（Holy Guardian Angel）。

滿特尼亞的狄奧提瑪（Diotima of Mantinea）雖然沒沒無聞，然而這當中值得注意的是，從柏拉圖的《會飲篇》（Symposium）中，我們得知蘇格拉底稱她是自己的老師。她向蘇格拉底引介的觀念是藉由美與愛的神聖提升，個人在一開始是特定的愛，例如特定個體，然後逐漸學會將那股愛普遍化、概念化，直到個人能夠意識到善與美即是存在的源頭並與之合一。狄奧提瑪的教導表達出了解古代哲學為何對我們如此重要的原因。哲學是那時候的神學，為現今的魔法習修提供理論方面的支撐結構。

西方的哲學發展於柏拉圖（Plato，西元前 428–347 年）達至巔峰。柏拉圖創設西方世界首間高等學習機構，雖然他並不是具有哲學家名稱的第一人，然而其在這領域的構思所造成的影響大到西方世界會認為他是發明哲學的人。柏拉圖的《對話錄》摘錄許多比他更早的思想家之想法，而當中有許多人事物是只有透過柏拉圖才能知道。重要的是，柏拉圖的著作有被保存下來（雖然在西羅馬帝國衰亡到文藝復興時期之間曾佚失過），於是它後來成為魔法的一切哲學及理論之基礎。

然而就柏拉圖本身來說，書寫的文字敘述並不是其教導中最重要的部分。他在《對話錄》〈斐多篇〉（Phaedrus）寫道：「擁有恰當、良善與美好知識的人在認真的時候……不會將這些知識落於文字，因為文字本身無法為自己辯護，也無法有效教導真理。」那些不落文字的教導表達出柏拉圖的真正了解，而它們係由口傳的方式被傳遞下去。

柏拉圖的哲學在其過世之後的發展有兩個階段。第一個階段稱為「中期柏拉圖主義」（Middle Platonism），係從阿什凱隆的安泰爾克斯（Antiochus of Ascalon，約西元前 125–68 年）開始，他拒絕接受第三學院（Third Academy）老師們的嚴格懷疑論，即主張人不具有知曉絕對事物的能力。

普魯塔克（Plutarch, 45–120）被視為是中期柏拉圖主義最為卓越的作家，也同樣拒絕接受斯多噶學派的嚴格宿命論，並主張個人意志的自由。他反對伊比鳩魯學派的看法，並宣稱靈魂永生無死。就普魯塔克看來，物質即使已由造物者轉變成「世界靈魂」（World Soul），但它仍是一切邪惡的源頭。他認為，雖然至高的存在對這個世界而言高不可攀，然而祂仍藉由通俗宗教的眾神祇與守護靈而在這世界裡面繼續運作。

當時的羅馬帝國，其系統只會允許社會菁英的一小部分參與政治。因此對於那些有閒的社會高階人士與其他受過教育的人們來說，哲學與宗教變成是競相表達自我與宣傳理念的地方。於是這時代就有《赫密士文集》（Corpus Hermeticum）、《形塑之書》（Sepher Yetzirah）、《靈知》（Gnostica）以及諸《福音書》（Gospels）。

　　柏拉圖思想的下一發展階段則在西元三世紀出現，稱為「新柏拉圖主義」（Neoplatonism）。
而它最後分成兩個派別，其一屬純粹哲學，另一則屬通神思想並儀式化。而西方的魔法傳統
——精確的說法是指「後天學習」的魔法——就從通神這一派萌芽。

　　普羅提諾（Plotinus, 204–270）前往亞歷山卓（Alexandria）學習哲學，對自己所找到的一
切感到失望，最後得人指引去見當時在亞歷山卓的哲學首席爾莫尼爾斯・撒卡司（Ammonius
Sakkas，生卒年分不詳）。而普羅提諾在返回羅馬以後，教導自己在柏拉圖哲學方面的個人版
本。而普羅提諾的教導跟印度的吠檀多（Vedanta）思想有一些非常相似的地方，所以近期學者
指出其老師之家族也許是從北印度來到亞歷山卓。普羅提諾的宇宙論及關於靈魂的觀念，則
是今日的魔法使用者關於世界及自身的概念之起源。

　　普羅提諾給予我們一個相較簡單的四重宇宙模型，其後繼者對此多有爭論與闡述，然而
就卡巴拉神祕家而言相當熟悉。這模型所包含的階級體系係由四道本質或本質的穩定境界構
成。最高的境界是名為「一」（to hen）的造物者、存在源頭之境界。接下來的境界是屬於「精
神」（nous）、智性心智，係唯有專一不亂的心智能夠理解的領域。更低一層的境界屬於「心
靈」（psyche）、靈魂。關於靈魂，最簡單的說法應是那在死亡時離開身體的事物，然而這裡所
說的靈魂包含整個宇宙中的生命領域以及物質世界的支撐基礎。就這體系而言，神話與文化
裡面的眾神一般應在這個領域。最低的領域則屬「物質」（hyle），係由整個物質宇宙所構成，
包括恆星的第八重天（eighth sphere of the fixed stars）。

　　普羅提諾的宇宙論假設這個四重宇宙與生活在其中的人類之間有著相似的性質。個人的
本質整體來自那在我們裡面存在的「一」，如同普羅提諾在其遺言所表明的意思——致力於把
你裡面的「一」歸還給萬物裡面的「一」。人類裡面的精神，就是我們的智性，它對應著宇宙
的精神。然而說實在的，我們裡面所呈現的一與精神，只是真正的一與真正的精神所分配出
來的影像，僅足以將這些屬於本質整體與心智的品質給予我們。而我們的真正開始之處是在
心靈或靈魂的層次，它活在物質世界的肉身裡面，或說是臨於肉身之上，或滲透整個肉身。

　　我們之所以知道普羅提諾的想法，係因其一位門生 —— 泰爾的波菲利（Porphyry of Tyre,
234–305）著手蒐編他的演講筆記與論文。我們可從波菲利的其他作品，像是《論戒除動物性
食物》（On Abstinence from Animal Food）、《對於只能被智性理解之事物的研究之建議》（Aids to
the Study of the Intelligibles）及《神諭的哲學》（Philosophy from Oracles），知道他的文筆非常好，這
對我們來說真是三生有幸，而《神諭的哲學》也錄有《迦勒底神諭》（Chaldean Oracles）的一些
部分。他的著作《反對基督徒》（Against the Christians）相當受到歡迎，也許是導致羅馬皇帝狄

奧多西二世（Theodosius II）於西元四三五年下令銷毀所有複本、西元四四八年又重複一次的原因。

波菲利的作品對於科學相當重要，因為他對於亞里斯多德（Aristotle）的分類之著作成為生物分類學的基礎。然而他的著作中對於西方魔法相當重要者，當數《寫給阿涅波的信》（Letter to Anebo）。人們對於這封信真正所談之事有些相互衝突的理論，然而波菲利在其中除了評論當時的崇拜模式，還提出以下的概念，即接受火祭與血祭者是魔鬼而不是眾神。

絕大多數學者認為波菲利的評論如實且真摯，但他後來的著作牴觸信中許多觀點，因此有些人認為這文獻應當認為是當時在討論哲學主題常見的「辯與答」（disputations and solutions）模式的範例，即作者對於某個主題會先列出所有的辯論，然後再有系統地回答每個論點。

我們之所以能有《寫給阿涅波的信》，完全係因它被含在波菲利的學生藹安布里克斯（約西元240–325年）[4]的著作裡。藹安布里克斯出生在敘利亞北部的哈爾基斯，後來的生活與教學則在敘利亞的城市阿帕美雅（Apamea），據稱迦勒底神諭是在那城市寫就並予以保存。殘存至今的藹安布里克斯的作品只有一小部分，而現今的我們之所以能知道他，多是因為後世作者有在撰寫其事蹟，有的則是引述其著作裡面的段落。藉此，我們就有來自兩份針對柏拉圖對話錄之評論及其著作《論靈魂》（On the Soul）的一些片段。我們也知曉他的著作目前有哪些完全佚失，包括那份論述迦勒底神諭的作品，據稱內容至少有二十八章。

在這不幸損失中有一個例外，即通常被稱為《論神祕》（De mysteriis）的作品，是藹安布里克斯的著作中存活最久者，而其適切標題應為「阿巴蒙大師對於波菲利寫給阿涅波的信之回覆及其對於信中問題的回答」（Reply of the Master Abamon to the Letter of Porphyry to Anebo, and the Solutions to the Questions It Contains.）。藹安布里克斯在這著作中站在維護通神術——當時算是先進的多神信仰修習方式——的立場，闡述異教在信仰英雄、精靈、君王、天使及眾神之基本理由，即最終要與身為一切萬物的「一」合而為一。而這著作也有解釋占卜、藉由神靈附身所做的預測、牲祭技藝及其他在今日會被稱為魔法的相似事物之運用。重要的是，藹安布里克斯給出能夠做到上述一切的技術及潛藏在所有魔法習修方式底下之技術的教學法。就像藹安布里克斯的其他作品與教導，這部著作將信仰與哲學做出前所未見的整合，逐漸成為古時新柏拉圖哲學之主要概念。

---

4. 目前關於藹安布里克斯的最佳傳記，請參考下列文獻的引言：*Iamblichus: De Mysteriis*, trans. Emma C. Clarke, John M. Dillon, and Jackson P. Hershbell, pp. xvii and following。

我們最後必得挪出空間來講的古代重要哲學家是普羅可勒斯（Proclus, 412–485），他是後來雅典柏拉圖學院（Athenian Platonic Academy）的領導者。許多先由藹安布里克斯明白指出的概念，都會被位於數個世代之後的這位重要思想家發展起來——有時則是予以批評。[5]我們有幸能擁有普羅可勒斯的詩歌全集，可以藉由詩歌看到修習通神術的實踐形式。[6]

幸運的是，我們能有普羅可勒斯較為長篇的作品，像是《柏拉圖主義的神學》（Platonic Theology）以及《神學諸要素》（Elements of Theology），都在文藝復興時期被轉譯流傳歐洲時造成深遠的影響。

在這方面對我們而言最為珍貴的是布萊恩・科本黑伏爾（Brian Copenhaver）於一九九八年的《論依希臘人所言的祭司技藝》（On the Priestly Art According to the Greeks）譯本，因為關於通神術真實習修方式的詳盡著作相當少見，而它是其中之一。[7]科本黑伏爾推斷，這份文稿應是某位拜占庭的哲學家從普羅可勒斯的某部較長著作中摘錄的概要。這份文稿之所以特別重要，是因為它對於費奇諾（Ficino）的影響，也是其著作《論生命三書》（Three Books on Life）的重要部分。該書檢視祈禱的力量及無處不在的特性，並闡述那在今日所謂的「關聯、對應」（correspondence）背後之運用及理論。[8]

由於歷史的傳述方式，這故事中幾位最有影響力的人物會讓人覺得有些沒沒無聞。不過，即使歷史對於前述蘇格拉底的老師滿特尼亞的狄奧提瑪、祕法家與哲學教師以弗所的索希珮卓（Sosipatra of Ephesus，約西元325年）以及教師、天文學家與數學家亞歷山卓的海帕悌雅（Hypatia of Alexandria，約西元350–415年）著墨不多，我們還是要記得這些女性。瓊安・布萊頓・康奈莉（Joan Breton Connelly）的著作披露女性在古代世界宗教文化中的重要性，然而這部分至今大多佚失，因為當時她們沒有將自己的想法落為文字。[9]

5. O'Meara, *Pythagoras Revived: Mathematics and Philosophy in Late Antiquity*。

6. 參見 R. M. van den Berg 的 *Proclus' Hymns*。

7. Copenhaver, "Hermes Trismegistus, Proclus, and the Question of a Philosophy of Magic in the Renaissance," in *Hermeticism and the Renaissance*, 79 － 110。

8. 編註：本書有很多地方會探討魔法的關聯對應，第十一冊〈魔法師的對應表〉有許多對應表可供參考。

9. Connelly, Portrait of a Priestess: Women and Ritual in Ancient Greece。

行奇蹟之人馬克西穆斯

以弗所的馬克西穆斯（Maximus of Ephesus，約西元310–372年）是新柏拉圖主義思想家、通神士（theurgist）與魔法師，係在藹安布里克斯的高徒艾德瑟斯（Aedesius）門下與著名賢者尤希畢爾斯（Eusebius）一同學習。馬克西穆斯對於日後成為皇帝的尤利安（Julian）的影響相當重大，而尤利安在即位後嘗試恢復羅馬帝國的傳統多神信仰。尤希畢爾斯曾警告尤利安不要成為馬克西穆斯的門生，因為他在馬克西穆斯邀請他及別人前去黑卡蒂（Hecate）神殿時，看到馬克西穆斯對於術法的偏好。馬克西穆斯會向黑卡蒂神像致敬，並向觀眾宣告他們將會見證他那玄妙的精神。然後一邊燃香、一邊念咒，而女神塑像在這過程中先出現微笑的模樣，然後放聲大笑。他力勸觀眾不要害怕，並宣告女神手上的石製火炬不久會燃起火焰，而那些火炬的確馬上冒出火焰。尤希畢爾斯力勸尤利安，稱這類戲劇化的術法僅是迷惑感官，而他堅持靈魂淨化才是最為重要的事情，且應獨力達成，所以他的立場較屬於普羅提諾，而不是藹安布里克斯。

然而尤利安還是直接衝去以弗所，學習馬克西穆斯傳授的藹安布里克斯通神術，其主要根據是迦勒底的神諭，還有他以艾莫瑟（Emesa）末代太陽祭司王之子的身分所承接的魔法宗教儀式。其核心儀式是動物獻祭及占卜。尤利安在位時企圖建立太陽神希里歐斯（Helios）的教派，並且將祂視為至高無上的創世神。

而我們對於馬克西穆斯的了解，幾乎來自希臘歷史學家尤納皮爾斯（Eunapius）。他曾與這位當時最偉大的巫師私下見面，而他對於這位身處古代末期異教魔法師的描述，也許是流傳至今的最佳版本：

> 在（我）還是青少年的時候，曾遇見這位老邁長輩並聆聽他的話語，那就像在聽荷馬筆下的雅典娜（Athene）或阿波羅（Apollo）所說的話。他蓄有灰色長鬚，其瞳孔可說是翼狀，而他的目光顯現出其靈魂的躍動。他的人有一種美好的和諧，其眼睛、耳朵也是如此，所有與

他對話的人們都會訝於他在這兩種感官的表現，畢竟人們很難忍受他
那靈活移動的目光或他那快速流暢的話語。在跟他討論的時候，沒有
人敢冒險反對他，就連經驗最多、口才最好的人也不例外。眾人都在
沉默中臣服、默認他所說的話，就像對待坐在三腳凳上的神諭所說的
話那樣──他的言語具有如此魅力。*

尤納皮爾斯也有回想起某件跟偉大哲學家與祕法家索希珮卓有關的軼事，
當時某個愛戀她的親戚對她下咒，而馬克西穆斯探測到這個咒法並用自己的法
術予以反轉。尤利安在位不到兩年即逝世，不久馬克西穆斯就被逮捕，最後被
處決。──蓋・歐吉維

蓋・歐吉維（Guy Ogilvy）（spagyrist，即偏重提煉治病藥物的煉
金士），學習西方奧祕傳統已有多年。他有數本關於不同神祕主題的
著作，而其最新作品《古代偉大巫師》（Great Wizards of Antiquity）是
關於西方魔法及煉金術歷史的三部曲之第一部。他曾參加英國、日
本及美國的一些電視節目，分享自己在魔法與煉金術的專業。

---

* Philostratus and Eunapius, *The Lives of the Sophists*，威爾默・凱芙・萊特（Wilmer Cave Wright）翻譯，哈佛
大學出版（Harvard University Press, 1921），427。

◆ 通神術之根基 ◆

通神術的哲學與宗教修習之發展與延續，因西羅馬帝國於第五世紀的垮台以及後續基督信仰的掌控而中斷，即使如此，有些屬於宗教及魔法方面的技藝依舊流傳下來，例如被稱作《基蘭納斯王書》（Kyranides）的法術與配方合集。在中世紀的早期（西元500～1100年），地中海沿岸的霸權文化吸納來自北方與南方的人民、吞併其習修方式，而某些技藝之所以能夠殘留下來，是因為它們已被譯成阿拉伯文或希伯來文，於是它們在基督信仰世界中寂寂無名長達千年，直到文藝復興時期、魔法再度復興時才為人所知。

在文藝復興時期，雖然看似古老魔法以嶄新蓬勃的方式復甦，也就是我們以下會講到的部分，然而這次復甦的核心卻是在基督信仰之前出現的傳統宗教之最後榮光，是對於宗教思想的全然合成，而這項合成係由藹安布里克斯開始，並由新柏拉圖主義的儀式、通神分支發展而成。

這項合成的關鍵之處，在於它為所有古老傳統信仰提供完整的理論及正當性，然而能夠認知到這一點的人沒有很多。它為各層次的發展與教育提供資訊，像是一般信仰者的假日訪視、在神殿尋求恩惠、為城市與國家的需要祈福，以及哲學家與神職人員的超昇習修，甚至也提到只有少數人能夠進行的純粹依靠心智、完全不用實質事物的習修方式。

就目前的文獻而言，在這方面講得最徹底的是藹安布里克斯的《論神祕》，其他諸如普羅可勒斯與德馬修斯（Damascius，約西元458–538年）等哲學家都是對此知識有所增添，然其形式都沒有像《論神祕》那樣實際。

平心而論，通神術可算是所有魔法習修的中柱，因為它是信仰諸神、吸引祂們的存在及力量，使這些我們稱之為魔法的奇蹟與轉變之習修方式得以有效的根本技術。占卜、召靈、神聖附身都含括在通神術的習修之內，並成為可以實際執行的方式。就此觀之，《論神祕》是整個西方魔術傳統的基石，其他文獻都無法為現今被稱為魔法的習修方式給出同樣有力且通透的理論基礎。

然而藹安布里克斯從未在《論神祕》提及「魔法」（magaia）一詞，他看似將這些習修方式視為先進的虔誠信仰及深入的靈性，而不是魔法。

藹安布里克斯事實上是敘利亞某個神職家族的貴族，而他在《論神祕》所撰寫的角色是一個埃及祭司。那位祭司以其活力及口才，回應波菲利在信仰與靈性進展方面提出的每個挑戰，並在過程中勾勒出信仰眾神的正當性以及這種信仰的先進形式，也就是通神術。

祈禱、獻祭與占卜都是藹安布里克斯與通神士在當時所使用的工具，而《論神祕》對這些工具逐一嚴格分析。習修者在運用祈禱與獻祭時，並不只是要得到眾神的恩惠，而是要與神祇締結更加親密的關係，終究達至合一的境界。[10]占卜則是用來尋求神祇的指示，以優化通神術的習修方式。

當哲學用來推論諸神的本質以及連結祂們的方式時，占卜則以啟示來增益那樣的了解，而後續的獻祭與祈禱習修則積極應用並測試那項知識，其結果就是人與眾神之間的溝通變得更好。

藹安布里克斯的通神術模式就藹安布里克斯的觀點而言，通神士所生活的世界係由某種神聖秩序階層創造而成，那是由至高無上、究極龐大合一存在狀態的「一」降階形成。這世界的結構所依據的是斡旋中介（mediation）原則，也就是處於各種極端之間的必需方式，而那秩序階層有許多層級，以配合宇宙諸多階層。

宇宙階層取自普羅提諾的分法，即合一、心智、靈魂與物質。物質界，也就是宇宙，係由古典托勒密（Ptolemy）宇宙學組織而成，即地球和四元素一起位居中央，這個地界的周圍則是天界，裡面有月亮、太陽及其他行星，其外圍則是恆星界。一旦超出這個宇宙的範圍，就進入神聖界。

創造的力量與神聖的存在源源不絕地從「一」泉湧而出，它會依神祇及守護靈的階級順序往下流動，這過程稱為「放射」（prohodos），也會依序回返（epistrophe）流向「一」。而通神士會利用這道回返的流動以登上神聖階層，最後回到「一」。

若用哲學的術語來說，信仰、神話與傳說裡面的神祇算是柏拉圖式的概念或形式。神祇將祂們的本質（即祂們自己）放射進入這個宇宙，為無感覺的物質賦予形式及明確性質。這些神聖概念在以物質形式具現時被稱為「道」（words）或「宇宙法則」（logoi），因此諸如事物的質地、色彩、形狀、今日所謂的化學性質、藥性及其他性質，對於通神士來說都是神祇在事物中的具體顯化。這些能在物質中找到的眾神祕法詮釋法則被稱作「象徵」（sunthemata），而通神士能夠藉由專注思考及犧牲這些「堆疊起來的美好事物」（wondrous deposits），使自己得以成聖。[11]

現代人會將它當成是古代在關聯、對應事物方面的知識，雖然「對應事物」是文藝復興時期之後才用的詞。普羅可勒斯在其著作《論祭司技藝》（On the Hieratic Art）中，解釋「較低事物對於較高事物的共鳴」即是那在物體、祈禱與思想中呈現神聖概念之固有的宇宙法則。宇宙

---

10. Sandwell, 266；Lane Fox, 207–208；Scheid, 95。
11. *Iamblichus: De Mysteriis*, 10.5, p. 349和1.12, p. 53。

法則並不僅是所有事物裡做出分別的性質，它們本身就是神聖存在。當普羅可勒斯寫到「它們在祭司技藝的運用」時，為啟動事物中的宇宙法則之應用方式與時機做出了解釋。

　　普羅可勒斯寫道，神聖之光會來到「能夠分享它的個體」，並用溫暖的燭芯來比喻，亦即當燭芯藉由加熱變暖而達到合適的狀態（epitedeiotes）時，火焰只需靠到它附近，不用碰觸就能點燃它。通神士是藉由相應的祈請（invocation）而「變暖」，以建立自己與神之間的聯繫。在這個比喻中，燭芯的點燃代表「必朽個體的神聖化」，而其產生的光明則是代表「與神接近」。普羅可勒斯引述了迦勒底神諭第一二一號片段（Chaldean Oracle, fr. 121）：「靠近那火焰的必朽之人，將會擁有來自神的光。」[12]

　　身為人類的通神士是這個大世界之微觀宇宙，而通神士的組成之中有著位於靈魂的「一」。她是「一」在個體的具現，而「一」賦予合一與個體性。她也擁有精神，即無分別的心智，以及有分別的心智（dianoia），兩者能夠互補，而位於上方的精神能夠直接經驗宇宙法則。更為適切的說法則是通神士的位階等同靈魂，她藉由精神與物質之間的折衷，在神聖階層找到自己合適的位置，儘管那是神聖階層的末位。

　　通神士就跟全體人類一樣，其靈魂均嵌有神聖宇宙法則。身為宇宙法則源頭的眾神，會以她本身組成的一部分之姿態在她面前與裡面呈現。她與肉身共享這結合在一起的生命，並被肉身的嚴格需求所限制，不過藉由眾神的幫助，她能夠自由、解脫，不受肉身及其限制與情慾左右，最後達到天使的位階並協同管理這個宇宙。

　　物質肉身與無形靈魂之間有著巨大的鴻溝，而使它們能夠連結的事物則是以太或靈魂的載具，名為蛋狀體或載具（augoeides soma ／ ochema）。[13] 載體一旦被淨化之後，就成為昇華至創造之因的工具，以及用於放映眾神向通神士溝通的「有福異象」之銀幕。

　　通神術是更上一層的宗教習修方式，所以想要成為通神士的人得要做好準備，在一開始會有潛心學習的時期，要從亞里斯多德那裡了解這世界，並從柏拉圖對話錄（及大量相關評註）、《赫密士文集》（以處在藹安布里克斯時期的形式為主）、迦勒底神諭、畢達哥拉斯數學及其他支持類似觀點的文獻學習更高層次的事物，而且還要同時在所有行動中培養美德、適中以及虔敬。而支撐這一切的是她在平凡、傳統的信仰與崇拜的終生修習。

　　在這之後，通神士會練習祈禱、獻祭，並進行長達數小時的祈請。首先，她在親自認識眾神時會得到眾神的啟蒙，而眾神在供品中的存在會去啟動祂們的「象徵」（sunthemata）以淨

---

12. 這裡的 fr. 是「片段」（fragment）的意思。由於迦勒底神諭至今確實只剩一些「片段」而已，因此多年來學者已嘗試運用各種不同編目方式處理。

化通神士。她到後來會與眾神的意志結合，並參與祂們的事工，最後眾神將她納入而成為不可言喻的一體（theosis）。

而在她朝神靠近的過程中，有一部分即是祈請每一位守護靈、天使與大天使並獻供。她首先會敬拜自身文化及自身周遭環境的大地神祇。這是踏上神聖存在階層的第一步，接著是透過天界而連結到靈魂階層（noeric = soul）的神祇、再連結到精神階層（noetic = mind）的神祇，最後抵達眾神為一體的合一領域。

在能夠穩穩站立於大地神祇所給予的堅實基礎上時，她就接著敬拜太陽並習修「光之引導」（photogogia），為自己填滿神聖之火。她會從太陽那裡要求認識個人守護靈，即今日所謂的「神聖守護天使」，並與祂對話。個人守護靈是造物主在創造她時賜予她的存在，將在她的通神士之路上引導她。她一個接著一個地祈請眾神，直到認識祂們全體並啟動祂們在她裡面的宇宙法則，而這樣的啟動會將自己與宇宙結合在一起，終將引導她往上與「一」合而為一（henosis）。

在沿著這條路前進的過程中，她的獻祭會愈來愈不屬於物質層次。她會在移向象徵、文字圖象與行動的過程中，逐漸放下「形體」，即「有形的供品」。最後，在不斷改善以自身「適合狀態」接受眾神的過程中，她也放下象徵，做出完全非物質的獻供。

在神聖結合變得更加精純穩固的過程中，通神士與眾神的結合程度逐漸提高，其行為變成是模仿造物者的行為，並在完成自身使命的過程中模仿造物者。而其使命即是持續創造，完成柏拉圖對話錄〈泰彌珥斯篇〉（Timaeus）所述的諾言（段落為41b–c），使宇宙得以完整，不然宇宙是不完整的。

這裡要注意的是，整個準備過程並沒有所謂的「異族語言」（voces magicae），亦即「外邦、蠻族的語言」，也不會有法術修練、奇異符號之類的事物。這些事物的確在通神術有其位置，如果通神士接受此類工具的訓練，或是她所入門的祕法有提供它們，那麼它們將會提供經過神聖力量加持的連結或活動。雖然也許能有助益，不過它們並不是必需事物。

就本質而言，通神術大多藉由單純參與一般文化活動來執行，然而在執行這些活動時，是帶著了解與意圖而進行的，即願意讓那些在與眾神更加親近的過程中啟動的象徵來感動自己。藉由採取所謂的「通神觀點」（theurgic view），通神士會去參與所有宗教活動，甚至是那些

---

13. 這裡會有一點卡羅斯・卡斯塔尼達（Carlos Castaneda）的感覺。（譯註：巫士唐望相關書籍的作者）

不屬於自身文化的宗教活動，以支持自己在通神術的進展與造詣。這就是了解阿格里帕的祕術哲學及後續黃金黎明會的修習方式之關鍵所在。[14]

◆　中世紀時期　◆

西羅馬帝國約在西元五百年覆滅，由教會及基督信仰強力掌控的新紀元就此開始。西方世界在過去都沒出現如此逞凶好鬥、如此專注在清除自身影響領域裡其他靈性思維的宗教。

當教會傳入法蘭克人、日耳曼人及不列顛人的土地時，會致力於改變當地領導階級的信仰。然而教會還要處理這些人民的傳統宗教習修方式。這些習修方式被稱為「異教」（pagan），也就是非屬基督教的意思，因此教會不能容許它們延續下去，然而它們充滿活力，是生活不可或缺的事物，確實無法抹除，於是教會基於減低改信難度的考量做出適應通融。

儘管教會譴責，然而魔法在社會各階層的使用相當普遍。[15]那時候的醫學知識有限、救命的科技很少，而利用靈性資源得到物質成果的魔法算是傷者、病患能夠取用的少數資源之一。每個歐洲文化都發展出一些屬於自己的法術與配方，用來緩解麻煩問題。在基督信仰傳布各地之後，人們仍然使用、製作這些法術與配方，只是原先在呼請當地文化的神祇與精靈的部分，通常會部分或全部改為呼請聖徒、天使及神聖三位一體（Holy Trinity）。[16]

具有意義或力量的咒語、護符與動作在那時仍被用來協助窮人與擊打敵人。[17]占卜仍用來預後或診斷。[18]然而這一切大多在表面加上一層基督信仰的「面漆」，使人們轉向基督信仰的神祇祈禱，並效忠教會的權威。經過幾代之後，這些修習方式的「異教」起源變成黯淡的記憶，而每個人都是受洗的基督徒。

---

14. 編註：請參考本書第八冊〈黃金黎明會〉。
15. Bailey, *Magic And Superstition in Europe*, 80; Kieckhefer, *Magic in the Middle Ages*, 56–57; Flint, *The Rise of Magic in Early Medieval Europe*, 3–8；and Fanger, *Conjuring Spirits: Texts and Traditions of Medieval Ritual Magic*。
16. Bailey, *Magic and Superstition in Europe*, 83。
17. Bailey, *Magic and Superstition in Europe*, 80–83。
18. Bailey, *Magic and Superstition in Europe*, 82, 87–90。

　　《基蘭納斯王書》的內容含括古希臘魔法文獻的要素，並顯示在進入基督信仰時期妥善維持這些古老法術的做法。[19]一般來說，當時具有天然「異教」性質或經語言公式祝聖的正式台詞與實體物品，以及傷者、病患及受詛咒者的圖像，通常會藉由祈請基督信仰的靈性存在賦予力量。[20]教會則是交替推動及譴責這些習修方式，因為其認為那些祈請來的力量並不是基督信仰三位一體或聖者所帶來的，而是屬於非基督教惡魔們的力量。[21]雖然手畫十字或口唸「我們的父」（Pater Noster）是可以接受的做法，然而這些動作也用在像是詛咒等不甚光彩的事情，所以教會對它們也不是一概贊同。然而在另一方面，教會任命的神職人員所做的祝福被視為有益於一切魔法，而法術與護符在加持時也有可能需要他們的祝福。神職人員會將聖化過的聖體以護符的形式祝福城市、鄉鎮、田地與禽畜能夠生產旺盛。[22]

　　包括精靈與惡魔的召喚在內，那些藉由書籍取得資訊的魔法係由受過教育者習修，且常被誤會為「死靈術」（necromancy），[23]然而它不具有「習修目的在於增長靈性」的通神術常見特徵。學者辨識出與通神術有關的特定文句與習修方式，其中有些可能受到藹安布里克斯的影響。克萊兒・凡格（Claire Fanger）在其編著《祈請天使》（Invoking Angels）中描述在十三世紀到十六世紀出現的通神術主要形式。[24]這份由凡格所編的文獻合集列出了數篇基督信仰的文章，含有那些能在藹安布里克斯的通神術範型看到的特徵。這些文章明顯用在祈請名為天使的存在們，其目的是獲得知識及經驗異象。[25]然而由於缺乏多神論，這類習修能夠祈請的神縮減到只有一位。

　　到了中世紀盛期（西元1000～1250年）以及文藝復興時期的開始（根據一些不同的看法，也許早在十四世紀或十五世紀開始），教會致力打壓的宗教絕大多數都已消失，至於它們的魔法，就像引擎號碼被銼掉並噴上新色的汽車，裡面的運作方法幾乎還是跟以前一樣，只是祈請的神聖存在換成基督信仰的新神以及祂的天使。

19. Anonymous, *Kyranides: On the Occult Virtues of Plants, Animals & Stones*, 67. Compare with Betz, *The Greek Magical Papyri in Translation*, LXIII. 7–12, p. 295, and another version VII. 411–416, p. 129. See also Section 1.2, fn4。

20. Formalized speech: Bailey, Magic and Superstition in Europe, 83–84, and Kieckhefer, Magic in the Middle Ages, 69–70；Objects: Bailey, 84–87. Images: Bailey, 87。

21. Bailey, *Magic and Superstition in Europe*, 4; Flint, *The Rise of Magic in Early Medieval Europe*。

22. Bailey, *Magic and Superstition in Europe*, 86。

23. Bailey, *Magic and Superstition in Europe*, 78, 101–106; Kieckhefer, *Magic in the Middle Ages*, 151–175。

24. Fanger, *Invoking Angels: Theurgic Ideas and Practices, Thirteenth to Sixteenth Centuries*, 15 and throughout。

25. Fanger, *Invoking Angels*, 8, 65–67, re: Iamblichus, 56; *Iamblichus: De Mysteriis*, 2.9, 105–107。

北地巫師邁克爾・斯科特

邁克爾・斯科特（Michael Scot，西元1175–1232年）是四處漫遊、能講多種語言的蘇格蘭人，他在托雷多（Toledo）研究占星術（astrology），並於波隆那（Bologna）為李奧納多・費波那契（Leonardo Fibonacci）教授數學*，有數年擔任耶路撒冷、日耳曼、義大利及西西里之王、神聖羅馬帝國皇帝腓特烈二世（Frederick II）的宮廷占星家以及科學顧問。腓特烈二世是個了不起的動物學家，所以應是斯科特所譯亞里斯多德的九冊《動物志》（History of Animals）使皇帝注意到他。由於他是著名的托雷多譯者學院的成員之一，當時的同僚中有葉呼達・賓・莫胥（Yehuda ben Moshe），也就是護符魔法的簡要手冊、聲名狼藉的阿拉伯魔法書《賢者之書》（Picatrix）的譯者。斯各特提到自己在托雷多研究的某一本書含有精靈，稱那本書在被打開時會大聲喊著「說汝之願，必將實現。」**斯科特一直被認為（也許是誤認）在撰寫柯奈流士・阿格里帕的老師率瑟米爾斯院長（Abbot Trithemius）所擁有的惡魔魔法。他的確撰寫了煉金術、天文學、面相術（physiognomy）及手相術（chiromancy）的著作，至今仍殘留不少，不過他生涯中的成功大多基於廣闊學識、敏銳智性以及行使明顯奇蹟的能力。我們對於中世紀巫師的典型意象也許大多源自於他。在以令人印象深刻的尖頭寬邊帽及鬆軟束腰袍的衣著出席腓特烈二世於西西里的宮廷時，他身為魔法師的名聲變得十分響亮。據說腓特烈二世曾盡力去揭穿這位巫師的騙術，然而在精明的斯科特使他的一切企圖落空之後，這位皇帝要求他來宮廷任職。

斯科特有著身為歐洲最令人畏懼的術士與煉金士的糟糕名聲，但丁（Dante）甚至在其《神曲：煉獄篇》（Divine Comedy: Inferno）留有他能去的位置，精確地說是地獄第八層第四坑，專門伺候術士、占星師與假先知。

無論名聲如何，他是貨真價實的教士，而教宗何諾三世（Pope Honorius III）也曾將愛爾蘭大主教的位置授予他，但他因自己對愛爾蘭蓋爾語所知有限而拒絕接受。

---

* Philostratus and Eunapius, The Lives of the Sophists, trans. Wilmer Cave Wright, (Cambridge, MA: Harvard University Press, 1921), 427。
** Lynn Thorndike, *Michael Scot* (London: Nelson, 1965)。

　　斯科特在歷史上有許多著名稱號，像是北地巫師（Wizard of the North）、白巫師（White Wizard）及失落的天才（Lost Genius）。而科學的歷史學家現在認為斯各特的貢獻除了在諸如藥物、解剖及生殖等主題之外，還看似曾在撒拉哈沙漠與圖阿雷格（Tuareg）部落觀測到稀有的複虹（supernumerary rainbows）現象。[26]有些舞台魔術師則認為他是高明的幻術師及催眠師，能用自身對於面相術的了解以「冷讀」（cold reading）觀眾。──蓋・歐吉維

　　猶太人社群在這幾百年也面臨越來越沒有選擇的境況。[27]十五世紀期間，猶太人在奧地利受到迫害，而科隆（Cologne）、奧格斯堡（Augsburg）等許多德國城市與地區也將他們驅逐出去。[28]西班牙是在一四九二年、葡萄牙則在一四九七年驅逐猶太人。宗教法庭於一五三六年在葡萄牙永久設立，為的是找出猶太人。一五五三年，義大利焚毀《塔木德經》（Talmud）。一五五四年，教會將希伯來文書籍列為禁書，而教宗保祿四世（Pope Paul IV）則在一五五五年下令羅馬的猶太人須遷至貧民區。[29]

　　而名為卡巴拉的猶太祕術傳統，[30]也在這時期開始發展，其基本架構，像是《明耀之書》（Bahir）與《光輝之書》（Zohar），係在十三世紀浮現，而鑑於猶太人受到的迫害到十六世紀變得愈來愈多，於是以撒・盧里亞（Isaac Luria）及其他位於采法特（Safed）的加利利人（Galilean）社群重新詮釋卡巴拉。

　　卡巴拉汲取更為早期的祕法傳統，包括戰車（Merkabah = chariots）與天殿（Hekhalot = palaces）的祕法學派、以希伯來字母表為基礎的《形塑之書》祕法，以及具有宇宙諸界次序觀念的新柏拉圖主義。

　　凡格在其重點論述中引述摩西・伊德爾（Moshe Idel）及格爾肖姆・朔勒姆（Gershom Scholem）兩者的觀點，以呈現猶太人如要形成某種通神術，其習修方式會有多少不同的面向，而兩者均由其習修方式有謀求與神合一（unio mystica）、神聖異象的做法，也有藉此追求物

---

26. See Scott, "Michael Scot and the Four Rainbows."。

27. Seltzer, *Jewish People, Jewish Thought*, 450; David B. Ruderman, *Kabbalah, Magic, and Science*, 8–9。

28. Seltzer, *Jewish People, Jewish Thought*, 321。

29. Seltzer, *Jewish People, Jewish Thought*, 451。

30. 編註：參見本書第二冊〈卡巴拉〉。

質層面的結果作為立論的切入點。[31]伊德爾認為僅是遵守誡命的簡單修習，即便沒有其他宗教活動，也能算是通神術的有效形式。[32]

◆　文藝復興時期　◆

中世紀時期又被稱為「黑暗時期」，的確有其合理之處。在羅馬帝國滅亡與教會的崛起之中，古代的大量知識與著作隨之佚失或為人遺忘，變成除了教會認為適合保留的部分之外，很少人能夠知曉或了解其他部分。就古典哲學家而言，只有亞里斯多德的著作幾乎被完整保留下來，其主要原因是湯瑪斯・阿奎納（Thomas Aquinas）以教會的論述為他的著作注入生命。

柏拉圖的著作雖多，然而西方世界只剩下一篇對話錄〈泰彌珥斯篇〉及其他著作的一些小片段。我們對於柏拉圖的些微知識大多來自某本在中世紀晚期逐漸流行的書籍，即《哲學的慰藉》（The Consolations of Philosophy）。這本哲學摘述是由羅馬元老院議員暨哲學家波愛修斯（Boethius）於西元五三四年的獄中著作，用來消磨因謀反罪受死的等待時間。

柏拉圖的其他著作，還有普羅提諾、藹安布里克斯及其他許多人的作品，是被阿拉伯人將其譯成阿拉伯文保留下來，也有被拜占庭希臘人保留下來。然而羅馬天主教會在中世紀時期多與伊斯蘭世界交戰，而教會的希臘與拉丁派系也自西元一〇五四年東西教會大分裂（Great Schism）起永遠分離。

如果西方一直無法找回這些古代文獻，那麼西方魔法傳統也許在中世紀時期即告終止。這傳統之所能夠復甦，是因為西方重新發現這些文獻。而重新發現的過程可以追溯至西元一四三八年科西莫・德・梅迪奇（Cosimo de' Medici）與一位希臘學者的會面──以上敘述是一般流行的版本，然而歷史學家對於兩者是否真有會面的意見並不一致，不過這位希臘學者對科西莫的影響無庸置疑。

喬治爾斯・吉密斯托斯（Georgius Gemistus）這位學者，是在基督信仰時期首位稱呼自己是「異教徒」（Hellene，pagan 的希臘文）的人。他藉由個人著作與教導，將柏拉圖再次引入西方世界，也因其對於柏拉圖有相當深入的了解，而以「卜列東」（Plethon，意即「肖似柏拉圖」）之名為人所知。[33]

---

31. Fanger, *Invoking Angels*, 23–26, re: Idel, *Kabbalah: New Perspectives*, 35–58, especially 40–41, and Scholem, *Major Trends in Jewish Mysticism*, 4。
32. Fanger, Invoking Angels, 23; Idel, Kabbalah: New Perspectives, 158。
33. Woodhouse, *George Gemistos Plethon*, 186–188。

　　許多人知曉梅迪奇家族，特別是身為富商與銀行家的科西莫，而他是當時義大利佛羅倫斯的實質統治者，也是藝術與學術的贊助人。與之相比，沒多少人認識那從希臘伯羅奔尼撒（Peloponnese）過來的卜列東。西元一四三八年，卜列東與東正教會（Eastern Orthodox Church）的代表團一同來到義大利參加費拉拉大公會議（Council of Ferrara），該會議是東正教會與羅馬天主教會之間的數次調解作為之一。（然而該次會議跟其他調解作為一樣，最後都沒有達到目的，東正教會與羅馬天主教會因無法解決彼此的差異而繼續保持分離。）

　　所以卜列東也許是在費拉拉見到科西莫。[34]這兩個人都不是上述會議的代表員——不過科西莫有負擔這會議的費用——然而他們的周圍都有許多參加及旁觀此會議的高位人士。

　　我們無法確定科西莫與卜列東是否在費拉拉相見，也無法確定他們是否在一年以後於佛羅倫斯相見（大公會議當時為了避開疫情而換到佛羅倫斯進行）。然而歷史上的盛行看法，則認為卜列東啟發科西莫去尋找、蒐集關鍵的柏拉圖及新柏拉圖主義的文獻、《赫密士文集》、奧菲斯讚歌（Orphic Hymns）及其他古希臘著作。科西莫也有可能從卜列東獲得迦勒底神諭的簡短版本，因科西莫後來資助馬爾西利奧·費奇諾（Marsilio Ficino）的教育，而費奇諾是將這些文獻譯為拉丁文的第一人。

馬爾西利奧·費奇諾

　　科西莫·德·梅迪奇開始派出代理人以尋找並購買柏拉圖及其他希臘哲學家的作品，不過由於希臘文不再是西方廣泛使用的語言，這些文獻得要轉譯成拉丁文才行。

　　而科西莫發現符合自身需要的譯者，就是他的專屬醫師之年幼兒子馬爾西利奧·費奇諾。他為費奇諾安排一位流亡的東正教祭司教授希臘文，而費奇諾於西元一四六二年至一四八四年之間將柏拉圖的所有對話錄譯為拉丁文，並且也翻譯許多新柏拉圖主義者的著作，包括普羅提諾、波菲利、藹安布里克斯與普羅可勒斯。

　　科西莫在臥床等死時得到一本手抄本，就是今日所謂的《赫密士文集》。費奇諾在那時停下柏拉圖相關文獻的處理工作，盡快翻譯《赫密士文集》，為了要趕在科西莫去世之前讀給他聽。

　　費奇諾的《論生命三書》表面上是對於普羅提諾的評論，然而它的第三冊含有通神術的實用呈現方式，這部分後來被許多作者拿來當成發想及構思的基礎。[35]費奇諾的著作雖然滿是沉悶的理論，但在提及通神術的實用性時，他都是用明快的筆觸來寫。

34. Woodhouse, *George Gemistos Plethon: Ferrara*, 136–153, Florence, 171–188, and humanism, 154–170。
35. Ficino, *Three Books on Life*, trans. Carol V. Kaske and John R. Clark。

即使如此，我們還會聽到關於他持里拉琴唱奧菲斯讚歌的故事。這些祈禱詞加上《論生命三書》第三冊裡面的指示，就成為一種神聖治療（celestial therapy）的方式，當時的人們不敢稱它為魔法，或至少當時還沒稱它為魔法。

文藝復興時期的卡巴拉

卡巴拉是藉由費奇諾的學生進入文藝復興時期的世界，這名學生就是年輕的喬凡尼・皮科・德拉・米蘭多拉伯爵（Count Giovanni Pico della Mirandola）。卡巴拉在當時被一些人認為是摩西的祕傳教導，但對於皮科來說，卡巴拉是支持基督及其他有關基督信仰的神學立場，代表它能被運用在為魔法提供屬於基督信仰的正當理由。關於皮科與卡巴拉的故事已經超出本書的範圍，然而其他地方還是有能夠詳述這部分的資料。[36]

皮科的兩個學生藉由自己的著作使人們對卡巴拉的教導有著更加的了解。約翰內斯・羅伊希林（Johannes Reuchlin）於一四九四年出版《論能行奇蹟的文字》（De Verbo Mirifico）、一五一七年則出版《論卡巴拉之藝》（De arte Cabalistica），而法蘭西斯可斯・葛果里爾斯（Franciscus Gregorius）於一五二五年出版《論世間三律的和諧連結》（De harmonia mundi totius cantica tria）。

為了了解卡巴拉本身，我們可以向卡巴拉現代研究之父朔勒姆及其學生伊德爾請益。根據朔勒姆所言，卡巴拉是最常用於指稱猶太教的玄學教導及猶太祕法的傳統詞彙，「特別是那些在中世紀期間從十二世紀開始採用的形式。」[37]自那時以來，朔勒姆、伊德爾以及許多學者都有探究這種猶太祕法的豐富內容，並發現它的內涵相當美麗且有活力。

新柏拉圖主義是卡巴拉的基礎層面之一。如同朔勒姆所述，「由於早期的卡巴拉需要理論的基礎，於是它受到新柏拉圖主義的影響很大。」[38]卡巴拉甚至能被視為某種通神術。摩西・伊德爾在其著作《卡巴拉：新觀點》（Kabbalah: New Perspectives）留出一章專門解說「全心事奉」（devekut），即全心倚靠那保佑猶太人的上主（Yahweh，YHVH，又有雅威、耶和華等譯名）之習修方式。[39]伊德爾注意到的是，原始文獻在該主題運用亞里斯多德學派、新柏拉圖主義及赫密士思想的術語時，其態度是將它們當成「祕術家為了累積自身經驗而使用的服裝」來用。[40]

---

36. Walker, *Spiritual and Demonic Magic from Ficino to Campanella*, 54–59; Yates, *Giordano Bruno and the Hermetic Tradition*, 84–116; Wirszubski, *Pico della Mirandola' s Encounter with Jewish Mysticism*。

37. Scholem, *Kabbalah*, 3。

38. Scholem, *Kabbalah*, 96。

39. Idel, *Kabbalah: New Perspectives*, 35–58。

40. Idel, *Kabbalah: New Perspectives*, 39。

伊德爾也有提到新柏拉圖主義及赫密士思想的影響力「對於魔法有著強烈興趣，且以通神術廣為人知」。而新柏拉圖主義的通神術與卡巴拉之間在目的與用語方面的融合，也被推展到「靈魂係藉由那在平凡信仰中運用的『全心事奉』而蛻變」之觀念上。

阿格里帕與現代時期

　　我們最後來到現代時期，據稱該時期係自西元一五一七年十月三十一日起算，之所以如此精確，係因這時期是以馬丁・路德（Martin Luther, 1483–1546）用榔頭將他的著作《九十五條論綱》（Ninety-five Theses）釘上德國威登堡主教座堂大門的那一刻開始算起。

　　西方魔法在現代時期之初的重要人物即是海因里希・柯奈流士・阿格里帕・馮・涅特斯海姆。阿格里帕被認為是人本主義者，與當時立場一致的伊拉斯莫斯（Erasmus, 1466–1536）相呼應，而他起初支持馬丁・路德，後來則譴責之。[41]在思想史上，他的正面聲譽主要源自其著作《論虛榮》（De vanitate），被認為是現代懷疑論的早期重要作品。

　　然而他的真正名氣來自祕術著作，特別是《祕術哲學三書》。然而這樣的名氣比較像是「惡名昭彰」，即其名氣大到一般認為他對於當時流行的浮士德將靈魂賣給魔鬼的故事影響很大，特別是劇作家克里斯多福・馬羅（Christopher Marlowe）與作家歌德（Johann Wolfgang von Goethe）的劇作。[42]

　　阿格里帕認為自己是德國科隆人，然而他在一五〇七年（這是目前殘存至今的信件中最早的年分）之前的生活資訊很少。[43]他於一四九九年獲准就讀科隆大學，並於一五〇二年獲得藝術執業學位（licentiate），後來還宣稱拿到教會法與民法的博士學位，有時稱自己是醫學博士。[44]

　　除了思想方面的成就之外，阿格里帕也是個行動派，曾經歷過西班牙與義大利的軍事活動，也許這就是他在《祕術哲學三書》的封面宣稱自身騎士資格的原因。[45]另外也有證據顯示他曾為神聖羅馬皇帝及教宗工作，使他於一五一一至一八年留在義大利，其間接觸義大利人本主義者及費奇諾、皮科與羅伊希林的著作。他娶了義大利帕維亞當地女子為妻，打算定居下來，並於帕維亞大學教授赫密士思想的《匹曼德》（Pimander）。[46]

---

41. Nauert, *Agrippa and the Crisis of Renaissance Thought*, 109–110, 168。這是阿格里帕的主要傳記。

42. Lehrich, *The Language of Demons and Angels*, 1。

43. Nauert, *Agrippa and the Crisis of Renaissance Thought*, 4。

44. Nauert, *Agrippa and the Crisis of Renaissance Thought*, 10。

45. Nauert, *Agrippa and the Crisis of Renaissance Thought*, 15–17, 37–39。

46. Nauert, *Agrippa and the Crisis of Renaissance Thought*, 37–40。

　　阿格里帕對祕術的了解並不只有理論部分，他宣稱能以煉金術的方式製造黃金，還說這過程昂貴到無利可圖。[47]也許更重要的是，其信件透露出他於各處旅行時創設祕術團體（可能是宣誓守密的那種）的重要證據。[48]至於祕術團體所具有的影響，我們只能猜測而已。

《祕術哲學三書》

　　阿格里帕是在一五一〇年開始撰寫《祕術哲學三書》的第一個版本，然而二十年後才出版第一冊，阿格里帕在這段撰寫到出版的期間是先在梅斯（Metz）工作，[49]後來則為歐洲的貴族階層工作。[50]同時，他還有研究卡巴拉與赫密士思想，並在一五三〇年出版第一冊前於書中增添對這兩個主題的討論。這一冊在出版審查員之間引發騷動，以至於後續兩冊的出版被推遲三年之久。[51]

　　阿格里帕在《祕術哲學三書》的取材有皮科、羅伊希林及葛果里爾斯的作品，還有卡巴拉知識等其他來源。[52]鮑羅與奧古斯提諾・利奇兄弟（Paolo and Agostino Ricci）是主要的促成者，且阿格里帕本人也許認識他們。[53]鮑羅・利奇以其對於約瑟夫・賓・亞伯拉罕・吉卡提拉（Joseph ben Abraham Gikatilla）所著《光之諸門》（Sha'arei Orah）之翻譯為人所知，而奧古斯提諾・利奇則著有數本作品，而且也可能是阿格里帕對於卡巴拉重要文獻《光輝之書》之知識的來源。[54]另一資訊來源是皮爾托・加拉提諾（Pietro Galatino）於一五一八年出版的《論天主教真理之祕》（Opus de arcanis Catholicae veritatis）。阿格里帕於一五三二年取得這本以拉丁語撰寫的卡巴拉書籍複本，並在《祕術哲學三書》引述之。[55]

---

47. Nauert, *Agrippa and the Crisis of Renaissance Thought*, 24.

48. Nauert, *Agrippa and the Crisis of Renaissance Thought*, 17–24. Compagni, *Cornelius Agrippa: De occulta philosophia, libri tres*, 2。

49. Lehrich, *The Language of Demons and Angels*, 5。

50. Compagni, Cornelius *Agrippa: De occulta philosophia, libri tres*: Holy Roman Emperor Maximilian, William IX Palaeologus, 4, Margaret of Austria, 7。

51. Nauert, *Agrippa and the Crisis of Renaissance Thought*, 112–113。

52. Compagni, *Cornelius Agrippa: De occulta philosophia, libri tres*. Sources: Gregorius, 621, Pico, 624, Reuchlin, 626. 至於《祕術哲學三書》所引用的皮科、羅伊希林及葛果里爾斯的詳細著作列表，可參閱所列 Compagni 作品的索引。

53. 法國人本主義者西姆福里安・尚皮埃爾（Symphorien Champier）推測他們是兄弟，這在 Nauert, *Agrippa and the Crisis of Renaissance Thought*, 41, 131–132有提到。

54. Nauert, *Agrippa and the Crisis of Renaissance Thought*, 131–132; Compagni, *Cornelius Agrippa: De occulta philosophia, libri tres*, 626。

55. Nauert, *Agrippa and the Crisis of Renaissance Thought*, 133; Compagni, *Cornelius Agrippa: De occulta philosophia, libri tres*, 621。

　　由於卡巴拉有受到新柏拉圖主義及通神術的影響，因此放進《祕術哲學三書》相當合適。阿格里帕當時應該不會知道，卡巴拉就史實而言已有接受新柏拉圖主義的資訊，不過他必定看到相似之處，並了解卡巴拉能夠當成呈現謁安布里克斯通神術的載體，其「去異教化」的形式讓基督徒可以接受並使用之。

　　《祕術哲學三書》的後兩冊係於一五三三年出版，阿格里帕即於兩年後去世。許多《祕術哲學三書》的版本逐漸出現，多數未經授權，甚至還出現偽書第四冊，該冊納入阿格里帕在地占術（geomancy）的一些個人心得，也包括召喚特定惡魔的儀式，但這部分並不包含在阿格里帕原本的構想裡。[56]《祕術哲學三書》於一六五一年譯成英文，而這個版本被抄襲到法蘭西斯·貝瑞特（Francis Barrett）的《魔法師》（Magus）以及迪·勞倫斯（De Laurence）對於阿格里帕所著《自然魔法哲學》（Philosophy of Natural Magic）的編著版本。[57]而研究魔法書歷史的歐文·戴維爾斯（Owen Davies），在他所探查的各時期當地文獻中都有看到《祕術哲學三書》（而且通常是其偽書第四冊）的影子。[58]

　　《祕術哲學三書》的影響大到怎麼說都不算誇張。[59]它為頭腦精明的人們提供資訊，並為後續出現的許多魔法書鞏固基礎。鳩達諾·布魯諾（Giordano Bruno, 1547–1600）、約翰·迪伊（1527–1608）、玫瑰十字會文獻（1614–1617）及美生會（1717）都受到影響。到一八五〇年代，美生會分出「非主流美生會」（Fringe Masonry），其組織與集會所再度套用社會的階級制度，並深入探索更加玄妙的靈性。[60]這種美生會變成法國祕術復興運動、赫密士思想及其他古代思想系統的傳訊介質，以及具有適當能力可以組成幾個魔法或通神社團之群眾的容身之處，例如另名「馬丁教派」（Martinists）的美生騎士天選祭司團（Élus Coëns，約西元1766年），以及黃金黎明赫密士教團（Hermetic Order of the Golden Dawn, 1888）。[61]黃金黎明會廣為運用《祕術哲學三書》的概念與語言，以建構其教導、儀式與其他習修方式。[62]

56. Nauert, *Agrippa and the Crisis of Renaissance Thought*, 228, 325n11。

57. Barrett, *The Magus, Celestial Intelligencer; Agrippa, The Philosophy of Natural Magic and Three Books of Occult Philosophy*, xl。

58. Davies, *Grimoires: A History of Magic Books*, 47, 52, 54, 141, and throughout。

59. Nauert, *Agrippa and the Crisis of Renaissance Thought*, 229, 322–334, especially 325–326。

60. Goodrick–Clarke, *The Western Esoteric Traditions*, 131–154; Howe, "Fringe Masonry in England, 1870–1885," *Ars Quatuor Coronatorum*, 242–280。

61. Goodrick–Clarke, *The Western Esoteric Traditions*, 191, 138–145, 196–203。

62. Goodrick–Clarke, *The Western Esoteric Traditions*, 138–145, 196–203。

這樣的結果應能視為已經達成阿格里帕對於《祕術哲學三書》的期望：重組、修復祕術哲學，也就是魔法，使其運用能合乎潮流。阿格里帕之所以能夠達成這項任務，是以藹安布里克斯通神術為基礎，重組他那時代的魔法書魔法（grimoire magic）。通神術為阿格里帕提供前後一致的理論，以解釋魔法習修方式的本質及其在靈性增長的應用。他接著將通神術的概念——特別是新柏拉圖主義的宇宙觀與神聖階層，還有通神術對於靈魂及其組成與載具的看法——用卡巴拉的相同對應予以轉譯，使這種「異教」靈性系統有著足夠的基督信仰氛圍，讓他那時代的人能夠接受並使用之。

所以我們這趟歷史之旅也到了要結束的時候。我們已經見識到古人的宗教洞見及部分魔法修習方式如何藉由希臘人、羅馬人的觀點而傳給我們；新柏拉圖主義者（特別是藹安布里克斯）如何將這項傳承轉成通神術，最後成為西方魔法傳統的基礎；基督信仰如何企圖終止這個傳統但又同時將它的一些片段傳遞下去；古老文獻如何藉由拜占庭及伊斯蘭世界得以再度發現，繼而引出這項傳統的復甦，還有阿格里帕如何給予我們關於這個偉大傳承的概論，是具有影響力的精湛著作。

親愛的讀者，本書的其餘部分是我們當中最優、最聰明者前來解釋這項傳承的深奧之處，並為你提供相關工具與方法來修習它的許多派別。

祝君成功！

◆ 參考書目 ◆

Agrippa von Nettesheim, Heinrich Cornelius. *The Philosophy of Natural Magic.* Chicago, IL: DeLaurence, Scott & Co., 1913.

———. *Three Books of Occult Philosophy.* Edited and annotated by Donald Tyson. Translated by James Freake. St. Paul, MN: Llewellyn Publications, 1993.

———. *Three Books of Occult Philosophy*, Book One. Translated by Eric Purdue. Introduction by Christopher Warnock. Renaissance Astrology, 2012.

Anonymous. Kyranides: *On the Occult Virtues of Plants, Animals & Stones.* Renaissance Astrology Facsimile Editions, 2005.

Armstrong, A. H., ed. *Classical Mediterranean Spirituality: Egyptian, Greek, Roman.* London: Routledge & Kegan Paul, 1986.

Bailey, Michael D. *Magic and Superstition in Europe.* Lamham, MD: Rowman & Littlefield, 2007.

Barrett, Francis. *The Magus, Celestial Intelligencer: A Complete System of Occult Philosophy.* London Forgotten Books, 2008. First edition published in London in 1801.

Berg, R. M. van den. *Proclus' Hymns: Essays, Translations, Commentary*. Leiden, Netherlands: Brill, 2001.

Betz, Hans Dieter, ed. *The Greek Magical Papyri in Translation*. Chicago, IL: University of Chicago Press, 1986.

Burkert, Walter. *Homo Necans: The Anthropology of Ancient Greek Sacrificial Ritual and Myth*. Translated by Peter. Bing. Berkeley, CA: University of California Press, 1983. Originally published in German in 1972.

Compagni, V. Perrone, ed. Cornelius Agrippa: *De occulta philosophia, libri tres.* Leiden, Netherlands: E. J. Brill, 1992.

Connelly, Joan Breton. Portrait of a Priestess: *Women and Ritual in Ancient Greece*. Princeton, NJ: Princeton University Press, 2007.

Copenhaver, Brian P. "Hermes Trismegistus, Proclus and the Question of a Philosophy of Magic in the Renaissance." *In Hermeticism and the Renaissance*, edited by Ingrid Merkel and Allen G. Debus, 79–109. Washington, DC: Folger Shakespeare Library, 1988.

————. *Hermetica*. Cambridge, UK: Cambridge University Press, 1992.

Davies, Owen. Grimoires: *A History of Magic Books*. Oxford: Oxford University Press, 2009.

Dickie, Matthew. *Magic and Magicians in the Greco–Roman World*. London: Routledge, 2001.

Faivre, Antoine. *Access to Western Esotericism*. SUNY series in Western Esoteric Traditions. Albany, NY: State University of New York Press, 1994.

Fanger, Claire, ed. *Conjuring Spirits: Texts and Traditions of Medieval Ritual Magic*. University Park, PA: Pennsylvania State University Press, 1998.

————.*Invoking Angels: Theurgic Ideas and Practices, Thirteenth to Sixteenth Centuries*. University Park, PA: Pennsylvania State University Press, 2012.

Faraone, Christopher A., and Dirk Obbink, eds. *Magika Hiera: Ancient Greek Magic and Religion*. New York: Oxford University Press, 1991.

Ficino, Marsilio. *Three Books on Life*. Translated by Carol V. Kaske and John R. Clark. Tempe, AZ: Arizona Center for Medieval and Renaissance Studies, 2002.

Finamore, John F. *Iamblichus and the Theory of the Vehicle of the Soul*. Chico, CA: Scholars Press, 1985.

Flint, Valerie I. J. *The Rise of Magic in Early Medieval Europe*. Oxford: Oxford University Press, 1991.

Goodrick–Clarke, Nicholas. *The Western Esoteric Traditions*: A Historical Introduction. New York: Oxford University Press, 2008.

Graf, Fritz. *Magic in the Ancient World*. Translated by Franklin Philip. Cambridge, MA: Harvard University Press, 1997.

Hornung, Erik. *Conceptions of God in Ancient Egypt: The One and the Many*. Translated by John Baines. Ithaca, NY: Cornell University Press, 1982.

Howe, Ellic. "Fringe Masonry in England, 1870–1885," *Ars Quatuor Coronatorum* 85 (1972).

Hutton, Ronald. *The Triumph of the Moon: A History of Modern Pagan Witchcraft*. New York: Oxford University Press, 2001.

——— . *Witches, Druids, and King Arthur*. London: Hambledon and London, 2003.

Iamblichus. *Iamblichus: De Mysteriis*. Translated by Emma C. Clarke, John M. Dillon, and Jackson P. Hershbell. Boston, MA: Brill, 2004.

Idel, Moshe. *Kabbalah: New Perspectives*. New Haven, CT: Yale University Press, 1988.

Kieckhefer, Richard. *Magic in the Middle* Ages. Cambridge, UK: Cambridge University Press, 1989.

Kingsley, Peter. *Ancient Philosophy Mystery, and Magic: Empedocles and Pythagorean Tradition*. Oxford: Clarendon Press, 1995.

Lane Fox, Robin. *Pagans and Christians*. New York: Knopf, 1986.

Lehrich, Christopher I. *The Language of Demons and Angels: Cornelius Agrippa's Occult Philosophy*. Boston, MA: Brill, 2003.

Mylonas, George E. *Eleusis and the Eleusinian Mysteries*. Princeton, NJ: Princeton University Press, 1961.

Nauert, Charles G., Jr. *Agrippa and the Crisis of Renaissance Thought*. Urbana, IL: University of Illinois Press, 1965.

O' Meara, Dominic J. *Pythagoras Revived: Mathematics and Philosophy in Late Antiquity*. Oxford: Clarendon Press, 1990.

Petropoulou, Maria–Zoe. *Animal Sacrifice in Ancient Greek Religion, Judaism, and Christianity, 100 BC–AD 200*. New York: Oxford University Press, 2008.

Plotinus. *Enneads*. Translated by A. H. Armstrong. Cambridge, MA: Harvard University Press, 1966–1988. 7 volumes.

Remes, Pauliina. *Neoplatonism*. Berkeley, CA: University of California Press, 2008.

Ruderman, David B. *Kabbalah, Magic, and Science: The Cultural Universe of a Sixteenth–Century Jewish Physician*. Cambridge, MA,: Harvard University Press, 1988.

Sandwell, Isabella. *Religious Identity in Late Antiquity: Greeks, Jews and Christians in Antioch*. Cambridge, UK: Cambridge University Press, 2007.

Scheid, John. *An Introduction to Roman Religion*. Bloomington, IN: Indiana University Press, 2003.

Scholem, Gershom. *Kabbalah*. New York: Dorset Press, 1974.

——— .. *Major Trends in Jewish Mysticism*. New York: Schocken Books, 1988.

Scott, Tony. "Michael Scot and the Four Rainbows." *Transversal: International Journal for the Historiography of Science* 2 (June 2017): 204–225.

Seltzer, Robert M. *Jewish People, Jewish Thought: The Jewish Experience in History*. New York: Macmillan, 1980.

Shaw, Gregory. *Theurgy and the Soul: The Neoplatonism of Iamblichus*. University Park, PA: Pennsylvania State University Press 1995.

Thorndike, Lynn. *A History of Magic and Experimental Science.* London: Macmillan, 1923.

Walker, D. P. *Spiritual and Demonic Magic from Ficino to Campanella.* University Park, PA: Pennsylvania State University Press, 2000.

Wallis, R. T. *Neoplatonism.* London: Duckworth, 1972. 2nd edition. 1995.

Wirszubski, Chaim. *Pico della Mirandola's Encounter with Jewish Mysticism.* Cambridge, MA: Harvard University Press, 1989.

Woodhouse, C. M. *George Gemistos Plethon: The Last of the Hellenes.* Oxford: Clarendon Press, 1986.

Yates, Frances A. *Giordano Bruno and the Hermetic Tradition.* New York: Vintage Books, 1969.

◆　作者介紹　◆

山姆・韋伯斯特（Sam Webster）是具有道學碩士學位及博士學位的魔法師，來自美國舊金山灣區，從一九八四年起公開教導魔法至今。於一九九三年從神學研究聯盟（Graduate Theological Union）的史塔爾・金教牧學院（Starr King School for the Ministry）畢業，並於英國布里斯托大學（University of Bristol）接受羅蘭・荷頓教授（Prof. Ronald Hutton）指導研究異教歷史並獲得博士學位。他是黃金黎明會的大師（Adept）、「祕天聖殿騎士」（Chthonic-Ouranian Templar）組織的共同創建人之一，也是威卡（Wicca）、德魯伊、佛教、印度教及美生會等傳統信仰的入門者。他的作品曾在諸如《綠蛋》（Green Egg）、《靈知》（Gnosis）等期刊發表，第一本個人著作《以譚崔為表現形式的真意》（Tantric Thelema）則於二○一○年由其設立的「合新月出版社」（Concrescent Press，網址為 Concrescent.net）出版。他於二○一一年成立「黃金黎明會開源社團」（Open Source Order of the Golden Dawn，網址為 OSOGD.org），並於二○一三年成立「諸神之殿基金會」（Pantheon Foundation，網址為 PantheonFoundation.org）。山姆是以赫密士的祭司身分為異教社群服務。

第二冊
卡巴拉
阿妮塔・克拉夫特與藍道爾・包依爾

儀式魔法到處都有卡巴拉。卡巴拉具有悠久的歷史，其文獻相當浩瀚。對於這項令人驚奇的傳統，我們所寫的簡要報告只能給予少許瞥見，希望這些瞥見能激發學生們去追尋更深入的知識。

希伯來文中的「卡巴拉」（קבלה）具有「傳統」之意[1]，而就玄學而言，卡巴拉即指猶太祕法的傳統。[2]「傳統」暗喻著想法與做法的延續，然而那些最偉大的卡巴拉思想家一直都是改革者。卡巴拉思想的每個流派都是一邊仔細維護歷史的延續，一邊尋求新的玄學解讀意義。學者們是用「保守與激進兼具」來描述猶太祕法。[3]卡巴拉是具有生命、立於創意的傳統，永遠都在改變與成長。

在文藝復興時期，這項以創新為本的傳統所帶來的發展真是讓人感到驚訝。基督教魔法師創造出赫密士卡巴拉（Hermetic Qabalah），以非猶太人的術語重新詮釋卡巴拉的根本理論與修習方式。赫密士卡巴拉後續進化成黃金黎明會的魔法系統，即今日儀式魔法的基礎。

歷史上的一些記載
預言與啟示主義（Apocalypticism，西元前六世紀至二世紀）

西元前六世紀發生的巴比倫囚虜事件（Babylonian exile）以及聖殿的摧毀，使猶太人的信仰受到威脅。[4]先知以西結（Ezekiel）提出囚虜、流放在外的猶太人終將回歸故鄉的希望。從那時起，以西結在異象中見到的上帝坐在戰車上之形象，激勵著人們在神祕學的修習（參閱專欄「以西結的異象」）。如同以西結所預示的那樣，猶太人後來的確回歸故鄉並重建聖殿。

以西結的異象

先知以西結對於自身經驗的精確敘述對於後世數百年造成的影響大到無法估算。其中的戰車寶座啟發猶太祕法、四個活物則啟發基督教的圖像研究（iconography），而文藝復興時期的人本主義者（humanist）則是將以西結的有力形象與希臘哲學主題混合在塔羅牌中。以下經文引述係摘自《以西結書》1: 4–6、10、14、26、28。

我就看了。看啊，從北方出現一道旋風、一朵巨雲、一道向內捲動的火焰，其周邊有著光亮……

其中出現四個活物的形象，至於他們的樣子，都像是人類個體。

每個活物都有四臉及四翼……

至於臉部的形象，他們四個各自的右邊有著人的臉與獅子的臉；各自的左邊有公牛的臉；還有老鷹的臉在……

而這些活物就像閃電那樣來去……

在活物頭上的穹蒼之上有著寶座的形象，具有藍寶石的外觀，而有個看似人類個體的形象坐在那寶座形象之上……

那光輝彎曲的模樣，如同雨天的雲虹。這就是主的榮耀所呈現的形象。

---

1. 猶太教的學者通常會把這個字譯成 Kabbalah，而文藝復興的學者通常比較喜歡譯成 Cabala。儀式魔法師則傾向譯成 Qabalah。這些都是以英文字母來表示這個字的可用形式，然而 Qabalah 比較接近希伯來文的正確拼法。我們一般會依金色黎明會的方式來音譯希伯來文字，因為這應是絕大多數儀式魔法的學生比較認得的形式，例如我們會使用 sephiroth，而不是 sfirot。由於我們是以熟悉性作為標準，所以音譯的字詞並不會前後一致，也不一定反映希伯來文的拼字。

2. 猶太神祕家是在二十世紀開始用 Qabalah 來指稱自己的工作，因此在學術運用上，Qabalah 必定是指從中世紀以來的猶太祕法。不過，中世紀的祕法也是從古老傳統發展而來，所以在一般運用上，Qabalah 一詞是囊括猶太祕法的所有進化演變。

3. Fine, *Safed Spirituality*, 17. 格爾肖姆·朔勒姆稱卡巴拉為「十分傳統且敢於革新」（Major Trends in Jewish Mysticism, 120）。朔勒姆也有論述祕法所具有的這種核心矛盾（On the Kabbalah and Its Symbolism, 7–11）。

4. 這些卡巴拉歷史簡述係為數份歷史調查的摘要。雖然它們在細節方面或有意見分歧之處，但是我們對於原本的學術研究成果並沒有任何主張。同時，我們也真的非常感激哈瓦·特羅斯·羅斯查爾德（Hava Tirosh–Rothschild），他的那些關於猶太祕法的歷史之演講（於美國印第安納大學，1993 年秋）使我們想要多學一點。

在第二聖殿時期（西元前五一六年至西元七〇年）當中，預言採用啟示異象的形式。先知們描述昇至天堂的經驗，那裡有天使在闡釋宇宙奧祕並揭露未來的事情。啟示主題的描述使人確信神所掌握的是具有秩序的宇宙。《但以理書》（西元前二世紀）有納入以西結的戰車異象，以及以賽亞的彌賽亞（即救世主）之王。對於彌賽亞的期望逐漸形塑猶太信仰的面貌。啟示文學也為猶太教（Judaism）增添其他幾個概念，其特色即是完整建構的天使學，並教導神是以神聖言語創造天地萬物，以及暗示卓越非凡的人能夠學習這些言語並施展它們的力量。

拉比猶太教、戰車與天殿祕法（最早從西元六世紀開始）

西元七〇年，第二聖殿被摧毀，代表聖經猶太教時期的結束。獻祭就此中止，祭司階級的影響力逐漸消失。一群博學的賢者出面改變這個宗教，將猶太人的靈性焦點從聖殿轉到經典，並以祈禱與虔誠行為替代獻祭。這些改革使得猶太教能夠撐過那場從西元一三五年開始的大流散（Greater Exile）。

新的猶太人領袖承接許多原是古時神職人員應盡的事務。雖然身兼法官、學者、預言家、驅魔師及祈雨者等社會功能，然而他們比較喜歡簡單的稱號「拉比」（rabbi），也就是老師。

拉比猶太教承認兩種權威來源。其一是聖經，它所宣達的書面律法，所有人都能知曉。其二是口述律法，然而它只留給菁英分子，用來闡述聖經。這個口述傳統在拉比逐漸掌權時就已建構完整，裡面是更加晦澀難懂的奧祕習修傳統。拉比終究將口述律法的一部分記載於《米示拿經》（Mishnah）及其後續的《塔木德經》兩部經典之中。同時他們也把自身奧祕傳統的部分記錄於戰車與天殿的文獻裡面。

這些擔任拉比的賢者渴望經驗聖經裡面的人物所經驗的過程。他們想要像以西結那樣見識神聖戰車及預言。他們想要進入七層天（heikhaloth），像以諾（Enoch）那樣接受啟示。[5]他們想要了解神如何用言語創造世界，如同《創世記》所述那樣。

「戰車與天殿」的文獻是達到此類經驗的操作手冊，[6]對於必需的準備工作提供建議。它們提供長篇的禱文與咒語（為了遮掩自身目的而用難以理解的語言表達）。祈禱文注重神之名，特別是神的至聖之名「四字神名」（Tetragrammaton）。[7]神之名與護身符印是在天殿大門顯示給天使守衛的通關密碼。逐步往上攀升、通過全部七重天界，配稱的求道者終將得見那戰車。

在投入這些位在星光層面的冒險之前，求道者會得到正式的入門與指示。他們會禁食並嚴格維持參與儀式所要求的潔淨，美德是他們為自己準備的武器，而備用武裝就是諸多神

之名及護身符。這些靈性修習方式有其危險之處，即便是位階較低的天堂之異象也有造成發瘋或死亡的可能。[8]因此，若與「戰車修習」（Maaseh Merkavah）相較，「創世事工」（Maaseh Breishit）的研究顯得安全許多，於是推敲創世的奧祕逐漸成為猶太祕法的常見形式。

西元四世紀的《形塑之書》是這時期最重要的文獻。[9]它宣稱神是藉由「三十二條神祕智慧路徑」來創造這個世界。[10]這些路徑是二十二個希伯來字母加上十輝耀（sephiroth）。[11]Sephiroth 一字無法翻譯，其意義包括「數字」、「圓球」、「極長的時代」，還有可能是「藍寶石」。就現在而言，這些意義之間的關聯並不明顯。古天文學將諸天看作是一套由十個凝聚的晶質圓球所構成的系統。《聖經》將諸天用藍寶石來比擬（如《以西結書》1：26）。卡巴拉對於十輝耀的描述是它們係由神放射出來，其過程如同靈知派宇宙學裡面的神聖存在個體（eons，即 the aeons）。十個數字能夠代表一切數字，就像字母表能夠代表一切字詞，而十輝耀也是如此代表一切造物。這本文獻的佚名作者偏好活潑的模糊描述，其目的必是為了含納多種意思。現在的卡巴拉神祕家仍在釐清他們對於輝耀的認識。而文短意晦的《形塑之書》為後續猶太祕法奠定基礎。[12]

卡巴拉早期（十二至十三世紀）

西元六世紀之後，不再出現新的戰車或天殿的文獻，猶太祕法在檯面下悄然流動，並在十二世紀中期再次展現出嶄新的生命力。[13]

---

5. 以諾的這些啟示著作已不再具有權威性，包括天文及氣象方面的奧祕啟示。

6. 此類文獻只有少數留存至今，有些內容屬神祕方面，有些內容則明顯屬於魔法方面。例如四世紀的《神祕之書》（Sepher Ha-Razim）就像一本魔法書，因它列出了七座天殿的天使以及他們能夠授予的力量。

7. 神的真正名字係由四個希伯來文字組成，即 yod heh vau heh，傳統上禁止念誦這名字，甚至書寫出來也非屬必要。「四字神名」是這個神聖之名的替稱之一，具有強大的力量。猶太祕法到處都能看到這個不應説出的名字。

8. 《巴比倫塔木德經》（the Babylonian Talmud）〈朝聖書〉有則常被引述的故事（Chagigah 14b），它列出四名在神祕領域探索的夥伴，只有一名毫髮無傷地回來。請參考 Ariel, The Mystic Quest, 20 以及 Scholem, Major Trends in Jewish Mysticism, 52–53。

9. 《形塑之書》的出現時間並不確定，學者們所認為的時間從一世紀到六世紀都有。

10. Friedman, The Book of Creation, 1。

11. 希伯來文陰性名詞象徵多數的字尾是 -oth（與英文 both 同韻），所以單一輝耀是 sephirah（ספירה），十輝耀就是 sephiroth（ספירוה）。

12. 《形塑之書》的數種譯本在許多方面的看法多少並不相同，我們建議在研究這本文獻時，參考的譯本至少要有兩種。

13. 又或是祕法在西方已經失傳，而東方世界的大師再度引入祕法。由於黑暗時期的猶太祕法缺乏相關證據，所以歷史學家對於這部分只能猜測而已。

明耀之書

《明耀之書》是卡巴拉進化過程的關鍵手稿。事實上，首度將卡巴拉一詞用來指稱猶太祕法即是這份十二世紀的文獻。《明耀之書》的序言被認為係由二世紀的大師涅乎尼亞・賓・哈夸那（Nehunia ben ha-Qanah）所著。由於文中涉及戰車異象，也有助於將這本書的內容定位在較為早期的祕法。*

這份手稿大約於西元一一五〇至一二〇〇年之間出現在普羅旺斯，然其含括較舊的資料。其佚名作者似乎跟名為「盲者以撒」（Isaac the Blind）的拉比有些關聯——但學者們對於這關聯的具體細節意見分歧。《明耀之書》藉由簡短的講道文章來解釋聖經章節，建構出絕大多數現行使用的卡巴拉象徵。

《明耀之書》藉由再次想像眾輝耀來提出對於神的新概念；《形塑之書》引入眾輝耀的觀念，認為那是神用來創造這世界的工具。而在《明耀之書》，眾輝耀成為神的不可分割的部分，是持續互動的動態放射。這本書所投射的形象是具有十道放射光輝的單一神，即藉由無盡的動所產生的永恆均衡。

《明耀之書》將眾輝耀「依特定上下順序一一排列」。** 它為每個輝耀賦予名稱，並引進包括樹的比喻在內的有機象徵意義以解釋眾輝耀。卡巴拉的生命之樹（Tree of Life）即起源於此。《明耀之書》將神概念化成諸力的多重面向——兼具男性面向與女性面向。

文藝復興時期的學者伏拉維奧・米斯里達特（Flavius Mithridates）與基勒姆・波斯托（Guillaume Postel）翻譯《明耀之書》。

而其英譯本，係由阿耶・開普蘭（Aryeh Kaplan）在一九七九年首度出版。

《明耀之書》雖然不若《形塑之書》與《光輝之書》有名，然而它對於卡巴拉發展的貢獻至關緊要。

---

* Kaplan, *The Bahir*, 1, 25, 32。

** Kaplan, *The Bahir*, 45。該文獻通常會將這些放射稱作「屬性」（attributes；middoth），而不用「輝耀」一詞。

　　於是嶄新的修習方式就此產生，為戰車異象文獻的相關主題充實內容增添新的詮釋。較為早期的祕法家（mystics）相信自己的靈魂的確會上升到諸行星。卡巴拉神祕家則相信這樣的上升發生在自己裡面。「戰車與天殿」的文獻用火來象徵神聖能量。卡巴拉的文獻則偏好用水來形容：神的能量流動方式就像是一道透過眾輝耀流動的噴泉。卡巴拉神祕家不只敬仰神，還會積極參與神的生命。許多神祕學派同時在十二世紀出現，每個學派都有獨特的貢獻。

　　約在西元一一五〇年之後，某位來自普羅旺斯的無名大師編著《明耀之書》（參閱專欄「明耀之書」）。再更後面一點，則出現歷史學家確認的第一位卡巴拉神祕家，即盲者以撒（約西元1160-1235年）。以撒終其一生都在研究卡巴拉，領導位於普羅旺斯的某個卡巴拉學派。他撰寫《形塑之書》之書的評論注釋並制定新的祕法教義。以撒認為神存在於眾輝耀之後，其形式已超乎人類的理解程度，於是只能用否定的方式來表述其智性，故稱神是「無限」（God is not limited*）或神是「否在」（God is not**）。雖然盲者以撒的推測相當隱晦且大膽，它至今仍是卡巴拉的核心。

　　而德國的哈西迪思想（Hasidim，「虔誠者」之意）則有不一樣的創新做法。[14]他們強調神的愛以及嚴格的禁慾主義。哈西迪思想將戰車異象的奧祕思想與一套依據希伯來字母表的系統結合起來。他們應用希伯來字母代碼法（gematria），即計算字詞的數值，在《聖經》裡沃姆斯的以利亞撒（Eleazar of Worms，約西元1176-1238年）是富有才華的多產作家，係來自某個領導哈西迪思想的家族，而德國的哈西迪運動在他的著作中達到巔峰。他的興趣含括倫理學、戰車異象神祕思想、《形塑之書》以及數字的象徵意義。而以利亞撒的想法——特別是組合字母的神祕學技術——為一個世代之後的亞伯拉罕‧阿布拉菲亞（Abraham Abulafia）啟發靈感（參閱專欄「亞伯拉罕‧阿布拉菲亞」插文）。

　　阿布拉菲亞的預言學派是位於中世紀西班牙的幾個神祕學派之一。有些神祕學派將新柏拉圖主義與卡巴拉混在一起，而產生系統化的形上學教條。其他則是探索靈知派思想，針對邪惡的本質進行推測。

　　阿布拉菲亞的學生約瑟夫‧吉卡替拉（Joseph Gikatilla, 1248-1305）將卡巴拉思想濃縮成組織良好的專論，其著作《光之諸門》（Gates of Light）解釋眾輝耀及理論卡巴拉；《堅果之園》（Nut Garden）解釋希伯來字母與實修卡巴拉。而他的想法在後面的數百年影響赫密士卡巴拉。

---

14. 希伯來文陽性名詞象徵多數的字尾是 -im（與英文 team 同韻），所以單一的哈西迪是 Hasid（חסיד），十輝耀就是 sephiroth（ספירות）。

＊即「沒有」限制。

＊＊即「不是」我們所知的存在。

亞伯拉罕·阿布拉菲亞

亞伯拉罕·阿布拉菲亞（1240-1292）在當時絕對不是一個典型的西班牙卡巴拉神祕家。他不是拉比，偏好哲學而不是《塔木德經》的研究。他拒絕把眾輝耀當成偶像崇拜來看。然而現代學者認為阿布拉菲亞在卡巴拉的歷史上算是關鍵的角色。

身為到處流浪的賢者，阿布拉菲亞行遍整個地中海區域，與其他宗教的祕法家一同研討。若與蘇菲思想甚至瑜伽相比，阿布拉菲亞在神祕修習的獨特系統顯示出一些奇妙的相似之處。

阿布拉菲亞蔑視使用推理的祕法。經驗與神合一是他唯一感興趣的事情，而與神合一會產生狂喜及預言，因此學者將他的教導命名為預言學派（Prophetic school）或狂喜學派（Ecstatic school）。阿布拉菲亞相信神的名字是達成這目的的祕密關鍵。他的祕法系統結合呼吸法、歌唱、手與頭的姿勢，以及發聲說出神聖之名。

阿布拉菲亞堅持若以世間事物進行冥想，將無法到達神聖層面，於是他以希伯來字母表進行冥想。字母（letters）與字彙（words）比創世更早出現＊，比神說「要有光」還要早。字彙仍然暗示著它們所象徵的世間事物，所以字母適合用來進行冥想。阿布拉菲亞用字母來冥想，有個別為之，也有組合（tzeiruph）其他字母來進行，並且也在琢磨字母們的數值。阿布拉菲亞在希伯來字母的努力成果逐漸影響實修卡巴拉。

由於相信所有語言都源自希伯來文，阿布拉菲亞認為任何字母表都適用於冥想。他將自己的方法用在希臘文與拉丁文字母表，冥想數種語言當中的字彙，並將這個深具個人風格的祕法教給所見略同的猶太人與基督徒。

阿布拉菲亞的祕法是獨修的，係尋求個人對於神的內在經驗。他提倡獨處，認為若要達到宗教方面的完美，分離、退隱有其必要。阿布拉菲亞稱人師的用途只到靈性導師出現為止。而他的教導應有影響亞伯拉梅林（Abramelin）的魔法系統。（參閱第六冊〈亞伯拉梅林魔法〉）

＊這裡應指《約翰福音》1:1所稱「太初有道」，道的原文即是 the Word。

阿布拉菲亞在四十歲達至與神合一的境界。他強調這段合一經驗的神聖狂喜，並用情色的意象描述之。阿布拉菲亞將神聖合一當成高潮極樂的了解，到後來啟發哈西迪思想的祈禱理論。

在合一經驗之後，阿布拉菲亞開始撰寫預言書籍。如同許多卡巴拉神祕家那樣，他逐漸相信自己就是那位彌賽亞。阿布拉菲亞的智慧足以看到他個人的救贖使命主要是在個人的內在層面。雖然如此，他還是去嘗試改變教宗的信仰。

阿布拉菲亞的一些巨著被保存下來，他的想法塑造出猶太卡巴拉神祕家修習方式的面貌。而阿布拉菲亞的宇宙觀很受文藝復興時期人本主義者的歡迎，因此對於赫密士卡巴拉的影響頗深。學者摩西・伊德（Moshe Idel）有關於阿布拉菲亞的詳細著作。

卡斯提爾的以撒・柯恩（Isaac Kohen of Castile）將邪惡編成神話，引入「業經充分發展的靈知派二元論」。[15] 他的《論左面的放射》（Treatise on the Left Emanation）設想出惡魔的平行宇宙，名為「反面」（Other Side）——後世的卡巴拉神祕家將它稱為「反面」（Sitra Ahra）及「反輝耀」（Qlippoth）——係由薩邁爾（Samael）、阿斯莫德（Asmodeus）與莉莉斯（Lilith）統治。正如人的美德增強眾輝耀，罪惡則增強「反面」。柯恩相信善惡終有決戰之時，彌賽亞會消滅諸魔並解救猶太人。他的想法為摩西・迪・里昂（Moses de León）留有很深的印象。

◆　光輝之期（西元十三世紀至今）　◆

《光輝之書》在卡巴拉的歷史上有著劃時代的意義。這本卡巴拉思想合集是在十三世紀最後的二十五年間逐漸成形，係由摩西・迪・里昂（1240-1305）所著。[16] 他將天殿祕法、德國哈西迪思想以及位於普羅旺斯、西班牙的卡巴拉諸流派之主題結合起來。而其結果則是這一本理論卡巴拉的傑作，完全不同於之前的卡巴拉文獻。

---

15. Dan and Kiener, *The Early Kabbalah*, 37。
16. 比較正確的說法，應是《光輝之書》絕大部分係由摩西・迪・里昂撰寫，而有些部分看似是門生模仿導師的筆觸而寫，像是〈忠實的牧羊人〉（The Faithful Shepherd）。

《光輝之書》並不是教科書，而是具有角色與劇情的故事合集，敘述幾位拉比在經驗到愈來愈多的奇蹟事件時，分享自己對於聖經的洞見。書中甚至還有一篇愛情故事，也就是悌菲瑞特（Tiphareth）與瑪互特（Malkuth）之間的永恆羅曼史。[17]惡魔薩邁爾威脅要破壞他們的交合，所以卡巴拉神祕家必須用通神術的方式支持這項神聖婚姻。「藉由下界的行動，激發上界的行動。」[18]《光輝之書》具有高度象徵性的語言建構出新的神祕學詞彙。

《光輝之書》起初對於伊比利亞半島（即目前的西班牙及葡萄牙）以外的地區影響很小，這段時間大約有兩百年，後來猶太難民在一四九二年將他們的手抄本帶去其他國家。而當印刷本出版時，《光輝之書》迅速成為「卡巴拉的聖經」。[19]

猶太人的歷史反覆出現流放的主題。一四九二年，宗教民族主義（religious nationalism）推動驅逐所有猶太人離開西班牙，數以萬計的猶太人逃往較為包容的奧圖曼帝國。許多西班牙卡巴拉神祕家在加利利人的城鎮采法特落腳，其多種不同的傳統則整合成某個相當有創意的新學派。不久，世界各地猶太人圈的卡巴拉神祕家都來采法特進行研究。

摩西·科爾多沃（Moses Cordovero, 1522-1570）是結合卡巴拉思想的采法特學派之主要推手，其著作《石榴之園》（Garden of Pomegranates）將當時卡巴拉的所有理論元素予以整合及系統化。[20]阿布拉菲亞的修習方式也讓他有所啟發。

以撒·盧里亞（1534-1572）接續科爾多沃成為采法特學派的領導者，許多人認為他是最偉大的卡巴拉神祕家。盧里亞的生動想像及深刻的祕法異象，擴展卡巴拉的象徵與神學理論。他建構出以流放概念為中心的詳盡神學理論，認為神聖火焰的火花是被困在惡魔的領域——或是被流放到那裡。由於人的美德可以使那些火花重獲自由，因此朝向靈性完美的努力具有天大的重要性。卡巴拉具有力量，能加快彌賽亞的來臨，結束猶太人的流亡。

盧里亞的思想核心，是持續反覆發生的生死循環及宇宙脹縮的週期；他思考這個世界的創造與破壞，並相信即使是神也會死並自行重生（其重新開始的過程如同舊約《創世記》所述）。他教導的觀念是人的靈魂會在死後進入新的身體，相信自己能從個人的面貌讀出單一靈魂的歷史。由於盧里亞的某個前世有撰寫《光輝之書》，所以他會憑著個人獨特洞見閱讀這本書，而且絕大部分祕法都是他自己獨創，為《光輝之書》增添更為深邃的祕法層次。

---

17. 這兩者是生命之樹上面排名第六位與第十位的輝耀，它們在《光輝之書》中具有獨立的人格設定，即「有福的聖者」（the Blessed Holy One）及「示開那」（Shekinah）。

18. *Zohar* 3:31b，引述自 Matt, Zohar, 24。

19. Matt, *Zohar*, 11。由於相信《光輝之書》支持三位一體論的教義，基督徒約從一五五八年起出版該書。

20. Blau, *The Christian Interpretation of the Cabala in the Renaissance*, 10。

◆　現代哈西迪思想及現代猶太教（十八世紀至今）　◆

伊瑟瑞爾‧巴爾‧謝姆‧托夫（Israel Baal Shem Tov，約西元 1700-1760 年）在波蘭開始新的哈西迪運動。身兼拉比、製符者及治療師的他以熱情活化盧里亞的深奧形上學，他那重新復甦的哈西迪思想認為情緒比學識重要。在祈禱過程中，情緒能夠壓過理性意識，將虔信者抬高，讓他與神親密交流。甚至連熟悉的日常祈禱也能使人與神親密交流，所以哈西迪思想認為祈禱的力量強烈到具有危險性——「唯有神的慈悲，才使我們在祈禱之後還能活著。」[21] 哈西迪思想本身至今依然存在，象徵「實修祕法的最高表現」。[22]

十八世紀另一項具有影響力的運動則是「猶太啟蒙運動」（Jewish Enlightenment），然而它幾乎在各方面都跟哈西迪思想不一樣；猶太啟蒙運動的理性論者宣揚現代主義與文化適應，譴責任何形式的祕法，並將卡巴拉鄙視為「胡說八道的玄學系統」，[23] 還將《光輝之書》斥為「一本滿是謊言的書」。[24]

在二十世紀中，針對卡巴拉的學術探究逐漸取代猶太啟蒙運動的偏見，格爾肖姆‧朔勒姆（1897-1982）堅決主張卡巴拉事實上是猶太教的心與靈魂。關於猶太祕法的研究成果至今已有不少，而且頗有價值。

卡巴拉的學術研究也引發當代猶太人的興趣，不論男女與俗信，都能在卡巴拉找到自身猶太傳承的核心。

與此同時，正統派猶太人還持續進行卡巴拉的入門儀式。更明顯的是，二十一世紀用來陶冶傳統猶太虔信者個人生活的哈西迪思想，裡面完全是卡巴拉。這個古老的猶太祕法傳統在經過為期兩千年轉變後，至日仍維持欣欣向榮的光景。

---

21. Dan, *The Teachings of Hasidism*, 107。其引述自偽經 Testament of Rabbi Israel Baal Shem。
22. Scholem, *Major Trends in Jewish Mysticism*, 341。
23. Kalisch, *Sepher Yetzirah*, 9。這是重要的美國改革派拉比伊西多‧卡里希（Isidor Kalisch, 1816-1886），在一八七七年製作《形塑之書》第一份英文譯本，他認為這本書的內容是哲學，而不是祕法。
24. Scholem, *Major Trends in Jewish Mysticism*, 191。其引述係為重要的歷史學家海因里希‧格雷茨（Heinrich Graetz, 1817-1891）所說的話，他對於《光輝之書》表現出強烈的憎恨。

文藝復興時期的赫密士卡巴拉（十五至十七世紀）

在中世紀期間，基督徒幾乎沒有聽過卡巴拉、猶太教或希伯來語，對於猶太人的印象通常是對於異族巫術的恐懼，而不是好奇。

在十五世紀，人本主義學者重新發現古代的赫密士傳統。[25]在致力統合所有知識的過程中，他們將基督信仰與異教哲學及通神術混在一起，而卡巴拉在以赫密士與基督信仰的術語轉譯之後就成為他們的統合根基。那與卡巴拉密不可分的儀式魔法，也是從前述的文藝復興統合過程中浮現。

喬凡尼・皮科・德拉・米蘭多拉伯爵（Giovanni Pico della Mirandola, 1463-1494）是第一位基督卡巴拉祕法家。皮科相信，支持基督信仰的卡巴拉可以統合所有哲學與宗教，並於一四八六年宣稱「對於基督的神性，沒有其他學問能比魔法與卡巴拉提供更高的保證。」[26]

接下來的兩百年，歐洲的知識分子著迷於卡巴拉，對於猶太祕法的熱切追求也引發前所未見的現象，即對於猶太人的同情以及猶太思想的興趣。高等學府開始教授希伯來語，猶太文獻的拉丁文譯本開始出現，包括赫密士卡巴拉初期的幾本書籍。雖然迫害仍然繼續，但人本主義者會去爭取包容。

約翰內斯・羅伊希林（Johann Reuchlin, 1455-1522）直接面對宗教法庭，要求停止焚燒猶太書籍。他也運用卡巴拉觀點對於基督之名的辯論，企圖改變猶太人的信仰，但這部分沒有像前述事蹟那樣成功。羅伊希林將希伯來文字母 shin 加入「四字神名」（即神之真名），藉此揭示「真正的彌賽亞、YHSVH 之名」，[27]至少基督卡巴拉祕法家欣然接受了這個「五字神名」（Pentagrammaton）。

柯奈流士・阿格里帕（1486-1535）將基督信仰、猶太教與異教傳統混合成一套系統，稱為「儀式魔法」，而其統合的核心是赫密士卡巴拉。阿格里帕的《祕術哲學三書》算是「文藝復興時期的魔法百科全書」，[28]革新十六世紀的魔法習修方式，而五百多年之後的今日，儀式魔法師仍在阿格里帕的卡巴拉基礎上繼續發展。

到了十七世紀，「歐洲各地學者的必備事物之一，即是對於卡巴拉多少要有認識。」[29]克里斯丁・諾爾・馮・洛森羅斯（Christian Knorr von Rosenroth）的卡巴拉作品是文藝復興時期學

25. 關於赫密士傳統的更多資訊，請參考本書第一冊〈西方魔法的基礎〉。

26. 皮科的這句話引述自 *Shumaker, The Occult Sciences in the Renaissance*, 16。

27. Reuchlin, *On the Art of the Kabbalah: De Arte Cabalistica*, 353.

28. Agrippa, *Three Books of Occult Philosophy*, xlii。編輯唐納德・泰森（Donald Tyson）的撰文〈On the Occult Philosophy〉。

29. Blau, *The Christian Interpretation*, 100。不過這作者也許是在誇大自己的觀點。

者相關作品當中最具權威的代表，其著作《卡巴拉揭密》（Kabbala Denudata）直到二十世紀之前都被赫密士卡巴拉祕法家視為參考標準[30]。

現代赫密士卡巴拉與黃金黎明會學派（十九世紀至今）

卡巴拉就像絕大多數的靈性興趣，在猶太啟蒙時期的名聲一落千丈。到十九世紀時，埃利法斯・列維（Éliphas Lévi, 1810–1875）復甦赫密士卡巴拉。列維確保赫密士、猶太教與基督信仰的教義——能夠完整彼此並相互解釋，那麼它們的綜合將是未來的宗教。[31] 列維的概念影響美生會、神智學（Theosophy）以及黃金黎明赫密士教團。

黃金黎明會係經正式組織而成的赫密士卡巴拉社團，[32] 其創立者講述卡巴拉，並翻譯《形塑之書》及《光輝之書》的部分。他們為英語讀者引介這些不可或缺的卡巴拉文獻，稱它們為「該項口傳文化的核心」，[33] 然而黃金黎明會並不是文學社團，而是一套入門系統。

入門者會學習赫密士卡巴拉的歷史及儀式魔法的習修方式。黃金黎明會是以生命之樹構築自身在入門、魔法及卡巴拉的統合，其入門儀式象徵那經由眾輝耀逐漸上升的過程。

其將赫密士卡巴拉落實在某入門傳統（例如猶太卡巴拉）是重要的發展。此外，黃金黎明會學派還引入數個重要改革，以更清楚的卡巴拉知識改善阿格里帕的系統，並將列維的情緒狂熱概念打造成可以使用的儀式。在祕密轉譯《形塑之書》的過程中，它將塔羅牌與生命之樹徹底整合。黃金黎明會學派以新的對應、關聯事物豐富卡巴拉的象徵，其中包括詳細的色彩象徵。

黃金黎明會於西元一九○○年分裂之後，該會入門者透露許多祕密，其中伊斯瑞・瑞格德（Israel Regardie, 1907–1985）則寫出最清楚、最具影響力的啟示，其著作《黃金黎明》改革二十世紀的魔法習修方式。儘管具有猶太人的傳承，瑞格德明顯是赫密士卡巴拉神祕家，總是主張「卡巴拉能夠不被任何強烈偏袒一方性質的特定宗教信仰所束縛，且應當如此。」[34]

---

30. 保羅・克萊伯・莫諾（Paul Kléber Monod）說《卡巴拉揭密》是「非常複雜的作品，只用寥寥幾語作摘要並不適當。」參見 *Solomon' s Secret Arts*, 108。

31. Levi, The Book of Splendours, 120。列維的思想主要是關於調解與綜合，算是文藝復興時期人本主義的典型主題。

32. 我們在這一冊僅將黃金黎明會視為卡巴拉的學派之一，如果想多了解它的歷史、教導與成員，請參考第八冊〈黃金黎明會〉。雖然這裡是用過去式語態來談論黃金黎明會，但我們對於今日仍在推展黃金黎明會事工的人們沒有任何不敬之意，僅是將其原初社團（一八八八年至一九○○年）的教導與其後續發展做出區別而已。

33. Westcott, *An Introduction to the Study of the Kabalah*, 12。威廉・韋恩・維斯特考特出版《形塑之書》的第二份英文譯本。麥克達格・馬瑟斯則出版《光輝之書》的第一份英譯摘要，而他在一八八七年於倫敦出版的《卡巴拉揭密》（Kabbalah Unveiled）是依據諾爾在其《卡巴拉揭密》的拉丁文內容，而非原本的亞蘭文（Aramaic）版本。

34. Regardie, *A Garden of Pomegranates*, v。

令人訝異的是，許多世代的學生在維護黃金黎明會的卡巴拉教條時，很少做出更動，[35] 於是這套系統變成現代儀式魔法以及赫密士卡巴拉的標準。

黃金黎明會學派的革新真是令人驚嘆，值得我們深入研究。然而，學生必須了解黃金黎明會並不是卡巴拉的開始或結束之處；該社創立者於西元一八八八年的確善用當時能夠取得的卡巴拉資訊，做出非常了不起的成果。然而現在學生所能取得的資訊比當時多很多，像是一般常見的指引、古代文獻的譯本以及數千人的學術專題著作。希望這些簡短的歷史重點能鼓勵現在的學生多方探索。

◆ 理論卡巴拉的一些基礎 ◆

卡巴拉神祕家將他們的傳統分成理論與實修派別。理論卡巴拉（Theoretical Qabalah）包含十輝耀，偏重冥想與祕法；實修卡巴拉（Practical Qabalah）則包含二十二個希伯來文字母，偏重操作與魔法。相輔相成的兩種觀點都會納入《形塑之書》所列舉的三十二條路徑之智慧。

理論卡巴拉提供實修卡巴拉在操作時的基礎神學，包括在玄學及祕法方面對於神祇、靈魂、天使與惡魔的推測；它思量創世過程，也就是神與神聖領域的進化過程。理論卡巴拉對於十輝耀、四界（four worlds）與負向存在的帷幕（Veils of Negative Existence）有著詳細的解釋，為求道者提供關於神性（可能還有與神合一）的知識。

理論方面的訊息會以已經出版的卡巴拉著作為主，原因之一是眾輝耀比較穩定不太變動。十輝耀就像是大家都知道的地方，希伯來文字則象徵前往這些地方的旅程，而每個人的旅程都是獨特的。

理論卡巴拉通常會以故事及布道的形式呈現，看似是為了能夠指點入門者，同時不讓圈外人知曉真正意義的做法。人們若不熟悉《明耀之書》與《光輝之書》字裡行間的象徵與定義，將難以明白它們的意思。

---

35. 關於黃金黎明會的主題，現在已有許多變化出現。阿萊斯特・克勞利（編註：請參考第九冊〈泰勒瑪＆阿萊斯特・克勞利〉）補入塔羅牌的對應。查理斯・史丹斯福爾德・瓊斯（Charles Stansfeld Jones, 1886-1950）則重新指定希伯來文字與路徑的對應，而他的學生主要發展出英文的字母代碼法（gematria）。肯尼斯・格蘭特（Kenneth Grant, 1924-2011）重新設想「反面」（the Other Side，即生命之樹的負面或反面），而他的學生對此多有探索。然而上述這些及其他未述及的變化都仍算是黃金黎明學派的一部分。

生命之樹

名為「生命之樹」的圖像算是最常見的卡巴拉象徵（參閱圖1），其是《形塑之書》的視覺化摘要，以十個圓圈象徵十輝耀，並以二十二個連結眾圈的路徑象徵希伯來文字母。

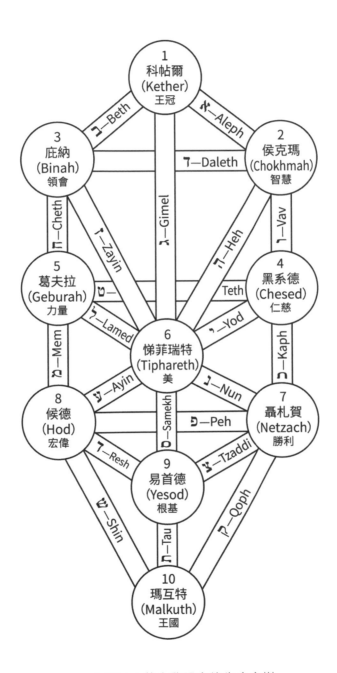

▲ 圖1：黃金黎明會的生命之樹

幾世紀以來，卡巴拉神祕家對於生命之樹的意象有許多不同的版本，黃金黎明會所採用的生命之樹僅是其中一種。[36]由於黃金黎明會的影響，它成為儀式魔法最常使用的版本。

十輝耀

《形塑之書》引入十輝耀的概念，將其描述成神在創造這個世界時所使用的儀器或工具。十輝耀象徵一切的存在，如同能夠代表所有數字的十個數字那樣；《明耀之書》則將十輝耀描述為神的組成部分，即單一神聖意識的十個面向。它在談及十輝耀時，就像在描述各自具有鮮明個性的人物，並為它們賦予名字。

眾輝耀是神聖力量的載具，每一個都含有各自不同的力量，包括一個神之名、一位大天使、一群天使以及一股智性。這些存在的力量、功能與使命各自不同，而其各自的名字讓卡巴拉神祕家能與神的特定面向一起行事。如要精通神與天使之名，就得對十輝耀有著某種程度的掌握。

十輝耀的對應幾乎來自猶太卡巴拉。赫密士卡巴拉神祕家則是添加諸如塔羅牌與非猶太教的神祇的對應。[37]黃金黎明會將塔羅牌廣泛對應卡巴拉的眾輝耀與諸路徑（後面會討論），然而由於黃金黎明會注重塔羅牌在生命之樹的對應，幾位現代魔法師因而離開黃金黎明體系。至於塔羅牌的詳細解釋已經超出本書的涵蓋範圍。

科帖爾（Kether、כתר），稱號為「王冠」，是生命之樹的第一輝耀。科帖爾是第一道放射、神之意志的最初具現。這裡沒有想法，區別也不存在。科帖爾是「最初動」（first moved）的輝耀。[38]對應的神之名為「我是」（Eheieh、אהיה），大天使是梅特昶（Metatron、מטטרון），即「眾面的王子」（Prince of Countenances），即「將其他人帶到神面前的那一位」。[39]

---

36. 黃金黎明會的生命之樹是採用耶穌會博學家阿思拿希爾斯・基爾旭（Athanasius Kircher, 1602-1680）的版本。基爾旭的生命之樹係將希伯來文字母對應二十二條連結輝耀的路徑，是依照字母表的先後順序由上而下一一對應。赫密士卡巴拉神祕家喜歡基爾旭的生命之樹，而猶太卡巴拉神祕家一般屬意以撒・盧里亞的希伯來文字母對應順序。而嚴謹的理論卡巴拉神祕家則偏好只有十輝耀、沒有希伯來文字母對應的生命之樹。

37. 本書第十一冊〈魔法師的對應表〉有更多的對應可供參考。如果還要更多的對應資訊，請參考阿萊斯特・克勞利所著《777及其他卡巴拉作品》（777 and Other Qabalistic Writings）的〈777〉。

38. 「最初動」或「原動」（primum mobile）的概念源自古代哲學。神是「最初動者」（the first mover）或是「第一因」（the first cause），祂將這個宇宙系統推動起來。卡巴拉神祕家以「無限」（Ain Soph）指稱這個「不動的推動者」（unmoved mover）。有些人則比較傾向將科帖爾想成是從宇宙初始「大霹靂」（the Big Bang）出現而連成這宇宙的一切事物。

39. Regardie, *The Golden Dawn*, 96。

　　侯克瑪（Chokhmah、חכמה），稱號為「智慧」，是第二輝耀。它是眾星的領域（通常以黃道十二星座為代表）。侯克瑪具有男性、活力充沛、主動積極的特質，它是父親，永遠與母親庇納結合在一起；是「道」或「宇宙法則」，是落於文字的律法。侯克瑪是「四字神名」裡面的 yod（י），對應的神之名為「上主」（Yah、יה），大天使是拉吉爾（Raziel、רזיאל），即「知曉隱密或隱藏事物……的王子」。[40]

　　庇納（Binah、בינה），稱號為「領會」，是第三輝耀。它是土星領域，是創世過程淵面黑暗的眾水；是神性的流動之水，是與侯克瑪相稱的女性勢能。庇納是上位母（supernal Mother）、皇后，是「神的偉大女性形式，即『上主』（Elohim），而人類男女都依其形象被創造出來。」[41]庇納是卡巴拉、口傳的律法，是「四字神名」裡面的 heh（ה）；其神之名是「至高上主」（Tetragrammaton Elohim、יהוה אלהים），對應的大天使是扎夫基爾（Tzaphqiel、צפקיאל），即「對付邪惡的靈性爭鬥之王子」。[42]

　　這三個輝耀形成上位三角（supernal triad），在上位三角下方則是「深淵」（abyss）及「虛輝耀」（false sephirah）達阿思（Daath、דעת）。達阿思並不是輝耀，所以應當不會以輝耀的圖示呈現在生命之樹上（如果它有出現在生命之樹，會處在上方六輝耀的中央空白之處）。求道者如要前往上位三角，就得跨越這層障礙＊。

　　黑系德（Chesed、חסד），稱號為「仁慈」或「慈愛」，是第四輝耀，「偉大」（Gedulah、גדולה）則是它的另一個稱號。黑系德有數種意思，包括「愛」與「博愛」（像是希臘文的「無私之愛」〔agapē〕）。黑系德是木星領域，具有男性勢能，象徵平安與美善，例如摩西在西奈山上乞求神饒恕他的人民，就是黑系德的形象；它是國王在接受智慧及領會的那一刻所獲得的慈心。其對應的神之名是「神」（El、אל），對應的大天使是薩基爾（Tzadqiel、צדקיאל），即「仁慈與美善的王子」。[42]

　　葛夫拉（Geburah、גבורה），稱號為「力量」，又名「審判」（Judgment、Din、דין）。葛夫拉是火星領域，具有女性勢能，象徵戰爭與暴力；它是海嘯發生時洶湧前衝的波濤，它是水，但處在最具毀滅性的姿態；是神在審判時所持的焰光之劍。對於葛夫拉與黑系德之間的

40.Regardie, *Golden Dawn*, 96。黃金黎明會的文獻似乎將拉吉爾（Raziel、רזיאל）的名字與拉茲吉爾（Ratziel、רציאל）搞混，請參考 Regardie, The Golden Dawn, 64, 96。這裡的 Raz（רז）意思是「神祕」，而 Ratz（רץ）的意思是「使者」。拉茲吉爾本來就是值得尊敬的天使，然而拉吉爾是侯克瑪的大天使。

41. Mathers, *The Kabbalah Unveiled*, 25。

42. Regardie, *The Golden Dawn*, 97。

＊這裡的障礙係指深淵，而非達阿思。

失衡所具有的危險，黃金黎明會的勸誡是：「要記得失衡的力量就是邪惡，不僅失衡的嚴厲（severity*）必會變成殘酷與壓迫，就連失衡的仁慈也會變成縱容、助長邪惡的鄉愿。」[43]當葛夫拉與黑系德的關係失衡時，其懲罰變成邪惡，變成通往「反面」的門戶，連上那裡的惡魔領域。對應葛夫拉的神之名是「萬能的至高者」（Elohim Gibor、אלהים גבור），大天使則是哈瑪耶爾（Kamael、כמאל），即「力量與勇氣的王子」。[44]

悌菲瑞特（Tiphareth、תפארת），其稱號為「美」，是第六輝耀，為太陽領域。具有男性勢能，象徵平衡、靈性、慈心與和諧。由於位在生命之樹的中央，所以悌菲瑞特與除了瑪互特以外的其他輝耀都有直接連結；是具現的神之光，反映出神的形象。悌菲瑞特是「有福的聖者」，是侯克瑪與庇納的兒子，也是新娘舍金納（Shekhinah，即瑪互特）要嫁的新郎。它是「四字神名」裡面的 vau（ו），其神之名是「神與知識之主」（Tetragrammaton Eloah va-Daath、ודעת יהוה אלוה）。[45]這由十二個希伯來文字母構成的名字是黃金黎明會獨有，在猶太卡巴拉中，對應悌菲瑞特的神之名為「四字神名」。對應的大天使是拉斐爾（Raphael、רפאל），即「明亮、美與光的王子」。[46]

聶札賀（Netzach、נצח），稱號為「勝利」，是第七輝耀，為金星領域。具有男性勢能，象徵永恆的愛與和諧。聶札賀是運用熱情與情緒進行保護與征服的能力，並在較低層次展現庇納（例如直覺與洞見）與黑系德（例如仁慈與愛）的品質。對應的神之名為「萬軍之上主」（Tetragrammaton Tzabaoth、יהוה צבאות），對應的大天使是漢尼爾（Haniel、האניאל），即「愛與和諧的王子」。[47]

候德（Hod、הוד），其稱號為「宏偉」，是第八輝耀，為水星領域。具有女性勢能，象徵智性，並在較低層次展現侯克瑪（例如智慧）的品質。學習與儀式都是在「宏偉」具現，是魔法師的領域。對應的神之名為「萬軍之神」（Elohim Tzabaoth、אלהים צבאות），對應的大天使是米迦勒（Michael、מיכאל），即「宏偉與智慧的王子」。[48]

易首德（Yesod、יסוד），稱號為「根基」，是第九輝耀，為月亮領域，反映著悌菲瑞特的太陽。這個有趣的輝耀象徵神的交合部位，是上方新郎悌菲瑞特與下方新娘舍金納（瑪互特）的結合位置。易首德是靈魂之井，儲存出生之前的靈魂。此外，易首德也是星光層面，神之名是「全能的活神」（Shaddai El Chai、שדי אל חי），對應的大天使是加百列（Gabriel、גבריאל），即「變化與更改的王子」。[49]

＊葛夫拉的另一稱號。

瑪互特（Malkuth、מלכות），稱號為「王國」，是第十輝耀，又名「光榮」（Kavod、כבוד）、「舍金納」（Shekhinah、שכינה，即「存在」之意）。瑪互特是眾元素的領域，具有女性勢能，算是所有輝耀中最複雜者（參閱專欄「舍金納」）。瑪互特象徵這個地球世界，是通往神聖世界

舍金納

《明耀之書》設想出神的某個可見、可知的女性面向，即舍金納。舍金納，或是「存在」，是神聖諸水藉以流動的管道；它又名「光榮」，是神聖世界與萬物之間的界線。舍金納從男性的悌菲瑞特接受生命力，再將生命力散至萬物。她是被動的力量，沒有屬於自己的身分個性，就像一面鏡子永遠處在滿映的狀態，然而只能反射來自上下的能量。舍金納是神與萬物之間的接觸點。

舍金納是侯克瑪與庇納的女兒，然而它不像庇納，庇納是水會流動的噴泉，但舍金納是關閉的井。「那圍起來的花園是我的姊妹、我的配偶，是關住的泉眼、是封閉的噴泉」（《雅歌》〔Song of Songs〕4:12）。《光輝之書》則稱，「在有需要的時候，她變成湧泉；在有需要的時候，她就變成水井。」* 舍金納這個花園必得受到保護，不被外面的邪惡傷害，因此當邪惡將要來臨時，她就變成水井。「如果地球上的生命墮落，舍金納會變成水井，正義的英雄得汲出裡面的水。」**

43. "On the General Guidance and Purification of the Soul," in Regardie, *The Golden Dawn*, 75。

44. Regardie, *The Golden Dawn*, 97。

45. Regardie, *The Golden Dawn*, 64。

46. Regardie, *The Golden Dawn*, 97。

47. Regardie, *The Golden Dawn*, 97。

48. Regardie, *The Golden Dawn*, 98。

49. Regardie, *The Golden Dawn*, 98。

＊＊ *Zohar* 1:60a–b, in Matt, *Zohar*, 292。

悌菲瑞特與舍金納之間的關係基礎是性的交合。舍金納是「安息日的新娘」（Sabbath bride），而在猶太教堂是以〈來吧，我的愛〉（Lekha Dodi）的歌曲來歡迎之，然而非卡巴拉的猶太人幾乎已經忘記這首源自采法特的卡巴拉歌曲之意義。

哈西迪思想將與神交流（communion、devequth），視為與神聖女性存在在祕法層面的性結合：「在敬拜中移動你的身體，提醒自己舍金納就站在自己面前，這將使你激動到某種強烈興奮的狀態。」*** 哈西迪思想為了要協助悌菲瑞特與舍金納的結合，會專注在通神的交合。

舍金納有許多對應，她是玫瑰、大地、噴泉及花園；她純粹、具有明顯的性別意象；她是約櫃（Ark of the Covenant）上面的守護者，是在西奈山向摩西說話的神，是通往神的門戶。

的門戶，也是讓所有其他輝耀能夠注入物質層面的漏斗。它是侯克瑪與庇納的女兒，也是悌菲瑞特的新娘。瑪互特是「四字神名」末尾的 heh（ה），對應的神之名是「大地之主」（Adonai ha-Aretz、אדני הארץ），對應的大天使則是聖德芬（Sandalphon、סנדלפון），即「祈禱的王子」。[50]

三組三位一體以及瑪互特四位一體性質

生命之樹有三個三角形或三組三位一體（參閱圖2），每一組都包含一個男性輝耀、一個女性輝耀，以及一個屬於男女結合的輝耀。最高的三位一體稱為上位三角，又名王冠、國王與王后。科帖爾、侯克瑪與庇納是三結合成二，為了成為一。侯克瑪與庇納並不是二元性，而是單一性，因為它們永不分離。上位三角位在知識深淵之上、理性無法觸及之處。在黃金黎明會的顏色象徵對應系統中，這三個輝耀依序是白、灰及黑（屬於王后階級〔the Queen scale〕的對應色）。

---

50. Regardie, *The Golden Dawn*, 98。對應瑪互特的大天使還有兩位，其一即反映自科帖爾的梅特昶、眾面的王子；其二則是「彌賽亞的靈魂」（Nephesh ha-Messiah、the Soul of the Messiah），是前往地球的特使。

＊ Matt, *Zohar*, 181。

＊＊＊ Dan, *The Teachings of Hasidism*, 110。其引述自偽經 Testament of Rabbi Israel Baal Shem。

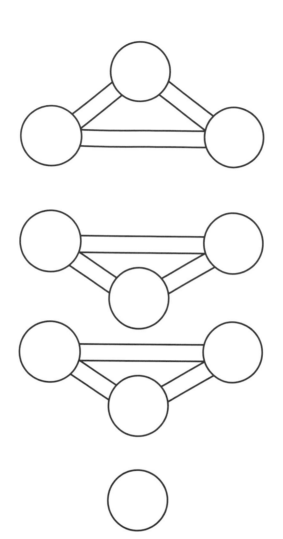

▲ 圖 2：生命之樹的三個三角

　　第二個三位一體包含黑系德、葛夫拉與悌菲瑞特，形成尖端向下的三角形，就像上方三角形的映影。這個三角所關注的是領導與治理、仁慈與權能，而悌菲瑞特整合這些相對事物，它身為太陽的光芒帶來美與平靜。三原色的藍、紅與黃對應這三個輝耀。

　　第三個三位一體則由聶札賀、候德與易首德組成，形成另一個尖端向下的三角形，算是第二個映影。這個三角主掌諸元素與自然力量，並以三間色對應之。黑系德的藍色加上悌菲瑞特的黃色，就是聶札賀的翠綠色；葛夫拉的紅色加上悌菲瑞特的黃色，就是候德的鮮橙色；黑系德的藍色加上葛夫拉的紅色，就是易首德的亮紫色。

　　瑪互特在赫密士傳統相當獨特，而在猶太卡巴拉中，瑪互特是單獨位於生命之樹的底部，只與易首德相連，不屬於任何一個三角。然而在赫密士卡巴拉中，瑪互特則連結聶札賀、候德與易首德，形成四位一體。它是其上一切事物的最後匯聚，就像所關聯的四元素領域，瑪互特具有四色，其中三色是聶札賀、候德及易首德的黝暗版本，即橄欖綠、檸檬黃與赤褐色，而第四個顏色（黑色）則在展現瑪互特距離原始明亮白光的科帖爾有多遙遠，同時黑色也暗喻回歸到「否在」（Ain），以再次重生成科帖爾，這個神祕象徵卡巴拉的方程式為：「科帖爾在瑪互特裡面，瑪互特在科帖爾裡面。」

三柱

　　十輝耀則排成三列或三柱（參閱圖3），如同前述三組三位一體，三柱也有男性、女性及男女結合的分別。

　　慈柱（Pillar of Mercy）位在生命之樹右側，象徵火元素，含括侯克瑪、黑系德及聶札賀這三個男性輝耀；嚴柱（Pillar of Severity）位在生命之樹左側，象徵水元素，含括庇納、葛夫拉及

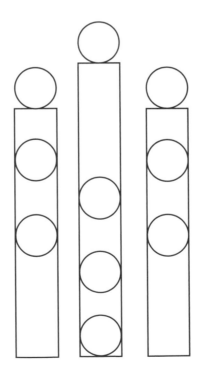

▲ 圖 3：生命之樹的三柱

候德這三個女性輝耀。慈柱與嚴柱會相互平衡；中柱（Pillar of Mildness）位在生命之樹中間，象徵風元素，含括科帖爾、悌菲瑞特、易首德及瑪互特這四個輝耀。中柱會調解慈、嚴兩柱。

　　「中柱儀式」（Middle Pillar Exercise）是黃金黎明會所傳授的卡巴拉冥想，既簡單又純粹。[51]藉由觀想與吟誦，學生們於自身內在建立中柱；藉由內化生命之樹體現這屬於平衡的象徵。

▲ 圖 4：負向存在的帷幕

負向存在的帷幕

　　生命之樹是卡巴拉的核心構造，其他的系統、象徵與祕法理論都是從其發展出來。這些額外的理論擴展生命之樹的象徵意義，並從創造萬物之前的存在狀態開始解釋萬物與神的各種不同面向。

　　比宇宙更早的事物是隱密、超出我們的經驗，沒有任何文字能夠描述「存在之前」（pre-existence）的狀態。卡巴拉神祕家稱其為「負向存在」（negative existence），並將處於存在之前的神以 Ain（**אין**），即「否在」（not）、「無有」（nothing）來理解（參閱圖4）。從純粹負向當中出現 Ain Soph（**אין סוף**），即「無盡」、「無限」；最後出現的是 Ain Soph Aur（**אין סוף אור**），即「光無止境」、「無限的光」——「神說：要有光，就有了光。」（《創世記》1：3）

　　當無限的光聚焦成單一的點時，正向的存在就開始了，單一的點名為「王冠」。當宇宙從王冠，也就是科帖爾，放射出來的同時，神具現成為「有一點」，變成被我們知道的狀態。神仍是無限、無所不在，然而對於具現出來的神可以使用正向的詞彙描述。

51. 黃金黎明會入門者會在門戶（Portal）到小達人（Adeptus Minor）的級次中得到「中柱練習」的傳授。請參考 Regardie, The Golden Dawn, 90。瑞格德認為中柱可用來當成治療及運用魔法的工具（參見 Foundations of Practical Magic, 137-160）。基本上，進行該練習的學生會輪流觀想位在中間的四個輝耀，同時念誦它們的神之名。科帖爾是燦爛的白光，就位在頭頂上方；悌菲瑞特則是從心臟閃耀出來的太陽光芒；易首德是從生殖部位發出的光輝；瑪互特則是從腳下發出的光輝。想像力豐富的學生能夠找出許多可以美化這練習的方法。

四界

四界象徵創造的四個階段或四個基本存在狀態。[52] 每一界都對應「四字神名」的某一字母及四元素的某一元素，而赫密士卡巴拉將每一界對應到塔羅牌的某一牌組及某一宮廷牌。

卡巴拉神祕家對於四界的概念化有兩種方式，其一是將四界視為四棵各自分別的生命之樹，而黃金黎明會為每一棵樹賦予完整的色彩象徵「階級」（scale）；[53] 另一方式則是把整個四界當成單一生命之樹上面的特定輝耀來看。

原型界（Atziluth、אצילות），「接近」之意，是第一界，四界中最接近神者；它是原型的世界，概念由此產生，也就是靈感的原點。原型界是「四字神名」的 yod（י），即「父親」，對應到火元素，是塔羅牌的權杖牌組及宮廷牌的四張騎士（或王子），在生命之樹對應侯克瑪及各輝耀的神之名。

創造界（Briah、בריאה），「創造」之意，是第二界，它推動在侯克瑪概念化的想法。而概念若附上情緒，情緒就會給予推動力。創造界是「四字神名」的 heh（ה），即「母親」，對應水元素，是塔羅牌的聖杯牌組及宮廷牌的四張王后，在生命之樹對應庇納及各輝耀的大天使。

形塑界（Yetzirah、יצירה），「組成」之意，是第三界，是形體塑造的世界，概念在此逐漸形成實相。形塑界是「四字神名」的 vau（ו），即「兒子」，對應風元素，是塔羅牌的寶劍牌組及宮廷牌的四張國王，在生命之樹是範圍最大的世界，對應黑系德至易首德等輝耀，而悌菲瑞特是其中央。形塑界還對應到各輝耀的天使團。

行動界（Assiah、עשיה），「做」、「行動」之意，是最後一界，即實質的世界，概念在此成為具現的存在：舍金納將原初概念生了下來。行動界是「四字神名」最後的 heh（ה），即「女兒」，對應地元素，是塔羅牌的圓盤牌組及宮廷牌的四張侍從（或公主），在生命之樹對應瑪互特及各輝耀的智性。

我們也許可以用一個簡單的例子解釋創造的四個階段。「原型界」就是在你剛睡醒，腦海冒出某一想法（java）的時候，在那一瞬間，你概念化自己需要具現的事物，即一杯咖啡；「創造界」的熱情則會將所有繼續賴床的欲望統統改寫，促使你起身下床，任何事物都阻止不了去具現一杯咖啡的想法；「形塑界」則是沖泡咖啡的過程——你的想法循著沖泡咖啡的步驟逐漸成形，所有感官都專注在這裡。最後，完全具現的想法就從易首德倒入「行動界」的載體。創造的四階段行動就此完成，實現了你的靈感，而你現在就有一杯真實存在的咖啡。

---

52. 最先提到四界的是名為「論那接近之處」（Massekheth Atziluth／Tractate of Nearness）的無名氏著作。現今學術研究認為它應為約西元一千年至一二五〇年的作品。

53. 關於色彩象徵的四階級，請參閱本書第十一冊〈魔法師的對應表〉。藝術家兼入門者的莫伊娜・馬瑟斯（Moïna Mathers, 1865-1928）發展出這套含有一四〇個象徵顏色的複雜細緻系統。

靈魂的各部分

希伯來文聖經在指涉「靈魂」時，會用到五個不同的字詞。卡巴拉神祕家相信每個字詞都象徵人類存在的某一明確部分。《明耀之書》提供論述靈魂的五個名字，就是魄體、心智、精魂、生命與個體性，然而《光輝之書》只提到其中三個，即魄體、心智、精魂。盧里亞卡巴拉（Lurianic Qabalah）則重新找回另兩者，即生命與個體性。

個體性（yechidah、יחידה），也有「一」的意思。靈魂的部分並不是屬世的部分，比較是屬於人在被創造之前與神形成的合一、神聖狀態，也關聯到「原初之人」（Adam Qadmon）（參閱後面內文）。

生命（chiah、חיה），關聯到原型界、侯克瑪、火元素以及「四字神名」的 yod；它是生命力、生命火花──「它本身是未稀釋的生命力，這就是我們的真正身分。」[54]

精魂（neshamah、נשמה），關聯到創造界、庇納、水元素以及「四字神名」的 heh；它是直覺，是我們「超越思想過程並與究極實相更加和諧共振的部分。」[55]它就是《易經》所述的「君子」（superior man），或是佛洛伊德的「超我」（superego）

心智（ruach、רוח），也有「呼吸」之意，關聯到形塑界、從黑系德至易首德的七個下方輝耀以及「四字神名」的 vau。這就是靈魂具現為智性與理性的地方，是佛洛伊德的自我（ego）及《易經》所述的「小人」（inferior man）。

魄體（nephesh、נפש），關聯到行動界與瑪互特，進入物質身體的靈魂就此誕生。它是本能、靈魂的動物面向，以生存及需要為行動依據。它就是本我（id）。

原初之人

柏拉圖的教導指出人是宇宙的微小模型，即微觀宇宙。聖經的教導則稱人是依神的形象所造。而生命之樹的圖像則交織著聖經與柏拉圖的意思，它同時代表巨觀宇宙及微觀宇宙，即造物者及人類個體。

原初之人（Primeval Man、Adam Qadmon、אדם קדמון）是生命之樹與眾輝耀的擬人化版本，它是人的原型，是完美組合而成的人。原初之人是尚未在伊甸園失去恩寵的亞當（Adam）。有些卡巴拉神祕家將原初之人視為第五界，對應到靈魂的最高部分，即個體性。

---

54. DuQuette, *The Chicken Qabalah of Rabbi Lamed Ben Clifford*, 101。
55. DuQuette, *The Chicken Qabalah of Rabbi Lamed Ben Clifford*, 100。

　　原初之人體現出生命之樹，上位三角即是原初之人整個身體的頭部、黑系德與葛夫拉則是右手臂與左手臂，而悌菲瑞特則是身體或軀幹部位；聶札賀與候德則是右腿與左腿，易首德則是陽具，即亞當的性器官，瑪互特則是雙腳。

　　整個生命之樹即是原初之人的背面觀，而不是正面觀。如同神對摩西說：「你就得見我的背，卻不得見我的面。」（《出埃及記》33：23）[56] 其右手是在慈柱，左手則在嚴柱。這部分在赫密士卡巴拉造成滿大的混淆，然而神的右手總是男性面向，神的左手總是女性面向。

　　練習繪出生命之樹有助於學習它，其幾何學相當基礎，只需要圓規與尺，畫出一條直線加上三個半的圓形，就能定出十輝耀的位置（參見插文）。反覆繪畫生命之樹的結果，讓每一細節都變得相當熟悉；運用對應事物標示生命之樹，也有助於熟悉卡巴拉的象徵系統。

◆　實修卡巴拉的一些基本概念　◆

　　卡巴拉的兩個分支相互補足、彼此平衡。理論卡巴拉對於祕法比較偏重冥想、神遊的切入方式，實修卡巴拉則偏重主動、實際操作的切入方式。理論卡巴拉會對十輝耀進行沉思，而實修卡巴拉則是以二十二個希伯來文字母進行操作。

希伯來文字母表

　　不會說希伯來語當然還是可以研究卡巴拉，坊間有許多以英語書寫的相關書籍足以讓理論卡巴拉的學生研究好幾年，然而實修卡巴拉會要求學生至少要熟悉希伯來文字母。

　　初次接觸希伯來文字母表時，也許會看起來相當古怪（參見表1）；其書寫方式由右至左，而且只含子音——有些發音還頗有難度。對於希伯來文字母表的完整解釋已經超出本書範圍，任何介紹希伯來語的書籍，其前幾頁應當都會回答這方面的許多問題。[57]

---

56. 另一可能的方式是把原初之人當成照鏡子的映像來看。參見《所羅門頌詩》（the Odes of Solomon）13:1。

57. 這方面最理想的參考書應是聖經希伯來語的介紹書籍，然而現代希伯來語大致上相似。發音會因各地方言而有所不同。我們絕大多數是依循黃金黎明會的習慣，偏好聖經希伯來語的賽法迪（Sephardic）發音，所以會唸成「Kether」，然而阿什肯納茲猶太人（Ashkenazi Jews）及瑞格德的幾本著作則用 Keser，而以色列人則唸成 Keter，這些都是 כתר 可以接受的發音。

練習書寫希伯來文字母，會使希伯來文字母表的學習變得較容易。初學者應當學習簡單的方塊體（block style，即印刷體），直到寫出來的字母清楚易認，古亞述書寫體（Ashuri script）則需要用西洋書法筆或軟筆來寫。目前已有許多書籍與網頁為書寫字母的組合過程提供詳細

如何畫出生命之樹

步驟一：先用尺畫出一條垂直的長線，這就是中柱（如圖5）。

步驟二：在線的頂端取一點，這就是科帖爾。

步驟三：將圓規兩腳距離調整成直線長度的四分之一。將圓規的針腳放在科帖爾的點上，以另一腳在科帖爾下方畫出半圓。半圓與直線的交會點就是達阿思。

▲ 圖5：如何畫出生命之樹的步驟一至三

步驟四：將圓規的針腳放在達阿思的點上，以另一腳繞著達阿思畫圓。這個圓跟上面半圓的交會點即是侯克瑪與庇納，而這個圓與直線的交會點即是科帖爾與悌菲瑞特（如圖6）。

▲ 圖6：如何畫出生命之樹的步驟四

步驟五：將圓規的針腳放在悌菲瑞特的點上，以另一腳繞著悌菲瑞特畫圓。這個圓跟前一個圓的交會點即是黑系德與葛夫拉，而這個圓與直線的交會點即是達阿思與易首德（如圖7）。

▲ 圖7：如何畫出生命之樹的步驟五

步驟六：將圓規的針腳放在易首德的點上，以另一腳繞著易首德畫圓。這個圓跟前一個圓的交會點即是聶札賀與候德，而這個圓與直線的交會點即是悌菲瑞特與瑪互特（如圖8）。

▲ 圖8：如何畫出生命之樹的步驟六

步驟七：將圓規的兩腳距離調整成悌菲瑞特與易首德之間距離的四分之一。然後在每個輝耀的交會點畫出小圓，共計十個（如圖9）。

▲ 圖9：如何畫出生命之樹的步驟七

步驟八：用尺將眾輝耀的交會點畫線連起來，以畫出路徑的輪廓（如圖10）。

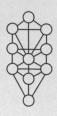

▲圖10：如何畫出生命之樹的步驟八

步驟九（非必要）：用尺測量輝耀小圓半徑的一半，用這距離當成各路徑的寬
　　　　度繪製（參閱圖11）。（就技術層面而言，各路徑的寬度應當等於輝耀
　　　　小圓的三十度圓弧長度，即圓周長度的十二分之一。然而如果這些圓
　　　　很小，那麼圓周長度的十二分之一〔2πr÷12〕跟半徑的一半〔r÷2〕
　　　　的差距幾乎看不出來。）

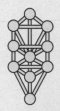

▲圖11：如何畫出生命之樹的步驟九

步驟十：將路徑與輝耀標識方便了解的資訊，或是塗上合適的顏色。

的資訊。書寫希伯來文的卡巴拉名詞也有助於熟悉卡巴拉的術語。有些設計用於教導孩童希
伯來文字母表的玩具、遊戲，可能對某些學生會有幫助。

　　卡巴拉神祕家認為希伯來語是神聖的；它是《聖經》的語言，是神用來創造宇宙的語言。
希伯來文字母表的字母是創造的工具，裡面儲存神聖力量。卡巴拉神祕家會運用希伯來文字
以深刻了解祕法或產生魔法效應。

實修卡巴拉的方式與運用

卡巴拉的基本前提之一，即是聖經的每一個字都「具有超凡的真理以及崇高的祕密。」[58] 即便某字的字面意義看似無足輕重或毫無啟發，還是有其意味深長之處，因此卡巴拉神祕家會去探求藏在文字表面意義底下的深邃真理。他們將聖經看作是一套虔信者必須解開的神聖密碼，並運用傳統的方式或手法以揭露隱藏的聖經智慧。主要使用的方式是字母縮寫法（notariqon）、字母代碼法（gematria）與字母變換法（temurah），這些手法的運用就構成「實修卡巴拉」。

批評實修卡巴拉的人們之反對意見，都在指出只要熟悉實修卡巴拉，任何人就能使某文字表達出「任何意思」。沒錯，卡巴拉神祕家通常在用這些方法時會玩得滿開的。[59] 雖說如此，猶太卡巴拉神祕家則會很認真看待玩的過程：所有的發現都得依循已經確立的解讀規則。[60] 雖然神的意志是無限的，但是卡巴拉神祕家確信聖經裡面藏有無限的寶藏。

就其中心思想而言，實修卡巴拉是一種以神聖文字冥想的方式，其方法就像是會敲出直覺火花的打火石與擊鐵。卡巴拉神祕家也會運用實修的方式，深化自己對於傳統祈禱與習俗的了解。他們也許會運用實修卡巴拉來隱藏祕密知識，特別在設計護符的時候更是如此。卡巴拉神祕家有時會用字母縮寫法、字母代碼法與字母變換法，以構建力量文字或魔法名字。赫密士卡巴拉神祕家則傾向專注於這些方式的魔法應用。有些作者則認為實修卡巴拉「全」都被魔法習修汙染而迴避之。[61]

為了平衡觀點，我們選出實修卡巴拉的數個不同用法作為範例，絕大多是猶太人的用法。它們展現出實修卡巴拉如何在祕法及其他方面豐富猶太人的傳統。我們也有從儀式魔法帶進幾個例子。

---

58. *Zohar 3*.152a, in Scholem, *Zohar*, 121。

59. 編輯杜奎特個人所著的《小雞卡巴拉》（Chicken Qabalah）就有這種玩得很開的表現，特別是關於實作方式的章節，即〈Chapter 10: Last Lecture—Games Qabalists Play〉第 181-199 頁。

60. 猶太人的崇拜儀式將以實瑪利拉比（Rabbi Ishmael, 90-135）的十三條規則奉為神聖，請參考 Adler, Synagogue Service, 34。後代權威人士則將用於聖經注釋的規則數量增加到四十九條。

61. 可惜的是，抱持這種態度的作者之一即是研究先驅格爾肖姆・朔勒姆，他在其重要的概述著作中只用一頁來解釋實修方式。他的反對理由是「真正值得稱為卡巴拉思想的事物，跟這些『卡巴拉運用方式』沒有什麼關係。」（Major Trends in Jewish Mysticism, 100）。朔勒姆的偏見促使學者忽視卡巴拉的實修面向，使相關學術研究的立場偏頗了好幾代。

字母及其 字尾形式 （書寫體）	字母的英文譯名及近 似發音	對應數值	字母及其 字尾形式 （方塊體）	使用英語者的 簡化讀音方式
א	aleph（阿力夫）	1	א	無聲的聲門塞音
ב	beth（貝弌）	2	ב	b 或 v
ג	gimel （基梅爾）	3	ג	g（go 的 g） 或 gh（德語 Tag 的 g）
ד	daleth （搭立夫）	4	ד	d 或 dh（smooth 的 th）
ה	heh／hé（嘿）	5	ה	h
ו	vau（琺夫）	6	ו	w 或 u（due 的 u） 或 o（doe 的 o）
ז	zayin（然因）	7	ז	z
ח	cheth（賀絲）	8	ח	ch（德語 Bach 的 ch， 然需悄聲）
ט	teth（饕絲）	9	ט	t（stake 的 t）
י	yod（又的）	10	י	y 或 i（Lisa 的 i）
ך כ	kaph（髂付）	20	ך כ	k（cat 的 c） 或 kh（德語 Bach 的 ch）
ל	lamed （拉梅的）	30	ל	l
ם מ	mem（妹姆）	40	ם מ	m
ן נ	nun（怒恩）	50	ן נ	n
ס	samekh （薩妹呵）	60	ס	s
ע	ayin（艾嗯）	70	ע	聲門塞音
ף פ	peh／pé（吠）	80	ף פ	p 或 ph（graph 的 ph）
ץ צ	tzaddi（扎迪）	90	ץ צ	tz（quartz 的 tz）
ק	qoph（庫夫）	100	ק	q（kit 的 k）
ר	resh（蕊須）	200	ר	r
ש	shin（信）	300	ש	sh 或 s
ת	tau（踏）	400	ת	t（take 的 t） 或 th（both 的 th）

▲ 表 1：希伯來文字母表

字母縮寫法

字母縮寫法（Notariqon、נוטריקון、「省略」之意）是運用數種不同的「首字母縮略字」（acronyms）方式。猶太人在日常用語就有使用字母縮寫法，用來簡略表示希伯來名字，例如「獅子」（Ari、ארי）代表那位受人尊敬的卡巴拉神祕家以撒・盧里亞。

藉由將文字當成首字母縮略字來看，卡巴拉神祕家探求文字的深層意義。例如，他們會將「恩典」（chen、חן）看作是「隱密智慧」（chokhmah nistarah）的首字母縮略字。那麼無論經文何處出現「恩典」一詞，卡巴拉神祕家就將它當成是在暗示某些隱藏的智慧。反過來說，他們將卡巴拉的隱密智慧看成是通往神聖恩典的道路。

同理，阿們（amen、אמן）傳統上代表「神為守信之王」（El melekh neeman、God is a faithful king），所以它被用在每篇祈禱的末尾以肯定人對於神的信任。[62]

卡巴拉神祕家也會創造首字母縮略字以縮寫字詞、段落或整篇聖詩。傳統猶太護符常使用這種縮寫形式，兼顧節省空間及隱藏祕密。例如，常在猶太人的門框經文盒（mezuzah）看到的希伯來字母 （shin），是用來代表「全能」（Shaddai、שדי）之意。猶太人的民俗故事將更進一步詮釋為「以色列諸門的守護者」（שומר דלתות ישראל）。[63] 縮寫的 ש 也會出現在保護性質的護符上。[64]

另一個常在猶太護符上面看到的縮寫就是「紫」（argaman、ארגמן），這看似隨意亂湊的文字是在祈請大天使烏列爾（Uriel）、拉斐爾、加百列、米迦勒以及努利爾（Nuriel）。[65]

卡巴拉神祕家基本上會以字詞的第一個字湊出首字母縮略字，然而有時會用結尾字母湊對。例如大天使梅特昶的另一個名字 Tzamarkhad（צמרכד）出現在許多護符上，而它代表《創世記》1：1–5由每節經文的末尾字母所湊成。[66]

---

62. 有些人在指稱「神」的時候，不用 El（אל），而是用 Adonai（אדני），參見 Regardie, *A Garden of Pomegranates*, 111。然而猶太教堂的禮拜儀式及《形塑之書》都稱 El 是守信之王，參見 Adler, *Synagogue Service*, 130-B 以及 Kalisch, Sepher Yetzirah, 17 和 47。

63. 布盧・格林伯格（Blu Greenberg）在其著作係以不贊同的態度重述這段民俗傳說（How to Run a Traditional Jewish Household, 211）。猶太人家庭中放置在門柱的門框經文盒，裡面會裝有一卷迷你卷軸，上面書寫《申命記》6:9及11:20等經文。相信經文盒的保護力量及將經文盒當成護符隨身攜帶等做法，古已有之。

64. Schrire, Hebrew Magic Amulets, 99。列維有注意到護符滿常出現 ש（Transcendental Magic, 222），而他認為這字母應是指五字神名而不是「全能」。

65. Schrire, *Hebrew Magic Amulets*, 104。

66. Agrippa, *Three Books of Occult Philosophy*, 477。

儀式魔法的基本儀式會含有一些常見的縮寫範例，例如黃金黎明會的五芒星儀式（Ritual of the Pentagram）裡面出現的神聖之名 Agla（אגלא），代表「我的主，祢的大能直到永遠」（Atoh giborle-olam Adonai、Thou art mighty forever, my Lord）。這句話來自猶太禮拜儀式（Jewish liturgy）的核心禱詞「阿米達」（Amidah）。[67]

在黃金黎明會的六芒星儀式（Ritual of the Hexagram）出現的神聖之名 Ararita（אראריתא），隱藏著對於神的整體性之肯定：「一，是祂的整體之始，是祂的合一之始，祂的對調就是一。」[68] 字母縮寫法將這句祕法肯定語轉成「一」個字。

儀式魔法師在運用實修卡巴拉時並不會局限在希伯來文，例如伊斯瑞·瑞格德不喜歡配賦在悌菲瑞特的神之名「神與知識之主」（Tetragrammaton Eloah va-Daath），認為它太長，在吟誦時不甚方便。於是瑞格德改唸成 Iao，即某個具有太陽關聯的靈知派神祇之希臘名字。[69] 乍看之下，這樣的替換看起來非常不合適，然而在轉譯成希伯來文，希臘文的 IAΩ 就變成יאו，也就是「神與知識之主」（יהוה אלוה ודעת）的首字母縮略字。瑞格德藉由雙語的字母省略法巧妙解決自己的問題。

字母代碼法

字母代碼法（Gematria、גמטריא、「計算」之意）所運用的是希伯來字母也可以當成數字來用的現實功能。每個希伯來文字母都內定為某個完全平凡的數字（例如 א 為 1、ב 為 2，參閱表 1）。卡巴拉神祕家將文字視為其字母轉成數字的總和，並在加總所得的數值中尋找意義，例如「奧祕、祕法」（mystery、raz、רז），其字母換成數字的總和是 207。「光」（light、aur、אור）的數字總和也是 207。文字若具有同樣的總和數值，暗示這些字之間會有某種關聯。卡巴拉神祕家也許會認為「光」在奧祕層面是「祕法」的同義詞，或推論「祕法」能夠帶來「明悟」（enlightenment）。卡巴拉文獻稱那不可知的造物者為「無限」（Ain Soph、אין סוף），也有「無盡」的意思，而其數值就是 207。那麼卡巴拉神祕家也許會認為光──即「無限」的第一個具現（《創世記》1：3）──是無盡的奧祕。

---

67. 參見 Adler, *Synagogue Service*, 15 及其他部分。五芒星儀式則參考 Regardie, *The Golden Dawn*, 53 或 Crowley, *Magick*, 618。

68. Reuchlin, *On the Art of the Kabbalah*, 351。另請參考 Verman, *The Books of Contemplation*, 101-102 與 Agrippa, *Three Books of Occult Philosophy*, 476-477。六芒星儀式則參考 Regardie, *The Golden Dawn*, 296-297，或 Crowley, *Magick*, 621-622。

69. Regardie, *Foundations of Practical Magic*, 145。

　　卡巴拉神祕家有時會用同數值文字替換的方式隱藏文字。例如天使拉吉爾向亞伯拉罕・阿布拉菲亞揭露神聖奧祕，而阿布拉菲亞在發表時將著作歸在拉吉爾的名下。[70]而這個筆名暗指阿布拉菲亞自己，因為拉吉爾（רזיאל）跟亞伯拉罕（אברהם）的數值是一樣的。

　　藉由類似的同等數值替換，虔信的猶太人就能避免在非必要的情況下書寫「四字神名」。有些人會寫יוו，因為這些字母數值總和等於26，即「四字神名」的總和。還有人偏好寫יה，因為這些字母的「名稱」，yod（יוד）及 hé（הא），數值總和等於26。[71]另一書寫（或說出）「四字神名」的方式即是把名稱拼出來，即 yod heh vau heh（יוד הה וו הה），其數值總和等於52（26的兩倍）。[72]有人甚至只寫ד，因為「四字神名」含有「四」個字母。[73]猶太人的護符常看到這種運用數值改述神聖之名的方式。

　　希伯來文字母當中有五個具有「字尾形式」，只會用在處於字尾的時候，然而卡巴拉神祕家偶爾會為這些字尾形式賦予另一數值。[74]例如，「恩惠」（grace、chen、חן）的數值通常原是58，而「有福」（blessed、barukh、ברוך）通常等於228，然而套用字尾形式的不同數值之後，兩者的數值都等於708。

　　儀式魔法的基本儀式都會有字母代碼法的表現。小五芒星儀式（Lesser Ritual of the Pentagram）裡面有四個神聖之名，即「四字神名」（יהוה）、「上主」（Adonai、אדני）、「我是」（Eheieh、אהיה）及「我的主，祢的大能直到永遠」（Agla、אגלא），而這些在經過字母縮寫法處理則變成אאאי，其數值為13。而具有同樣數值13的字則有「一」（one、echad、אחד），所以這些神聖之名雖然彼此不同，然而它們都主張神的一體性。

　　神聖之名 Ararita（אראריתא）的數值等於813，這也是《創世記》第一章第三節所有字母的總和，因此 Ararita 也有「神說：要有光，就有了光」的隱喻，所以六芒星儀式將 Ararita 與 lux（「光」的拉丁文字）配對。[75]

　　字母代碼法是實修卡巴拉最常選用的方式，許多猶太及赫密士卡巴拉神祕家會花上數年時間蒐集整理具有同樣數值的文字。[76]有興趣研究字母代碼法的學生最好手邊要有用於記錄自身發現的筆記本。

字母變換法

　　字母變換法（Temurah、תמורה、「交換」之意）是由幾種技法組成。這方面最簡單的運用方式即是使用「重組字」（anagrams）。當同樣的字母拼出不同的文字時，卡巴拉神祕家會用這些字彼此解釋，例如「沒有什麼比喜樂（joy、ענג）更加良善的事物，也沒有比苦痛（affliction、נגע）更加邪惡的事物。」[77]

　　同樣地，麵包（bread、לחם）與鹽（salt、מלח）象徵黑系德與葛夫拉的極性，即仁慈與審判。因此，吃飯時拿麵包蘸鹽的古猶太習俗就有更深邃的含義，拿麵包來蘸的動作即是在無聲祈求仁慈能夠蓋過審判。[78]

　　有些重組字會突顯字與字之間的緊密關聯，例如在《創世記》6：8所述的諾亞（Noah、נח）在耶和華眼前蒙恩（grace、חן）。而「字母變換法」本身（Temurah、תמורה）也是「獻供」（offering、terumah、תומה）的重組字，所以卡巴拉神祕家也許會認為正確運用「字母變換法」也能算成是某種奧祕層面的獻供。

　　更為複雜的字母變換技法會運用轉碼或密碼的替換。卡巴拉神祕家會用這些密碼揭露《聖經》的祕密並隱藏自己的祕密；他們也經常使用密碼書寫「四字神名」，而且也不會對神不敬。一些標準轉碼的功能會以名稱概述之，例如「首尾倒換」（Athbash、אתבש）是最常見的轉碼法之一，即字母表的第一個字母א，換成倒數第一個字母ת，而第二個字母ב，換成倒數第二個字母ש，所以才有אתבש的名稱。「首尾倒換」會將「四字神名」轉成經常在猶太護符上看到的מצפץ（參閱表2）。

---

70. Scholem, *Major Trends in Jewish Mysticism*, 127。

71. 計算字母的「名稱」而非字母自身，是字母代碼法的特殊技法。卡巴拉神祕家將這技法稱作「名稱數字」（name number／mispar shemi）。至於之前提到的其他計算範例是「基本數字」（essential number／mispar hekhrechi），算是最為簡單與常見的技法。另請參見 Locks, *The Spice of Torah*, XXI–XXIV，撰序者 Schochet 在〈The Principle of Numerical Interpretation〉列出十幾種字母代碼法的技法。

72. 注意這例與前例對於字母ה的名稱拼寫並不相同，然而 אה 與 הה 都是能被接受的拼法。黃金黎明會則建議最好拼出「四字神名」，而不是用諸如耶和華（Jehovah）等近似名稱來替代。參見 Regardie, The Golden Dawn, 53。列維也有同樣的建議，參見 Transcendental Magic, 379。

73. Schrire, *Hebrew Magic Amulets*, 95。

74. 參見圖12。為字尾形式賦予不同數值是字母代碼法的另一特殊技法「大數字」（big number／mispar gadol）。赫密士卡巴拉神祕家看似比猶太卡巴拉神祕家更加常用這技法，可能係出自羅伊希林對於字母表的闡述，參見 On the Art of the Kabbalah, 317。

75. 參見 Regardie, *The Golden Dawn*, 298或 Crowley, *Magick*, 621。

76. 大衛・戈德溫（David Godwin）在 Godwin's Cabalistic Encyclopedia 提供自己在字母代碼法的紀錄（以及其他有用的資訊，並在希伯來文字母表的運用減至最低）。克勞利則將自己在字母代碼法的紀錄歸在《777及其他卡巴拉作品》的「其他作品」中。而拉克斯（Gutman Locks）在其著作 Spice of Torah 將《聖經》前五書每一個字的數值分類。坊間也能找到其他幾本類似的收集字母代碼法的著作。

77. Sepher Yetzirah, in Friedman, The Book of Creation, 5。

78. 以撒・盧里亞建議麵包要蘸三次。麵包（לחם）為78，78 ÷ 3 = 26，所以麵包蘸三次就表示「四字神名」，參見 Locks, The Spice of Torah, II。Yehuda Shurpin 在 Chabad.org 的〈Why Do We Dip the Challah Bread in Salt？〉文章中概述麵包與鹽的象徵意義。麵包加鹽等於78＋78，也許有讀者會對這組合感興趣。

　　另一種常見的字母變換法「依序遞換」（Avgad、אבגד），則是將每個字母依字母表的排列順序轉成它的下一個字母，即 א 換成 ב，而 ג 換成 ד，所以才有 אבגד 的名稱。「依序遞換」會將「四字神名」轉成在門框經文盒內卷軸的加密名稱 כוזו。[79]

阿伊科貝克爾

　　字母變換法的另一技法「阿伊科貝克爾」（aiq bekar、איק בכר），則需要單獨拿出來講解。卡巴拉神祕家在使用這技法時，較常用於名字的加密，而不是用於《聖經》的解密。阿伊科貝克爾將加密提升到另一層次，而這種字母變換法也是了解行星魔方（planetary magic square）的關鍵。[80]阿伊科貝克爾將二十二個希伯來文字母及其五個字尾形式，以三個為一組的形式分成九組或九「室」（chambers）（參閱圖12）。如同技法名稱的呈現，三個字母 איק ——等於數字1、10、100——形成第一組，而字母 בכר ——等於數字2、20、200——形成第二組。阿伊科貝克爾的技法讓卡巴拉神祕家能夠將同屬一室的字母進行交換，例如「奧祕、祕法」（mystery、רז）可以轉成「兒子」（son、בן）或「如實」（truthful、כן）。

首尾倒換	依序遞換	首尾倒換	依序遞換
א 換成 ת	א 換成 ב	ל 換成 כ	ל 換成 מ
ב 換成 ש	ב 換成 ג	מ 換成 י	מ 換成 נ
ג 換成 ר	ג 換成 ד	נ 換成 ט	נ 換成 ס
ד 換成 ק	ד 換成 ה	ס 換成 ח	ס 換成 ע
ה 換成 צ	ה 換成 ו	ע 換成 ז	ע 換成 פ
ו 換成 פ	ו 換成 ז	פ 換成 ו	פ 換成 צ
ז 換成 ע	ז 換成 ח	צ 換成 ה	צ 換成 ק
ח 換成 ס	ח 換成 ט	ק 換成 ד	ק 換成 ר
ט 換成 נ	ט 換成 י	ר 換成 ג	ר 換成 ש
י 換成 מ	י 換成 כ	ש 換成 ב	ש 換成 ת
כ 換成 ל	כ 換成 ל	ת 換成 א	ת 換成 א

表 2：字母變換法的兩種轉碼技法範例

　　九室也有加密轉換的功能。美生會會員及魔法師都運用這套由阿格里帕的《祕術哲學三書》推廣的加密方式。該加密方式指示某字母的方式，是由該字母位於九室格狀圖位置所呈現的直線構圖來代表。在這個方式中，字母從 א 到 ט（即個位數，數字1至9）藉由加上一點表示（參閱圖13）；字母從 י 到 צ（即十倍數，數字10至90）藉由加上二點表示，至於字母從 ק 到 ץ（即百倍數，數字100至900）則用加上三點表示。[81]

3 ג	2 ב	1 א
30 ל	20 כ	10 י
300 ש	200 ר	100 ק
6 ו	5 ה	4 ד
60 ס	50 נ	40 מ
600 ם	500 ך	400 ת
9 ט	8 ח	7 ז
90 צ	80 פ	70 ע
900 ץ	800 ף	700 ן

▲ 圖 12：阿伊科貝克爾的九室

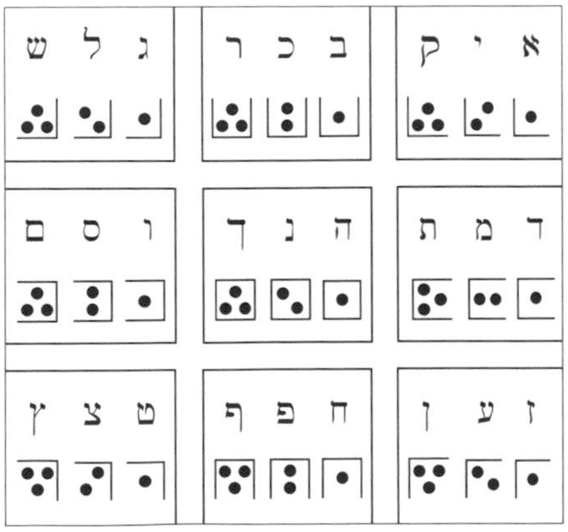

▲ 圖 13：阿伊科貝克爾九室所展現的加密矩陣，顯示經此法加密的希伯來文字母表

---

79. Schrire, *Hebrew Magic Amulets*, 96。在十二世紀理性主義哲學家邁蒙尼德（Maimonides）嚴厲譴責之前，門框經文盒內的卷軸常有額外的護符文字，另參見 Silverberg 的文章〈Maimonides and the Protective Function of the Mezuza〉。

80. 至於行星魔方及其用途，請參見本書第三冊〈行星魔法〉。

81. Agrippa, *Three Books of Occult Philosophy*, 561。美生會的另類做法，則是將代表個位數的字母密碼只畫出框格，十倍數的字母密碼加畫一點，而百倍數的字母密碼則加畫二點。參見 Mackey, *An Encyclopaedia of Freemasonry and Its Kindred Sciences*, vol. 1, 151，不過其解釋會讓人搞混一些希伯來文字。

阿格里帕也有教導如何將經過阿伊科貝克爾加密的名字塑成符號（即印記，sigils）。[82] 其過程即是將原本各自分開的直線構圖組成一個，唯有創造該符號的魔法師能夠從最終完成的符號反推原本的名字（參閱圖14）。

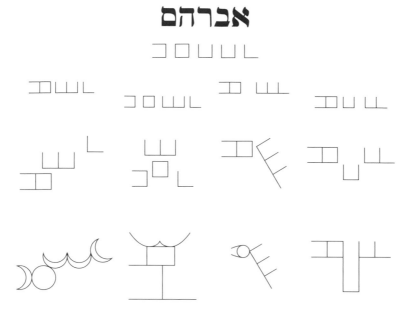

▲ 圖14：「亞伯拉罕」在經過阿伊科貝克爾加密後的寫法及依此塑造的數個印記

阿伊科貝克爾的九室成為字母代碼法的降減技法之一，即將百倍數或十倍數降至個位數。字母 ר 的數值原本為200，就降轉成2；字母 כ 的數值原本為20，也降轉成2。[83] 例如，「奧祕、祕法」（רז），原本是200＋7，經過這技法處理就變成2＋7，而神聖之名 Ararita（אראריתא）的數值就從813變成12。這種屬於字母代碼法的技法，還形成另一種運用九室的方式。

自古以來，就有依照護符的需要運用「魔方」的做法。最簡單的魔方即是九宮格，裡面填入數字1至9，且任一行列的加總都是15（參閱圖15）。卡巴拉神祕家以字母代碼法來看這個魔

82. Agrippa, *Three Books of Occult Philosophy*, 561。

83. 字母代碼法的這種降減技法名為「小數字」。參見 Locks, *The Spice of Torah*, XXI–XXII，撰序者 Schochet 的文章〈The Principle of Numerical Interpretation〉。如前所述，阿伊科貝克爾會用到字尾形式的不同數值，所以從這方面來看，「小數字」會結合「大數字」一起使用。

方，認為它藏有神之名「上主」（Yah、יה），而且也把此魔方看成是重新排過的阿伊科貝克爾九室，所以他們將其及前述的字母代碼法降減技法一起用於加密。他們先將某個文字的所有字母降減成個位數，然後將這依原本文字的字母順序形成的一連串數字，在九宮格上畫出相應的代表線條。

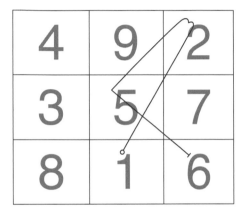

▲ 圖15：阿伊科貝克爾九室重新排列魔方，畫有指出「亞伯拉罕」的線條

例如，「亞伯拉罕」（Abraham、אברהם）原本的數值是1 ＋ 2 ＋ 200 ＋ 5 ＋ 40。再代換字母 mem 的字尾形式的數值，就變成 1 ＋ 2 ＋ 200 ＋ 5 ＋ 600，然後經過降減則為 1 ＋ 2 ＋ 2 ＋ 5 ＋ 6。在九宮格上若要繪出代表「亞伯拉罕」的線條，會先在數字1的格子（代表 א）做一記號，然而從這個記號開始畫線連到數字2的格子（代表 ב）。下一個字母（ר）也是2，則「在線上加入一道曲線或波形」[84]表示。然後線條會繼續連到數字5的格子（代表 ה），最後在數字6的格子（代表 ם）結束。在移除九宮格之後，這個線狀圖案就變成一個讓人看不懂的印記。

黃金黎明會教導阿伊科貝克爾及行星方陣的使用方式，也教授二十二瓣玫瑰（參閱圖16），使印記的產生變得更加簡單。這些花瓣代表希伯來文字母表的字母，排列成三個同心圓。內圈有三個母字母（mother letters），中圈有七個雙發音字母（double letters），外圈則是十二個單發音字母（single letters），線條就在玫瑰的花瓣上一一畫過，過程就跟畫在魔方上完全一樣。[85]

---

84. Regardie, *The Golden Dawn*, 483。

85. 如需更加完整的使用指示，請參見 Regardie, *The Golden Dawn*, 482-483。這朵「玫瑰」會出現在黃金黎明會的祕密「第二序位」（the Second Order）的拉曼護符（lamen）上。玫瑰十字拉曼護符的繪圖有時會打亂正確的字母排列，其位置安排係依各字母對應的「國王層級」（King scale）色彩而定，且中圈係以逆時鐘方向依彩虹色彩順序（由紅至紫）來安排。

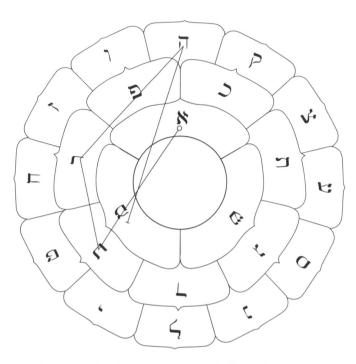

▲ 圖 16：二十二瓣玫瑰，畫有指出「亞伯拉罕」的線條

　　我們來對這些運用方式做一下摘要。字母縮寫法運用首字母縮略字將文字改變成不同的文字；字母變換法也會達到同樣的效果，簡單的字母變換法運用的是重組字，而複雜的字母變換法則使用轉碼；字母代碼法則將文字轉成數字，而特定的字母變化技法——阿伊科貝克爾及相關技法——則將名字轉成幾何抽象圖案。

◆　卡巴拉在儀式魔法裡的一些重點　◆

　　就嚴謹的卡巴拉觀點而 言，儀式魔法是由字母變換法的數種先進運用方式所構成。藉由將字母改換成符號，儀式魔法師能將名字改成一連串的色彩或礦物，[86] 也能夠藉由燃香的組合

---

86. 例如色彩裡面的亮淡黃色、黃色、橘色、猩紅色與深藍色可以拼出「亞伯拉罕」（Abraham、אברהם），將這些顏色混合就能得到象徵這名字的獨特顏色。同理，礦物中的黃玉（topaz）、瑪瑙（agate）、貴橄欖石（peridot）、紅寶石（ruby）及綠寶石（beryl）也能拼出「亞伯拉罕」。其相關對應，請參考本書第十一冊〈魔法師的對應表〉。

將名字轉變成獨特的香氣。[87]魔法師能夠巧妙設計環境，使裡面的色、聲、香、味、觸與舉止都在祈請同一名字，其可能性不計其數。

魔法對應

儀式魔法師藉由對應（參閱表3）做出這些轉變；魔法對應系統源自卡巴拉的奠基文獻《形塑之書》，此書將希伯來文字母整理成三個分類，具體指出神在運用每個字母時所創造的事物。

字母及其字尾形式（方塊體）	以希伯來文表示的字母名稱（書寫體）	依據《形塑之書》所述對應	依據黃金黎明會所述塔羅牌對應
א	אלף	風元素	愚者（Fool）
ב	ביח	水星	魔法師（Magician）
ג	גמל	月亮	女祭司長（High Priestess）
ד	דלת	金星	女皇（Empress）
ה	הא 或 חה	牡羊座	皇帝（Emperor）
ו	וו	金牛座	教皇（Hierophant）
ז	זין	雙子座	戀人（Lovers）
ח	חית	巨蟹座	戰車（Chariot）
ט	טית	獅子座	力量（Strength）
י	יוד	處女座	隱者（Hermit）
ך כ	כף	木星	命運之輪（Wheel of Fortune）
ל	למד	天秤座	正義（Justice）
ם מ	מם	水元素	吊人（Hanged Man）
ן נ	נון	天蠍座	死神（Death）

---

87. 同理，「亞伯拉罕」也可以用白松香（galbanum）、薰陸（mastic）、乳香（Frankincense）、龍血（dragon 's blood）與沒藥（myrrh）的混合物予以象徵。

ס	סמך	射手座	節制（Temperance）
ע	עין	摩羯座	惡魔（Devil）
ף פ	ףא 或 פה	火星	高塔（Tower）
ץ צ	צדי	水瓶座	星星（Star）
ק	קוף	雙魚座	月亮（Moon）
ר	ריש	太陽	太陽（Sun）
ש	שין	火元素	審判（Judgment）
ת	תו	土星	世界（World）

▲ 表3：希伯來文字母表的基本對應

　　三個「母」字母（אמש）都跟其他字母不一樣。[88]這些獨特的字母象徵那些能夠明顯區分的三個元素，而神藉由每一母字母個別形塑出組成所有物質的三元素之一。[89]

　　七個「雙發音」字母（בגדכפרת）則各自代表兩種發音，而該字母的發音方是由處於單字的位置決定。[90]這些具有變動性的字母象徵行星——即「漫遊的星辰」——所具有的移動性，而神藉由每個雙發音字母個別形塑出古代天文學的七行星之一。

　　十二個「單發音」字母（הוזחטילנסעצק）各自只代表一種發音。[91]這些不會改變的字母象徵眾恆星的穩固性，而神藉由每個單發音字母個別形塑出位於黃道的十二星座之一。

　　因此《形塑之書》使占星學及煉金術的豐富象徵，成為卡巴拉象徵不可或缺的部分。若從魔法的觀點來看，《形塑之書》所提出的這些對應將卡巴拉整合到西方奧祕傳統裡面。

　　黃金黎明會則套用這些希伯來文字母對於元素、行星及黃道星座的傳統對應，並將二十二個字母與塔羅牌的二十二張大阿爾克那（major arcana）對應。[92]這些基本對應就成為儀式魔法的基礎。

　　例如某位魔法師想要自己的生活更加平衡，就會運用希伯來文字母ל，它對應到黃道的天秤座及塔羅牌的審判。天秤座由金星掌管的風象星座，象徵智性與情緒之間應有的平衡，因此ל掌管「公平與均衡的操作」（Works of Justice and Equilibrium）[93]。

▲ 圖 17：這張護符運用字母縮寫法、代碼法與變換法納入希伯來文字母 Lamed（ל）的對應象徵

88. א 代表無聲的聲門塞音（即在唸出 apple 的 a 音之前的微吐氣），雖然嘴已張開，但沒有發出聲音。מ 代表 m 的發音，是在嘴閉的時候發出聲音。ש 雖然有兩種發音（sh 及 s），然而它不適用雙發音字母的規則。字母 א 與 מ 構成希伯來文的「母親」（אם）。

89. 魔法文獻常提到四元素，即地、水、火、風，通常還會加上第五元素，即「靈」（spirit）。然而母字只有三個，於是《形塑之書》只提到三個元素。黃金黎明會對這難題的巧妙處理方式，即是為兩個字母賦予第二個對應，因此代表土星的 ת 也象徵地元素，而代表火元素的 ש 也象徵「靈」。

90. 雙發音字母若處在字頭，必定發「強音」（hard sounds），例如 ב 在「庇納、領會」（binah、בינה）是發強音 b。若處在字尾，必定發「弱音」（soft sounds），例如 ב 在「星辰」（kokav、כוכב）是發弱音 v。若處在字中，則強弱音都有可能，例如 ב 在「卡巴拉、傳統」（qabalah、קבלה）是發強音 b，而在「葛夫拉、力量」（gevurah、גבורה）是發弱音 v。雖然西元四世紀的《形塑之書》將 ר 歸在雙發音字母，但它現今只對應一種發音，阿耶‧開普蘭在他的《形塑之書》英譯本有討論這個謎團（見第 160-161 頁）。

91. 事實上，子音字母 ו 與，有時會代表母音的發音。

92. 目前《形塑之書》的手抄本尚有不少，然而彼此之間有許多差異，意見不一之處常在行星與雙發音字母的對應方式。因此黃金黎明創造自己的對應方式，將行星依照它們與對應的塔羅牌在占星方面的共鳴（sympathy）來配賦。所以金星就被配賦給女皇（ד），水星則被配賦到魔法師（ב）。然而關於塔羅牌的完整解釋已超出本冊範圍。

93. Crowley, "777," 12, column XLV, in *777 and Other Qabalistic Writings*。

藉由納入對應希伯來文字母 ל 的象徵之護符，魔法師能夠祈請平衡，以下所述的範例是多種可能設計圖樣之一（參閱圖 17）。該圖的背景是天秤座的翡翠綠色，[94] 其設計主圖則是一個處於等重的天秤置於公平之劍的頂端，劍暗喻塔羅牌的「正義」形象及主導天秤座的風元素。在天秤上方則是主掌天秤座的金星之智性名稱哈吉爾（Hagiel、הגיאל），是用阿伊科貝克爾的印記呈現，並使兩側對稱以象徵平衡。「哈吉爾」數值為 49（7×7），而天秤座是黃道第七星座，其名（Libra）即是拉丁語的「秤」。「秤」在希伯來語是 moznayim（מאזנים），其數值 148，而 148 也是聶札賀（נצח）的數值，聶札賀則是主掌天秤座的行星——金星——對應的輝耀。此外，148 也是上位三角對應神之名的總和，即對應科帖爾的「我是」（Eheieh、אהיה）、對應侯克瑪的「上主」（Yah、יה），以及對應庇納的「至高上主」（Tetragrammaton Elohim、יהוה אלהים）。這三個輝耀處在永遠的均衡之中，它們在生命之樹的位置排列也略有天秤的模樣，因此這些神之名的縮寫（אייא）能為這護符賦予力量。寫在右邊的 אי 與寫在左邊 יא 彼此平衡。אייא 這個回文（palindrome）的數值為 22，在傳統的三十二條智慧路徑之中，第二十二條路徑就是 ל。上例旨在表現魔法對應的運用與實修卡巴拉能輕易達到緊密的配合。

在完成護符的「設計」之後，魔法師會在有利的占星條件下「建構」它[95]，並審慎思量後續儀式所要採取的行動，例如祭壇鋪布的顏色應為翡翠綠、燃香應為白松香，魔法師要念誦關於平衡的鼓勵話語，召請哈吉爾寄居在護符之中等等，然後在儀式中「聖化」護符。[96]

學習魔法對應的語言

在熟悉十輝耀與希伯來文字母之後，學生應當熟悉相關的基本對應，而赫密士卡巴拉的詳細象徵系統就像是第二語言，只要經常運用就會熟能生巧、沉浸其中，便能進步加速。這套語言的學習就跟卡巴拉的其他面向一樣，幾乎都需要耐心與毅力。

學習對應的簡單方式，即是在日常生活中以好玩的態度運用之。生命之樹的功能就像是宇宙的檔案分類櫃，只要多動一點腦筋，每事每物都能被歸類在某個地方，例如學生可以用占星學為汽車分類或找出貓咪在十輝耀的配賦位置。

在學生團體中，這種逗趣的卡巴拉象徵整合做法會是頗具娛樂效果的遊戲。舉辦卡巴拉相關主題的聚會也能有所幫助，例如每個人都要帶一份符合黑系德的食物或一首相符的音樂參加聚會。團體活動總會讓人有所啟發，因為每個人對於象徵的看法都不會完全一樣。

---

94. 關於色彩及其他對應資訊，請參見本書第十一冊〈魔法師的對應表〉。
95. 關於占星在儀式魔法的考量。請參見本書第三冊〈行星魔法〉。
96. 護符的起念、設計、建構與聖化係依循原型、創造、形塑、行動這四界的創造流程。

套用黃金黎明會象徵意義的塔羅牌組可以當成卡巴拉速記卡片來用，這類牌組頗有幫助。[97]即使是普通的牌卡遊戲，在稍微修改之後，也能意外成為學習塔羅牌對應的有效工具。[98]

實際與複雜的卡巴拉象徵互動，會是非常棒的學習方法。例如，記住橡樹代表葛夫拉當然很好，然而真的去樹林中找到五片橡樹葉的記憶會更持久。在祭壇上一邊擺放象徵物、一邊沉思其意義，會是一種非常全神貫注的觸感冥想。[99]

僅靠死記硬背就能學好的人真的很少，然而睡前瀏覽那些對應表通常會有所助益，因為當夢中開始出現卡巴拉象徵時，會讓人更加振奮（而且也暗示著真正的進展）。

象徵系統

對於儀式魔法師來說，卡巴拉是首要的巨大象徵系統。《形塑之書》建立這套系統，中世紀卡巴拉神祕家將之擴展。阿格里帕為對應的系統製表，而黃金黎明會學派為阿格里帕的成果錦上添花。赫密士卡巴拉神祕家將占星學、塔羅牌及其他奧祕傳統的象徵含括進來，其成果已不是象徵的大雜燴，而是一套井然有序的系統，其系統化的架構是卡巴拉象徵如此有力的原因。

缺乏想像力的理性心智擅長用系統作為表示，而詩意的直覺心智是用象徵作為表達。唯有結合這兩種相對的心智能力，才能創造——或理解——象徵系統。卡巴拉象徵系統則統合相反、處理對立並連結各界，為醒時與夢時、凡俗世界與魔法領域創造出通用的語言。世上還有其他與卡巴拉同類的語言，然而卡巴拉提供的語彙最為豐沛。

換句話說，卡巴拉的象徵系統相當善於解讀夢境與神諭，而在構思印記、護符、魔法方程式與儀式方面也同樣好用。無論是要了解自己或是向宇宙傳達自己的意志，卡巴拉象徵系統的效用無出其右。

小五芒星儀式之所以全是卡巴拉的事物並不是出於偶然。儀式魔法的學生都是從這個經典儀式開始自己的實修。[100]他們會觀想眾輝耀、念誦神之名、視覺化希伯來文字以及內化元素的對應。這個簡單儀式展現出卡巴拉象徵系統與儀式魔法的基本結合。

---

97. 學生當然也可以自行製作自己的速記卡片，以協助記憶對應系統、卡巴拉術語等等。

98. 如「瘋八」（Crazy Eights）的簡單牌卡遊戲也能用在七十八張牌組，出牌時除了同數字或同花色的原本配對規則以外，還能加上同元素、同行星、同星座或參與者都同意接受的其他對應規則。這遊戲不需要鬼牌。

99. 本冊作者阿妮塔‧克拉夫特（Anita Kraft）在其著作《魔法師的卡巴拉工作簿》（Qabalah Workbook for Magicians）對這種方式有詳細的指示，這是為剛起步的學生特別設計的方式。

100. 五芒星小儀式是黃金黎明會授予初學者（Neophyte）的第一個魔法儀式。事實上，它是授予外圈序位（the Outer Order）入門者的「唯一」魔法儀式。關於該儀式的內容，請參見本書第八冊〈黃金黎明會〉。

星光體旅行（astral travel）的修習也有類似的情況，它之所以仰賴卡巴拉也不是出於偶然。對於星光體旅行者來說，生命之樹具有地圖的功能，而實修卡巴拉的方式則是旅行者在星光領域的常用語手冊。卡巴拉象徵系統提供系統化的星光探索旅行計畫，以及能夠詮釋經驗的語彙辭典。

魔法方程式

就卡巴拉的觀點而言，魔法方程式（magical formulas）的建構會結合字母縮寫法的對應。魔法師將文字（通常是神之名）轉成符號性架構或儀式操作的模式，然而真正的執行並不像聽到那樣難以理解。

例如最重要的魔法方程式——「四字神名」——是造物者的真實之名，因此這四個字母，即 yod heh vau heh，象徵一切造物。魔法師將這些字母視為組建物質世界的元素，即火、水、風、地，並將這些字母與元素配賦四方，即南、西、東、北，其結果就是象徵存在整體的卡巴拉曼陀羅（mandala）。這個曼陀羅可以是分成四等分的圓，或是放置四個象徵的祭壇。[101]這是魔法方程式的靜態面向，其功能為系統提供架構。

「四字神名」也能以儀式操作的模式發揮。在這個動態面向中，神之名象徵著創造的「過程」，而傳統上這四個字母 yod heh vau heh 對應四界，即原型界、創造界、形塑界與行動界，也對應到父、母、兒、女——畢竟這個宇宙方程式統括巨觀宇宙的創造與微觀宇宙的生育。而其結果就是一場象徵神聖創造事工的儀式，它可以是一場召喚元素力量的四重儀式，或是具有四個階段的單次祈請。

上例顯示出「四字神名」方程式在運用時的兩個面向。之前用來祈請生活更加平衡的護符，是用其十字形排列象徵「四字神名」（參閱圖17），而護符上的四個希伯來文字母藉由實修卡巴拉以暗指「四字神名」。[102]聖化的儀式會在分成四等分的圓裡面進行，理想的狀況則是在正方形的神殿裡面進行。祭壇上面會放等臂的均衡十字（Cross of Equilibrium），並運用四階段祈請聶札賀的力量使聖化達至頂點。魔法師會祈請相應的神祇、大天使、天使團以及相應的智性，[103]而四階段的祈請象徵經過四界的具現過程。

「四字神名」絕對不只是魔法方程式。阿萊斯特‧克勞利在其著作《魔法的理論與實修》（Magick in Theory and Practice）用數章篇幅討論魔法方程式。他簡要宣稱「神的每一真名都會給予祈請相應之神的魔法方程式」。

魔法師有時會將複雜的符號序列，甚至儀式的整個流程縮簡成魔法方程式。例如黃金黎明會所授予的入門儀式，會對應到地、風、水、火及靈，而熟悉的大天使烏列爾、拉斐爾、加百列及米迦勒掌管前四個元素，加上掌管第五元素的努利爾，就形成前述的首字母縮略字argaman（ארגמן），字面為「紫」之意。這種精簡祈請大天使的方式，是黃金黎明會元素入門儀式的方程式。僅僅一字即含括所有五項入門儀式以及多年努力研究的成果。

延伸閱讀

卡巴拉對於有些讀者來說也許會覺得無聊或難以理解，畢竟它不悅眾。如果你有這樣的感受，我們會跟你保證，即使沒有「精通」卡巴拉還是能習修儀式魔法。然而在另一方面，如果你是對於這項古老傳統感到強烈喜好的讀者，我們可以跟你保證，卡巴拉的確能夠深化你的了解、增強你的魔法以及豐富你的人生。

卡巴拉是一門範圍甚廣的學問，而且這範圍還在逐漸擴張。不論學生的程度如何，能夠參考的資訊不勝枚舉。

本書編輯隆・麥羅・杜奎特所著的《小雞卡巴拉》（Chicken Qabalah）為赫密士卡巴拉提供容易消化且娛樂人心的介紹；瑞格德的《石榴花園》的調性會比較嚴肅；本冊作者阿妮塔・克拉夫特的著作《魔法師的卡巴拉工作簿》（Qabalah Workbook for Magicians）為十輝耀的學習提供實際操作的方式。

大衛・艾瑞爾（David Ariel）的《卡巴拉》（Kabbalah）是有助於了解猶太祕法的概論，而其新版《追尋祕法》（Mystic Quest）則為一般讀者提供學術資訊。

---

101. 以西結異象中的戰車寶座可以是「四字神名」的結構性象徵。而聖殿的香所具有的四種成分（乳香、香螺、白松香與蘇合香）也能表示出「四字神名」。參見《出埃及記》30:34-37。
102. 字母變換法可將縮寫的 איא 轉成 יאיא，也就是源自「示瑪」（the Shema）的「我們的神是獨一的主」（The Lord our God is one Lord，《申命記》6:4）之著名縮寫。
103. 因此這些名稱應為「萬軍之上主」（Tetragrammaton Tzabaoth）、「漢尼爾」（Haniel）、「眾神」（the Elohim／the Gods），最後是「哈吉爾」（Hagiel）。哈吉爾的印記之所以會出現在護符上的原因，係智性代表行動界最終具現之力。

我們建議剛開始接觸的學生先研究一些二次文獻資料，之後才去閱讀真正的卡巴拉文獻。這樣的做法有助於預先熟悉術語以及象徵，畢竟中世紀的卡巴拉神祕家的文章，通常是寫給入門者閱讀，而非好奇的圈外人士。

《形塑之書》目前已有許多英文譯本，絕大多數都有注解。阿耶·開普蘭的《形塑之書》相當周密仔細，而他也有翻譯《明耀之書》並予以注解。《光輝之書》是非常重要的文獻，格爾肖姆·朔勒姆的《光輝之書：榮耀之書》（Zohar: The Book of Splendor）裡面有含一些片段，丹尼爾·麥特（Daniel Matt）的《光輝之書：明悟之書》（Zohar: The Book of Enlightenment）含有更多片段。至於以賽亞·提須比（Isaiah Tishby）長達三冊的著作《光輝之書的智慧》（Wisdom of the Zohar）裡面的片段還會多上不少。

想要更加仔細探究卡巴拉的學生應當熟悉猶太教的概觀，至於在這方面能夠有所助益的主題則包括《聖經》、《塔木德經》及猶太禮拜儀式、習俗、歷史與民間故事等等。在學習任何派別的卡巴拉，即便只是對希伯來文多一點熟悉，都能有所幫助。如果會一點拉丁文的話，將有助於學習赫密士卡巴拉。

卡巴拉的研究會逐漸滲進心智的習慣，不動聲色地雕琢學生的思考方式。因此，卡巴拉除了在奧祕層面有所助益之外，還能延伸到日常生活之中。我們可以馬上想到幾個例子，都有類似的模式：習修卡巴拉的學生學會相信自己以及信任自己的靈感（科帖爾），於是他們進行創意思考、無視常規慣例（侯克瑪），但又同時清楚自己的個人極限（庇納）。學生的習修態度是喜悅中帶有一點好玩的感覺（黑系德），也有足夠的毅力與自律予以平衡（葛夫拉），於是他們學會從明顯的相對事物之中看出彼此之間的和諧連結（悌菲瑞特）。卡巴拉的學生會去培養無拘束的想像（聶札賀）及組織化的記憶（候德）之互補力量，並在結合這兩股力量的過程中，強化自己的創意觀想技巧（易首德）。最後，他們學習將完全不一樣的資訊整合成統一的知識實體（瑪互特）。這裡要注意的是，位於右側之柱的心智習慣跟自由有關，位於左側之柱的心智習慣跟紀律有關，而位於中柱的心智習慣則使三個三角得以完整，而瑪互特將一切整合在一起。

注意事項

任何強力的事物都具有危險性，強烈專注在卡巴拉的研究會有引發嚴重心理狀況的現實風險。例如有些學生痴迷字母代碼法，變成會把非理性的概念當作是數學方面的必然性。學生若能維持平衡，不過度尊崇字母代碼法，將能減少痴迷的風險。

更甚的是，有些習修卡巴拉的學生發展出浮誇的妄想，將自己錯認為「天選之人」（Chosen Ones）——在卡巴拉的歷史中，自命為彌賽亞的人還真不少，而他們的追隨者有時受害甚深。

不過，學生若能保持謙遜、自我解嘲，就能減低彌賽亞情結（messianic ideation）的風險。

對於所有這些危險，良好的抵禦方式就是「同伴情誼」（hearty human companionship），[105]若能在研究奧祕的社團培養這樣的關係，會是滿理想的狀況。「入門是用來預防對於祕法的虛假見解。」[106]早期的猶太祕法家深知自己的傳統所具有的危險，所以禁止獨修。

修習正確的話，卡巴拉本身就能幫助學生避免它的危險，因為卡巴拉教導平衡，並將均衡當成神聖完美來讚揚。卡巴拉也教導謙遜，持續提醒學生自身所知甚少。

結語

沒有人僅用一世就精熟所有卡巴拉的知識。就猶太卡巴拉入門者所達到的學習深度，儀式魔法師無法相比，然而他們可以培養學習的「廣度」，這是傳統卡巴拉所捨棄的方向。文藝復興時期的人本主義至今仍是赫密士卡巴拉的靈感來源，而儀式魔法也依然在尋求和諧、綜合，還有放諸四海皆準的真理。

因此魔法師能將實修卡巴拉的方式用於希臘語或英語的神聖文獻，可以檢驗天殿文獻與美生會或密斯拉教（Mithra）入門儀式之間的平行對應，也能探索哈西迪思想與怛特羅（Tantra）或泰勒瑪（Thelema）儀式之間的相似之處。他們還能運用卡巴拉的象徵詮釋自己的夢或入門經驗，也能套用阿布拉菲亞的教導以祈請自己的神聖守護天使或尋求與神合一。儀式魔法師能藉由卡巴拉做出很多事情喔！

◆ 參考書目 ◆

Adler, Herbert M., and Arthur Davis, eds. *Synagogue Service: New Year: A New Edition of the Festival Prayers with an English Translation in Prose and Verse*. New York: Hebrew Publishing Company, n.d.

Afterman, Allen. *Kabbalah and Consciousness*. Riverdale-on-Hudson, NY: Sheep Meadow Press, 1992.

Agrippa von Nettesheim, Heinrich Cornelius. *Three Books of Occult Philosophy*. Edited and anno- tated by Donald Tyson. Translated by James Freake. St. Paul, MN: Llewellyn Publications, 1993.

Ariel, David S. *Kabbalah: The Mystic Quest in Judaism*. Lanham, MD: Rowman and Littlefield, 2006.

———. *The Mystic Quest: An Introduction to Jewish Mysticism*. New York: Schocken, 1992.

---

105. Crowley, "The Dangers of Mysticism," *The Equinox I:6* (September 1911): 157。
106. Lévi, *Transcendental Magic*, 93。

Birnbaum, Philip, trans. *Ethics of the Fathers.* New York: Hebrew Publishing Company, 1949.

Blau, Joseph Leon. *The Christian Interpretation of the Cabala in the Renaissance.* New York: Columbia University Press, 1944.

Blumenthal, David R., ed. *Understanding Jewish Mysticism: A Source Reader.* New York: Ktav, 1978.

Budge, E. A. Wallis. *Amulets and Superstitions.* 1930. Reprint, New York: Dover, 1978.

Case, Paul Foster. *The Tarot: A Key to the Wisdom of the Ages.* 1927. Reprint, Richmond, VA: Macoy, 1975.

Colquhoun, Ithell. *Sword of Wisdom: MacGregor Mathers and the Golden Dawn.* New York: G. P. Putnam's Sons, 1975.

Crowley, Aleister. *777 and Other Qabalistic Writings of Aleister Crowley.* Edited and introduced by Israel Regardie. 1973. Reprint, York Beach, ME: Samuel Weiser, 1983.

———. "Liber MCCLXIV: The Greek Qabalah." Edited by Bill Heidrick. *The O.T.O. Newsletter* 2, nos. 7 and 8 (May 1979): 9–43.

———, et al. *The Equinox: The Review of Scientific Illuminism.* Introduced by Israel Regardie, vol. I (1–10) and III (1). York Beach, ME: Samuel Weiser, 1993.

———, with Mary Desti and Leila Waddell. *Magick: Liber ABA, Book Four, Parts I–IV.* 2nd rev. ed. Edited, annotated, and introduced by Hymenaeus Beta. York Beach, ME: Samuel Weiser, 1997.

Dan, Joseph, ed. *The Teachings of Hasidism.* With the assistance of Robert J. Milch. West Orange, NJ: Behrman, 1983.

———, and Ronald C. Kiener, trans. *The Early Kabbalah.* New York: Paulist Press, 1986.

Dresden, Sem. *Humanism in the Renaissance.* Translated by Margaret King. New York: McGraw–Hill, 1968.

DuQuette, Lon Milo. *The Chicken Qabalah of Rabbi Lamed Ben Clifford: A Dilettante's Guide to What You Do and Do Not Need to Know to Become a Qabalist.* York Beach, ME: Weiser Books, 2001.

Farr, Florence. *The Way of Wisdom: An Investigation of the Meanings of the Letters of the Hebrew Alphabet Considered as a Remnant of the Chaldean Wisdom.* Reprint, Edmonds, WA: Sure Fire Press, n.d.

Fine, Lawrence, trans. *Safed Spirituality: Rules of Mystical Piety, the Beginning of Wisdom.* New York: Paulist Press, 1984.

Friedman, Irving, trans. *The Book of Creation.* New York: Samuel Weiser, 1977.

Fuller, J. F. C. *The Secret Wisdom of the Qabalah: A Study in Jewish Mystical Thought.* London: Rider & Co., 1937.

Gaster, Moses, ed. and trans. *The Sword of Moses: An Ancient Book of Magic.* Edmonds, WA: Holmes Publishing Group, 2000.

Godwin, David. *Godwin's Cabalistic Encyclopedia: A Complete Guide to Cabalistic Magick.* 2nd ed. St. Paul, MN: Llewellyn, 1989.

Godwin, Joscelyn. *The Theosophical Enlightenment.* Albany, NY: State University of New York Press, 1994.

Greenberg, Blu. *How to Run a Traditional Jewish Household*. New York: Simon and Schuster, 1983.
Greenberg, Moshe. *Introduction to Hebrew*. Englewood Cliffs, NJ: Prentice–Hall, 1965.

Harrison, R. K. *Biblical Hebrew*. Chicago: NTC, 1993.

Hoffman, Edward, ed. *The Kabbalah Reader: A Sourcebook of Visionary Judaism*. Foreword by Arthur Kurzweil. Boston, MA: Trumpeter, 2010.

Idel, Moshe. *Hasidism: Between Ecstasy and Magic*. Albany, NY: State University of New York Press, 1995.

———. *Kabbalah: New Perspectives*. New Haven, CT: Yale University Press, 1988.

———. *Language, Torah, and Hermeneutics in Abraham Abulafia*. Translated by Menahem Kallus. Albany, NY: State University of New York Press, 1989.

———. *The Mystical Experience in Abraham Abulafia*. Translated by Jonathan Chipman. Albany, NY: State University of New York Press, 1988.

———. *Studies in Ecstatic Kabbalah*. Albany, NY: State University of New York Press, 1988. Janowitz, Naomi. *The Poetics of Ascent: Theories of Language in a Rabbinic Ascent Text*. Albany, NY: State University of New York Press, 1989.

Kalisch, Isidor, ed. and trans. *Sepher Yezirah: A Book on Creation; Or, The Jewish Metaphysics of Remote Antiquity*. 1877. Reprint, San Jose, CA: Supreme Grand Lodge of AMORC, 1987.

Kaplan, Aryeh, trans. *The Bahir*. 1979. Reprint, York Beach, ME: Samuel Weiser, 1989.

———. *Meditation and Kabbalah*. York Beach, ME: Samuel Weiser, 1982.

———, trans. *Sefer Yetzirah: The Book of Creation*. Rev. ed. York Beach, ME: Weiser, 1997.

Klein, Mina C., and H. Arthur Klein. *Temple Beyond Time: The Story of the Site of Solomon' s Temple at Jerusalem*. New York: Van Nostrand Reinhold, 1970.

Knight, Gareth. *Esoteric Training in Everyday Life*. Oceanside, CA: Sun Chalice, 2001.

Kraft, Anita. *The Qabalah Workbook for Magicians: A Guide to the Sephiroth*. Newburyport, MA: Weiser, 2013.

Lévi, Éliphas. *The Book of Splendours: The Inner Mysteries of Qabalism*. York Beach, ME: Samuel Weiser, 1984.

———. *Transcendental Magic: Its Doctrine and Ritual*. Translated by Arthur Edward Waite. 1896. Reprint, York Beach, ME: Samuel Weiser, 1990.

Locks, Gutman G. *The Spice of Torah: Gematria*. Introductory essay, "The Principle of Numerical Interpretation," by Rabbi J. Immanuel Schochet. New York: Judaica Press, 1985.

Mackey, Albert Gallatin. *An Encyclopaedia of Freemasonry and Its Kindred Sciences*. Two volumes. Rev. ed. New York: The Masonic History Company, 1919.

Marcus, Jacob Rader. *The Jew in the Medieval World: A Source Book, 315–1791*. 1938. Reprint, Cincinnati: Hebrew Union College Press, 1990.

Mathers, Samuel Liddell MacGregor, trans. *The Kabbalah Unveiled*. 1887. Reprint, York Beach, ME: Samuel Weiser, 1986.

Matt, Daniel Chanan, trans. *Zohar: The Book of Enlightenment*. Ramsey, NJ: Paulist Press, 1983. Monod, Paul Kléber. *Solomon's Secret Arts: The Occult in the Age of Enlightenment*. New Haven, CT: Yale University Press, 2013.

Novick, Léah. *On the Wings of Shekhinah: Rediscovering Judaism's Divine Feminine*. Wheaton, IL: Quest Books, 2008.

Patai, Raphael. *The Hebrew Goddess*. 3rd ed. Detroit, MI: Wayne State University Press, 1990. Pico della Mirandola, Giovanni. "Oration on the Dignity of Man." Translated by Elizabeth Livermore Forbes. *In The Renaissance Philosophy of Man*, edited by Ernst Cassirer, Paul Oskar Kristeller, and John Herman Randall, Jr. 1948. Reprint, Chicago, IL: University of Chicago Press, 1961.

Platt, Rutherford H., Jr., ed. *The Forgotten Books of Eden*. New York: Alpha House, 1927.

Regardie, Israel. *Foundations of Practical Magic: An Introduction to Qabalistic, Magical, and Meditative Techniques*. 1979. Reprint, Wellingborough, UK: Aquarian, 1982.

———. *A Garden of Pomegranates: An Outline of the Qabalah*. 2nd rev. ed. Saint Paul, MN: Llewellyn, 1970.

———. *The Golden Dawn*. Four volumes, 1937–1940. 6th rev. ed. Saint Paul, MN: Llewellyn, 1989.

———. *The One Year Manual: Twelve Steps to Spiritual Enlightenment*. Rev. ed. York Beach, ME: Samuel Weiser, 1981.

———. *The Tree of Life: A Study in Magic*. 1932. Reprint, New York: Samuel Weiser, 1972. Reuchlin, Johann. *On the Art of the Kabbalah: De Arte Cabalistica*. Translated by Martin and Sarah Goodman. 1983. Reprint, with introduction by Moshe Idel. Lincoln, NE: University of Nebraska Press, 1993.

Scholem, Gershom. *Major Trends in Jewish Mysticism*. 1941. Translated by George Lichtheim. 3rd rev. ed., 1961. Reprint, New York: Schocken, 1988.

———. *On the Kabbalah and Its Symbolism*. Translated by Ralph Manheim. 1960. Reprint, New York: Schocken, 1988.

———. *On the Mystical Shape of the Godhead: Basic Concepts in the Kabbalah*. Translated by Joachim Neugroschel. 1962. Reprint, New York: Schocken, 1991.

———. *Origins of the Kabbalah*. Edited by R. J. Zwi Werblowsky. Translated by Allan Arkush. 1962. Reprint, Princeton, NJ: Princeton University Press, 1990.

———, ed. *Zohar: The Book of Splendor*. Introduction translated by Ralph Marcus. 1949. Reprint, New York: Schocken Books, 1976.

Schrire, Theodore. *Hebrew Magic Amulets: Their Decipherment and Interpretation*. 1966. Reprint, New York: Behrman, 1982.

Sellers, Ovid R., and Edwin E. Voigt. *Biblical Hebrew for Beginners*. 1941. Reprint, Naperville, IL: Alec R. Allenson, 1974.

Seltzer, Robert M. *Jewish People, Jewish Thought: The Jewish Experience in History*. New York: Macmillan, 1980.

Shumaker, Wayne. *The Occult Sciences in the Renaissance: A Study in Intellectual Patterns*. 1972. Reprint, Berkeley, CA: University of California Press, 1979.

Shurpin, Yehuda. "Why Do We Dip the Challah Bread in Salt?" Chabad.org. https://www.chabad.org/library/arTICLE_CDO/AID/484194/JEwish/Why-Do-We-Dip-the-Challah-Bread-in-Salt.htm. Accessed September 3, 2019.

Silverberg, David. "Maimonides and the Protective Function of the Mezura." The Maimonides Heritage Center. https://mhcny.org/parasha/1046.pdf. Accessed September 3, 2019.

Stirling, William. *The Canon: An Exposition of the Pagan Mystery Perpetuated in the Cabala as the Rule of All the Arts. 1897*. Reprint, London: Research Into Lost Knowledge Organisation, 1981.

Tishby, Isaiah, and Fischel Lachower, eds. and trans. *The Wisdom of the Zohar: An Anthology of Texts. 1949*. Translated by David Goldstein, 1989. Reprint, London: Littman Library of Jewish Civilization, 1994.

Verman, Mark. *The Books of Contemplation: Medieval Jewish Mystical Sources*. Albany, NY: State University of New York Press, 1992.

Waite, A. E. *The Holy Kabbalah: A Study of the Secret Tradition in Israel as Unfolded by Sons of the Doctrine for the Benefit and Consolation of the Elect Dispersed through the Lands and Ages of the Greater Exile*. 1929. Reprint, New Hyde Park, NY: University Books, 1969.

Walker, D. P. *Spiritual and Demonic Magic from Ficino to Campanella*. 1958. Reprint, University Park, PA: Pennsylvania State University Press, 2000.

Westcott, William Wynn. *An Introduction to the Study of the Kabalah*. Circa 1908. Reprint, Kila, MT: Kessinger, n.d.

———, trans. *Sepher Yetzirah, or Book of Formation*. Rev. ed. 1893. Reprint, San Diego, CA: Wizards Bookshelf, 1990.

——— [Gustav Mommsen, pseud.]. "A Society of Kabbalists." *Notes and Queries* 6 (December 8, 1888): 449.

———. "A Society of Kabbalists." *Notes and Queries* 7 (February 9, 1889): 116–117. Zalewski, Pat. *Kabbalah of the Golden Dawn*. 1993. Reprint, Edison, NJ: Castle, 2000.

◆ 作者介紹 ◆

阿妮塔‧克拉夫特（Anita Kraft）是頗有成就的卡巴拉神祕家，身為魔法師已有二十六年之久。她旅居四處，到歐美兩地的數間大學上課。她曾為卡巴拉與儀式魔法撰文及講演，是《魔法師的卡巴拉工作簿》一書的作者。目前定居美國中西部，正在攻讀精神健康的學士後學位。

藍道爾‧包依爾（Randall Bowyer）自一九七九年來即是修習西方奧祕傳統的學生。深居簡出的他目前住在美國。

◆ 圖片出處 ◆

圖1–16出自盧埃林藝術部門（Llewellyn Art Department）。

圖17出自詹姆士‧克拉克（James Clark）。

第三冊
行星魔法──大衛・朗金

　　自從古蘇美文明初期的天文學家確認出七個古典行星（太陽、月亮、水星、金星、火星、木星與土星）之後，天上漫遊的行星所帶來的影響──亦即那些從過去以來人們就已知道的不朽力量──滲進西方祕法傳統長達五千年以上。眾行星象徵宇宙較高層次的力量，而它們的軌跡象徵那圍繞著我們的能量流動週期，而我們在生活中有時可以隱約或明顯感受到它們。人類會觀看諸天以尋求指引與意義，將天上一切視為神聖事物來解釋，並辨認出天地之間的互動，也就是所謂的「如其上、同其下」（As above, so below）。

　　然而七行星的能量總是在我們身邊，從彩虹的七色到樂曲的七音反覆呈現以七為主的象徵系統，也會展現在某些語言的一週七日之中。在某些古代文化之中，屬於某行星的神祇都共有強調該行星能量品質的特性，因此這些特性就變成那些文化共同接受的觀念，例如金星對應愛、水星對應溝通、太陽對應財富等等，而形成對應每個行星的色彩、香氣、水晶、行星與動物等等的象徵組合。

　　從兩千年前到現在，那些對應行星的神祇基本上都保持一樣，而其累積的結果，就是祂們的形象與符號在當成連結的門戶時所具有的龐大力量。而行星們是以羅馬諸神為名，亦即叟珥（Sol，太陽之名）、墨丘利（Mercury，水星之名）、維納斯（Venus，金星之名）、露娜（Luna，月亮之名）、瑪爾斯（Mars，火星之名）、朱比特（Jupiter，木星之名）與薩圖恩（Saturn，木星之名）。這些與行星相關的神祇絕大多數都是羅馬眾神龐大家族的成員，也包括那些在土星之外的行星所屬的神祇（其名稱是近幾世紀考慮到行星名稱的一致性才被賦予神祇之名）。

在這家族中：

● 烏拉諾斯（Uranus，天王星之名）是薩圖恩與維納斯的父親。

● 薩圖恩是朱比特、涅普頓（Neptune，海王星之名）與普魯托（Pluto，冥王星之名）的父親。

● 朱比特是墨丘利與瑪爾斯的父親。

太陽與月亮是天上兩個發光天體，其對應的神祇叟珥與露娜是兄妹，來自更早的血緣關係，是希臘泰坦神族（Titans）的海匹里恩（Hyperion）與希爾（Theia）的後代，跟對應其他行星的奧林帕斯神族（Olympians）有著對立的關係。這樣的分別──亦即將七個行星分成五個「真正」行星與兩個發光天體（太陽與月亮）──也常見於行星的對應事物。羅馬人將他們的神祇與較早的希臘神祇做對等關聯，如此一來，羅馬神祇吸納許多原屬希臘神祇的特質與神話成為自己的一部分，其結果就是西方祕法傳統裡面的行星神祇，本質應是羅馬–希臘神祇才比較正確。

將神祇與行星對應的做法是從蘇美人開始（蘇美人在經過文化變遷與衝突之後，變成巴比倫人），也許希臘人的靈感就是從此而來。當希臘人征服古巴比倫人，他們就用自己所信仰的諸神命名那些具有相應特性的行星，這些對應序列請參閱表1。

行星	巴比倫	希臘	羅馬	一般特質
太陽	沙瑪須 Shamash	希里歐斯 Helios	叟珥	日神
水星	尼布 Nebu	赫密士 Hermes	墨丘利	神之使者
金星	伊絲塔 Ishtar	阿芙蘿黛蒂 Aphrodite	維納斯	愛神
月亮	欣 Sin	塞勒涅 Selene	露娜	月神
火星	拿爾高 Nergal	阿瑞斯 Ares	瑪爾斯	戰神
木星	瑪杜克 Marduk	宙斯 Zeus	朱比特	父神 帶來秩序者
土星	倪尼柏 Ninib	克羅諾斯 Kronos	薩圖恩	種子種植者

▲ 表1：諸神與行星的對應表

「我們也會表現出人類從七顆行星天體接受的神性、天賦、力量與美德，而占星家稱這些行星為七漂星或七遊星。」[1]

與行星神祇共事的好處，是藉由接受對應神祇的能量以支持自己的操作，或致力於達到近似相應神祇所表現的純粹與力量（即通神術）。這兩種做法就像眾神那樣並非新的技術，它們常見於古希臘的文獻，像是四世紀到五世紀的《希臘魔法莎草紙》（Greek Magical Papyri）文獻裡，記載請求神的助力能瀰漫在實際進行的魔法操作之中，也能在像是三世紀的奧菲斯讚歌之類偏重祈禱的著作中看見向神供獻、以歌讚美，使神聖能量願意垂恩的做法。

通神術的習修是新柏拉圖主義的核心，許多哲學家都有這方面的長篇論述，像是普羅提諾、藹安布里克斯、普羅可勒斯以及偽古雅典最高法院法官丟尼修（pseudo-Dionysius the Areopagite，約在六世紀）。偽丟尼修在這當中有獨特的重要性，因為他合併新柏拉圖主義與基督信仰。一些明顯有行星神祇影響的魔法書之發展也能看到這樣的主題，例如五世紀的希臘文獻《所羅門王魔法律典》（Hygromanteia），它是《所羅門之鑰》（Key of Solomon）的前身。在文藝復興時期，這種基督信仰併以新柏拉圖主義的主題形式則由馬爾西利奧·費奇諾（Marsilio Ficino, 1433–1499）再度復甦，他不僅翻譯前述哲學家的著作，也譯出《赫密士文集》這本在發展赫密士傳統上非常重要的文獻。

行星符號

在中世紀與文藝復興時期的煉金術及赫密士文獻裡，有配賦給古典行星的一些符號，這些符號在一四八二年由海季納斯（Hyginus）於義大利發表的《天文之詩》（Poeticon Astronomicon）首度標準化。這些行星符號均由三種符號——圓、彎弧及等臂十字——的組合所構成。

太陽

太陽的符號是中央畫上一點的圓。這個圓象徵能夠給予生命的能量，是由「無限」、生死與重生的循環所賜，中央的一點則強調這些能量

---

1. *Janua Magica Reserata*, 16 — 41，由 Skinner and Rankine 再度出版為 *The Keys to the Gateway of Magic*, 91。

的原始本性，以及太陽對於地球上的生命所具有的重要本質。圓沒有連接其他符號，代表太陽的能量在散放時並沒有差別，有時會從圓朝外各個方向畫出象徵光線的線條以表示這概念。

● 水星

水星的符號是在等臂十字上面的圓，圓上有弧形的角，象徵生命要素的圓接上象徵時間的彎弧以及掌管象徵物質的十字。時間與生命的結合強調水星的易變本性，加速推動元素十字。由於彎弧僅是稍微與圓接觸，這可視為水星的影響是屬於比較微妙、纖細的類型，而不是直接的行動。

● 金星

金星的符號則是位在等臂十字上面的圓。圓象徵給予生命的能量，掌管物質的十字。這樣的形式將金星的能量，表現為生命要素在掌握物質世界時所產生及吸引之力。

● 月亮

月亮的符號則是凹面朝左的弦月彎弧，偶有凹面朝右者。弦月弧完全能夠代表月亮的週期循環本性，因為弦月會隨月亮週期各階段變換形狀。

● 火星

火星的符號則是圓上有個箭頭（原本是等臂十字），並接在圓的東北邊，強調出火星的能量與活力，而朝往右上的箭頭對應到右臂與右手（即絕大多數人的主要行動力量），則象徵給予生命的圓圈藉由行動表達出自己的能量。

● 木星

木星的符號是等臂十字，而凹口向左的彎弧則連在其左臂。這符號比較
強調的是擴展而不是收縮。凹口朝外的彎弧所表現的是，「形」的平衡會
在適當時機朝外移動產生改變，而不是向內將自己局限在靜止的狀態。

● 土星

土星的符號則是等臂十字，而凹口朝左的彎弧以上端連在十字的下
臂。這符號表現出土星的特質，即代表物質的等臂十字掌控象徵以
起落漲退的月亮週期構成的時間彎弧，所以土星的符號代表固定性
及其限制。

　　在古代，掌管人體各部位的職權則分配給眾行星，這個對應的模型就是所謂的「黃道之
人」（melothesic〔zodiacal〕man），當時的人相信藉由操作對應的行星，就能在身體上施行治療
（參閱表2）。這些對應則發展成掌管身體各部分的十二星座（當然它們也是由眾行星掌管）；人
生的各階段也分配給眾行星，也就是所謂的「人生七階段」（Seven Ages of Man），莎士比亞在其
著名劇作《皆大歡喜》（As You Like It）的第二幕第七景引述這個觀點，這段著名引述的開頭則
是「世界皆舞台，男女盡演員」（All the world's a stage, and all the men and women merely players.）。

行星	黃道之人	人生行星階段	美德
月亮	味覺、含左手臂在內的身體左側、肚子、胃腸、子宮	人的第一階段——出生到四歲	生長
水星	說話與思想、膽汁、臀部、舌	人的第二階段——五歲到十四歲	教育
金星	嗅覺、肝、肌肉	人的第三階段——十五歲到二十二歲	情緒

太陽	視覺、含右手臂在內的身體右側、腦、心、筋腱	人的第四階段——二十三歲到四十一歲	活力、交合
火星	生殖器官、腎臟、左耳、靜脈	人的第五階段——四十二歲到五十六歲	野心
木星	觸覺、動脈、肺、精液	人的第六階段——五十七歲到六十八歲	反思、觀照
土星	膀胱、骨、黏液、右耳、脾	人的第七階段——六十九歲到生命結束	放下、臣服

▲ 表2：行星對應的人體部位及人生階段

◆ 行星魔法與卡巴拉 ◆

　　希伯來文化的行星對應方式，最遠可以追溯到猶太卡巴拉的根源（西元一世紀至二世紀之間）。後續在中世紀與文藝復興時期當中，這些基本對應方式因卡巴拉資料與魔法書的結合而獲得更進一步的強化，大為滋養當時的西方祕法傳統。乍看之下，七顆古典行星跟生命之樹的十輝耀（或稱十道放射）似乎不太相容，然而卡巴拉在行星對應已有很長的傳統與歷史（參見圖1）。[2]

　　卡巴拉裡面的行星影響力量可在後續兩個祕法學派的習修當中看見，也就是以《以西結書》第一章為主的「戰車修習」，還有以《創世記》第一章為主的「創世事工」；「戰車」一詞是指聖經《以西結書》所述以西結的戰車異象，而騎乘戰車的祕法家或駕車者，則藉由禁食及反覆運用聖詩與祈禱，試圖來到神所在的王座。當駕者處在出神狀態時，他會將自己的靈往上送，經過七重天殿，並在過程中組合魔法護符及長篇咒語的運用與背誦，以確保自己能夠通過天殿諸門的守護天使及惡魔（demons）。

　　神聖戰車的宇宙觀明顯是屬於七行星的觀點，它專注在對應七顆古典行星的七輝耀，即從對應月亮的易首德往上一直到對應土星的庇納，這七輝耀就是駕車者從瑪互特（即現實領

---

2. 十輝耀當中有七輝耀對應七行星，剩下的三輝耀則分別對應四元素、黃道以及創造的最初旋（the first swirlings of creation）。

域）出發、上升到神的所在會經過的七顆行星。而魔法書也會看得到戰車傳統的蹤跡，從行星護符、長篇咒語的運用到用於淨化的禁食與祈禱均是如此。

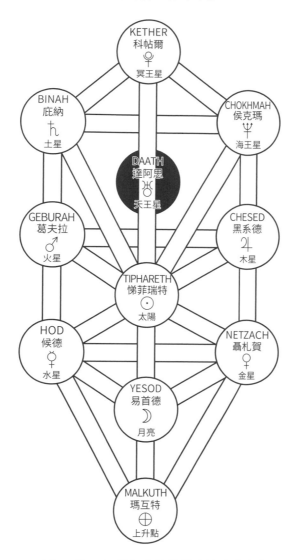

▲ 圖1：顯示行星與十輝耀對應的生命之樹

　　在卡巴拉的「創世事工」學派當中，行星影響力再度變得重要。卡巴拉最早且應是最重要的文獻《形塑之書》，其撰著時間大約落在一世紀或二世紀，共計有六章，其中第四章專門講述眾行星及其關聯事物的七重對應。

> 雙音有七：……
>
> 祂用來形塑
>
> 宇宙的七星、
>
> 年歲的七天、
>
> 靈魂的七門，
>
> 男女均如此。[3]

　　「雙音有七」是指希伯來文字母表中具有雙發音的七個字母，其發音依照在字彙中的位置而有兩種不同發音。七個雙發音字母對應到生命之樹的行星輝耀，也就直接關聯到一週的七日，一如創世過程（即《創世記》）的描述。行星輝耀中對應週日至週五者，即易首德、候德、聶札賀、悌菲瑞特、葛夫拉及黑系德六個，名為「構成輝耀」（Sephiroth ha-Benyin、Sephiroth of Construction），而輝耀庇納對應到安息日（sabbath），其字詞源自土星的希伯來字「Shabbathai」。而卡巴拉就由這套七重象徵系統向外對應到更多的特質，包括「宇宙立方」（Cube of Space）的概念，也就是六個方向加上中央以對應七顆行星。

◆　行星魔法及靈性存在的種類　◆

　　行星魔法通常分為三種主要實修領域，即護符、通神及祈靈修練。古人非常頻繁創造護身符（amulets，具有保護的特性）與招引符（talismans，具有吸引的特性），而文藝復興時期魔法書在這方面有著明顯的具現，特別是《所羅門之鑰》的行星五芒星。一般認為，某行星的能量會在它所掌管一週之日當中，所掌管的時辰較為強烈，因此行星魔法總是盡可能在對應的行星日、而且必定是在對應的行星時進行。

　　在中世紀與文藝復興時期還可以看到行星靈性存在的清楚階級對應，這些神聖階級均由大天使掌管，以下則是對應的天使團。每顆行星也會有相應的行星智性（planetary intelligence，或是天使），其功能控管行星精靈（或是惡魔）。另一套跟這套神聖秩序有著明顯區別的系統，稱為奧林匹克七靈（seven Olympic spirits），祂們與絕大多數的天使或惡魔都不一樣，據稱其身體由四元素組成，而不是由最普遍、最純粹的風元素（偶爾是火元素）形體所構成。

---

3. *Sepher Yetzirah* 4:6。

行星時

行星時的概念可以追溯至古埃及，他們將一天二十四小時分別配賦給不同的神祇掌管，而古希臘人採用這個概念並將其改成我們所熟悉的系統。

行星時並不是我們所熟悉的六十分鐘為一小時的正常計時方式。從日出到日落的白天時間會分成十二等分，成為白天的十二行星時；從日落到日出的夜晚時間也分成十二等分，成為夜晚的十二行星時。由於晝夜長度一直在變，因此行星時有時被稱作「不均時」（unequal hours）

你可以在曆書、曆表以及網際網路查到日出及日落時間，讓你能在事前計算行星時，並於合適的時間進行儀式。

以下的表3與表4提供白天與夜晚的行星時對應。

時	星期日	星期一	星期二	星期三	星期四	星期五	星期六
1	太陽	月亮	火星	水星	木星	金星	土星
2	金星	土星	太陽	月亮	火星	水星	木星
3	水星	木星	金星	土星	太陽	月亮	火星
4	月亮	火星	水星	木星	金星	土星	太陽
5	土星	太陽	月亮	火星	水星	木星	金星
6	木星	金星	土星	太陽	月亮	火星	水星
7	火星	水星	木星	金星	土星	太陽	月亮
8	太陽	月亮	火星	水星	木星	金星	土星
9	金星	土星	太陽	月亮	火星	水星	木星
10	水星	木星	金星	土星	太陽	月亮	火星
11	月亮	火星	水星	木星	金星	土星	太陽
12	土星	太陽	月亮	火星	水星	木星	金星

▲ 表3：白天行星時的對應

時	星期日	星期一	星期二	星期三	星期四	星期五	星期六
1	木星	金星	土星	太陽	月亮	火星	水星
2	火星	水星	木星	金星	土星	太陽	月亮
3	太陽	月亮	火星	水星	木星	金星	土星
4	金星	土星	太陽	月亮	火星	水星	木星
5	水星	木星	金星	土星	太陽	月亮	火星
6	月亮	火星	水星	木星	金星	土星	太陽
7	土星	太陽	月亮	火星	水星	木星	金星
8	木星	金星	土星	太陽	月亮	火星	水星
9	火星	水星	木星	金星	土星	太陽	月亮
10	太陽	月亮	火星	水星	木星	金星	土星
11	金星	土星	太陽	月亮	火星	水星	木星
12	水星	木星	金星	土星	太陽	月亮	火星

▲ 表4：夜晚行星時的對應

計算範例——水星時：

星期三是水星日，其計算過程如下。

在查詢相關的曆書之後，找出那天的日出時間是早上七點整，日落時間則是晚上八點四十八分，因此當天白天行星時即從早上七點整到晚上八點四十八分，共計13小時又48分。

13 × 60 ＋ 48 ＝ 828（**全長為828分鐘**）

848 ÷ 12 ＝ 69

這代表當天白天十二行星時的「每一行星時」為69分鐘。

可以從表3查到星期三的第一與第八白晝行星時是由水星掌管，因此如要在第一行星時舉行儀式，就應於早上七點整至八點九分（即69分鐘）之內進行。

然而如果要用第八行星時，就需要做更進一步的計算。

先計算第一到第七行星時所需的時間長度（7 × 69 = 483，即483分鐘或8小時又3分鐘），再將日出時間加上這段長度（07：00 a.m. ＋ 8 小時3 分鐘 = 03：03 p.m.）。

這代表第八行星時是從下午三點三分開始，並在下午四點十二分結束（03：03 p.m. ＋ 69分鐘）。

行星大天使就像監工，祂們一直在引導諸行星的能量，因此你應當祈請相應的大天使引導特定的行星能量到自己的儀式。而天使團就像是大天使手下的工人，負責實現大天使的意志。行星智性含有相應行星的正面品質，為行星精靈提供主導的焦點，因為行星精靈即是未受管理、沒有焦點的純粹行星能量。行星精靈應當總是由合適的行星智性或大天使來指引，而行星智性與行星精靈基本上是用在製作護身符與招引符以及為其充能的過程。

七顆行星帶來的影響，

主要源自大天使之力，

還有前述的聰慧天使。

祂們為人的靈魂安排布置，

因靈魂是眾多美德的寶座。[4]

《所羅門王魔法律典》將這整套關於掌管的次序描述得相當清楚，它列出整週之中每一天、每一小時的行星守護靈，以及負責管理祂們的對應天使。召請的過程會先從呼喚行星神祇開始，然後是對應的天使，接下來才是呼喚那些提供所需特定功能的對應惡魔。

最先提出天使九階的文獻，是約於西元五百年由偽古雅典最高法院法官丟尼修所著的《神聖階級》（Celestial Hierarchy），人們就從那時開始接受天使的階級體系（參閱表5）。而行星智性（還有行星精靈）最先出現在阿格里帕的《祕術哲學三書》，其出版時間為一五三一至一五三三年，雖然相關草稿早在大約一五〇八至一五〇九年間撰擬。這一切不太可能由阿格里帕獨自虛撰出來，比較有可能是從他的老師率瑟米爾斯院長（Abbot Trithemius）那裡習得相關知識，但就目前而言，該知識的來源仍是一團謎。

---

4. *Janua Magica Reserata*, 1641。由 Skinner and Rankine 重新出版為 *The Keys to the Gateway of Magic*, 92。

天殿	神之名	行星	數字	大天使	天使團	行星智性	行星精靈
上　階							
			1	梅特昶 Metatron	熾天使 Seraphim		
			2	拉吉爾 Raziel	智天使 Cherubim		
7	至高上主 Yahveh Elohim	土星	3	扎夫基爾 Tzaphqiel	座天使 Thrones	阿吉爾 Agiel	扎則爾 Zazel
中　階							
6	神 El	木星	4	薩基爾 Tzadqiel	主天使 Dominations	喬菲爾 Jophiel	希斯邁爾 Hismael
5	萬能的至高者 Elohim Gibor	火星	5	哈瑪耶爾 Kamael	能天使 Powers	格菲爾 Graphiel	巴薩貝爾 Bartzabel
4	神與知識 Eloa va-daath	太陽	6	米迦勒 Michael	德天使 Virtues	納基爾 Nakhiel	索拉瑟 Sorath
下　階							
3	萬軍之上主 Jahveh Sabaoth	金星	7	烏列爾 Uriel	權天使 Principalities	哈吉爾 Hagiel	凱岱梅爾 Kedemel
2	萬軍之神 Elohim Sabaoth	水星	8	拉斐爾 Raphael	大天使 Archangels	提律爾 Tiriel	塔夫薩薩瑞斯 Taphthartharath
1	全能的活神 Shaddai El Chi	月亮	9	加百列 Gabriel	天使 Angels	麥爾卡 Malka[5]	廈德 Schad

▲ 表5：行星階級

　　若跟屬於外在作為的護符或祈靈習修相較，通神術的行星魔法習修則是較為往內在探索的方式。通神術的要旨，是魔法師在追尋行星神祇所體現的完美特質中精煉、提純自己的靈性本質。如同煉金術有內六白、外六紅的階段（即由諸行星掌管的黃道十二宮），行星魔法也會藉由這些習修領域而促發內在的轉變與外在的具現。具有奉獻之意的習修方式，包括靜心、冥想及運用聖詩（用來讚美神的文章），均是通神術的習修方式。

---

5. 麥爾卡（Malka）是 Malkah be-Tharshisim ve-ad Be-Ruachoth Shechalim 常見縮寫。

◆　行星方陣的運用　◆

　　行星靈性存在的名稱會在名為「行星方陣」（kameas）的行星魔法數字方陣上轉成印記。印記可以是某個名字（如同這裡所言）或是某個意願（後續會提到）的圖樣描述。對應某行星的行星方陣縱行與橫列數等同該行星的數字（所以 3 × 3 的方陣為土星、4 × 4 的方陣為木星，其餘以此類推），而每一行、每一列以及對角線的數字加總都會一樣。由於所有靈性存在的名稱均為希伯來文，而希伯來字母表的字母也有數值的意義，所以靈性存在的名稱可以轉成一系列的數字，並繪在特定的行星方陣上以創造出對應的印記。至於字母對應的數值若有超出行星方陣的數值範圍者，能用名為「阿伊科貝克爾」（Aiq Beker）或「卡巴拉九室」（Qabalah of Nine Chambers）的數值降轉程序來處理（參閱表6）。Aiq Beker 這個名稱是取自第一、第二室所配賦的字母，即 AIQ（Aleph, Yod, Qoph）與 BKR（Beth, Kaph, Resh）。

1 Aleph (A: 1) Yod (I, Y: 10) Qoph (Q: 100)	2 Beth (B: 2) Kaph (K: 20) Resh (R: 200)	3 Gimel (G: 3) Lamed (L: 30) Shin (Sh: 300)
4 Daleth (D: 4) Mem (M: 40) Tav (Th: 400)	5 Heh (H, E: 5) Nun (N: 50) Final Kaph (K: 500)	6 Vav (V, O, U: 6) Samekh (S: 60) Final Mem (M: 600)
7 Zain (Z: 7) Ayin (Aa, O, Ngh: 70) Final Nun (N: 700)	8 Cheth (Ch: 8) Peh (P, Ph: 80) Final Peh (P, Ph: 800)	9 Teth (T: 9) Tzaddi (Tz: 90) Final Tzaddi (Tz: 900)

▲ 表6：阿伊科貝克爾

　　如果某字母的數值比目標行星方陣的數值還高，該數值就會降至對應阿伊科貝克爾同一室可用的最高數字（像是從200降成20）。使用這方法繪製印記的準則為：

- 將希伯來文字母表示的名稱換算成數值序列。

- 在方陣上繪製印記時，通常會在開始與結束處畫個小圈。標示名稱開始或結束的圓圈也可以用垂直橫過印記線條的短線替代圓圈。

- 當某名稱的開始與結束都位在同一格時，也可以將印記最末線條連到其最初線條的開始處，形成「封閉」的圖樣。

- 如果某名稱的開頭兩個字母都是同數值時，可以運用類似英文字母 m 的分岔雙彎弧圖樣，連向另一格的線條就從雙弧的中央開始畫起。

- 如果某名稱中間有連續兩字母為同數值時，就畫出像是英文字母 U 的彎弧，每多一個連續同樣數值，就多畫一個 U。

製作印記的範例

我們用前述的準則繪製土星的行星智性阿吉爾之印記，以下是製作過程：阿吉爾的名稱在希伯來文寫成 AGIEL，轉換成數字序列則是1（A）、3（G）、10（I）、1（A）、30（L）。由於土星方陣所含數值為1至9，因此這序列中的10與30就用阿伊科貝克爾降成1與3，所以該印記在繪製時的數值序列變成1、3、1、1、3。

4	9	2
3	5	7
8	1	6

第一個數字是1（即 A），在對應數字1的格子中畫一個圓圈。第二個數字是3（即 G），從圓圈往對應數字3的格子中畫一條線。第三個數字是1（即 I，從10降轉成1），畫一個 U 形彎折，並把線條畫到數字1的格子中。接下來的字母 A 也是1，所以這裡須畫出雙 U 以代表有連續相同數值的字母。這條線最後會再度畫回數字3（即 L，並從30降轉成3），由於這是最後一個字母，所以在線條末端畫上圓圈（創作過程參閱圖2）。

奧林匹克之靈的印記並不按照這套原則繪製，因為它們的名稱出自希臘文，而且創作過程並不運用這套以希伯來文字母為主的技術。

　　這套使用行星方陣創造印記的做法，也可用來創作自身意志的印記，並運用在護身符或招引符上。可以用英語或自己的母語寫出需要的文字或語句，並套用同樣的技術。選用的文字或語句最好保持簡潔精確，不然印記會變得相當複雜。在利用行星方陣創造印記的過程中，運用英語字母表（參閱表7）的好處是很簡單，因其數字範圍只有1到9而已。

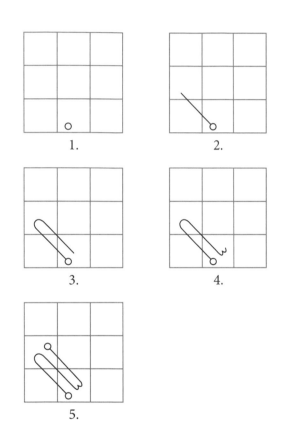

▲ 圖2：印記創作的範例

1 A, J, S	2 B, K, T	3 C, L, U
4 D, M, V	5 E, N, W	6 F, O, X
7 G, P, Y	8 H, Q, Z	9 I, R

▲ 表7：用於製作印記的英語字母配賦表

如果你想要做出「我會通過考試」（I will pass my exam）這個意願的印記，那麼該印記使用的是以下的數字順序：

I	W	I	L	L	P	A	S	S	M	Y	E	X	A	M
1	5	1	3	3	7	1	1	1	4	7	5	6	1	4

查閱行星魔法類型清單（在本冊後面的「行星護身符與招引符」章節），你應會選擇水星方陣，也就是 8 × 8 的數字陣。這裡要注意的是，既然數字序列中有連續的兩個 3 及三個 1，那麼這個印記應該會有一個雙 U 與一個三 U 的構造。

◆　行星方陣　◆

雖然阿格里帕首先在著作中提及運用行星方陣創作印記的方式，然而人們運用行星方陣的時間還要更早。一本名為《行星的天使、光環、性格與形象之書：論奧斯本・波肯漢的貢獻》（Book of Angels, Rings, Characters, and Images of the Planets: Attributed to Osbern Bokenham, 1441–1445）的行星魔法手抄本，就已特別提到將行星方陣刻畫在金屬薄片的護符魔法運用方式。因此，通常當成基底的行星方陣即使上面沒有畫出印記，仍然可以放置在神殿或祭壇當成背景圖像以提供行星層次的基質。

土星方陣

「人能從土星獲得純化的冥想、深入的領會、完整的判斷、踏實的推測與定性，還有一顆不動的決心。」[6]

4	9	2
3	5	7
8	1	6

▲ 表8：土星方陣

總格數為9，單行／單列數值加總等於15，方陣數值總和為45

木星方陣

「從木星那裡則會獲得泰定的遠見、適度、仁慈、虔敬、謙遜、正義、信心、恩惠、信仰、公平及權位等類似的事物。」[7]

4	14	15	1
9	7	6	12
5	11	10	8
16	2	3	13

▲ 表9：木星方陣

總格數為16，單行／單列數值加總等於34，方陣數值總和為136

火星方陣

「從火星那裡則會獲得持續的勇氣與堅毅、不受恐嚇、真理、強烈的敵我意識、行動之力與執行方式，還有不會改變立場的熱切心思。」[8]

11	24	7	20	3
4	12	25	8	16
17	5	13	21	9
10	18	1	14	22
23	6	19	2	15

表 10：火星方陣

總格數為 25，單行／單列數值加總等於 65，方陣數值總和為 325

太陽方陣

「從太陽那裡則會獲得高尚的心智、明晰的看法與想像、知識與意見的本質、成熟、忠告、熱誠、公義之光、能夠辨明是非的理性與判斷、能為光明清除無知的黑暗，還有已知真理的榮耀，以及具有一切美德、身為人民之母的皇后所展現的仁愛。」[9]

6	32	3	34	35	1
7	11	27	28	8	30
19	14	16	15	23	24
18	20	22	21	17	13
25	29	10	9	24	12
36	5	33	4	2	31

表 11：太陽方陣

總格數為 36，單行／單列數值加總等於 111，方陣數值總和為 666

金星方陣

「從金星那裡則會獲得熱烈的愛、最為甜美的希望、基於欲求的動作、有條有理的整齊，強烈的性慾、美，以及增展、宣傳自己的欲望。」[10]

22	47	16	41	10	35	4
5	23	48	17	42	11	29
30	6	24	49	18	36	12
13	31	7	25	43	19	37
38	14	32	1	26	44	20
21	39	8	33	2	27	45
46	15	40	9	34	3	28

表 12：金星方陣

總格數為 49，單行／單列數值加總等於 175，方陣數值總和為 1225

水星方陣

「從水星那裡則會獲得洞然明白的信心與信念、用於解釋與宣告的活力、演講的分量、意志的銳利、交談的理性，以及眾感官的迅速作用。」[11]

8	58	59	5	4	62	63	1
49	15	14	52	53	11	10	56
41	23	22	44	48	19	18	45
32	34	35	29	25	38	39	28
40	26	27	37	36	30	31	33
17	47	46	20	21	43	42	24
9	55	54	12	13	51	50	16
64	2	3	61	60	6	7	57

表 13：水星方陣

總格數為 64，單行／單列數值加總等於 260，方陣數值總和為 2080

月亮方陣

「從月亮那裡則會獲得締結和平的共識、豐饒與繁殖、產生並朝往自身更大版本生長的力量、增長與減退的力量。那是一種出現在一切具現事物及一切祕法之中、為一切產生方向的適度調節與信心，也是地球為了生命本身及其他生命的生長而進行的耕犁背後的運作動力。」[12]

37	78	29	70	21	62	13	54	5
6	38	79	30	71	22	63	14	46
47	7	39	80	31	72	23	55	15
16	48	8	40	81	32	64	24	56
57	17	49	9	41	73	33	65	25
26	58	18	80	1	42	74	34	66
67	27	59	10	51	2	43	75	35
36	68	19	60	11	52	3	44	76
77	28	69	20	61	12	53	4	45

表 14：月亮方陣

總格數為 81，單行／單列數值加總等於 369，方陣數值總和為 3321

靈性存在的印記

這裡要注意的是，這些印記都是以合適的行星方陣建構其表現方式。

---

6. *Janua Magica Reserata*, 1641。由 Skinner and Rankine 重新出版為 *The Keys to the Gateway of Magic*，91。
7. *Janua Magica Reserata*, 1641。由 Skinner and Rankine 重新出版為 *The Keys to the Gateway of Magic*，91。
8. *Janua Magica Reserata*, 1641。由 Skinner and Rankine 重新出版為 *The Keys to the Gateway of Magic*，91。
9. *Janua Magica Reserata*, 1641。由 Skinner and Rankine 重新出版為 *The Keys to the Gateway of Magic*，91。
10.*Janua Magica Reserata*, 1641。由 Skinner and Rankine 重新出版為 *The Keys to the Gateway of Magic*，91。
11.*Janua Magica Reserata*, 1641。由 Skinner and Rankine 重新出版為 *The Keys to the Gateway of Magic*，91。
12.*Janua Magica Reserata*, 1641。由 Skinner and Rankine 重新出版為 *The Keys to the Gateway of Magic*，91。

大天使的印記

土星	扎夫基爾 Tzaphqiel	圖3：扎夫基爾的印記
木星	薩基爾 Tzadqiel	圖4：薩基爾的印記
火星	哈瑪耶爾 Kamael	圖5：哈瑪耶爾的印記
太陽	米迦勒 Michael	圖6：米迦勒的印記

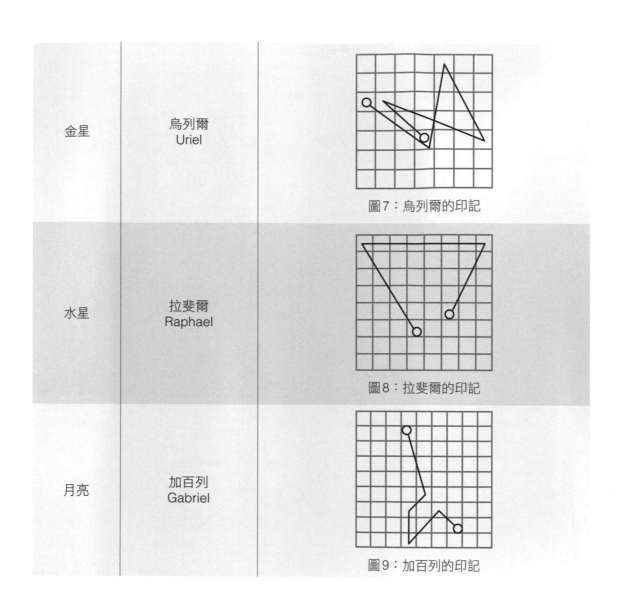

金星	烏列爾 Uriel	圖7：烏列爾的印記
水星	拉斐爾 Raphael	圖8：拉斐爾的印記
月亮	加百列 Gabriel	圖9：加百列的印記

▲ 表15：對應行星的大天使與祂們的印記

對應行星的大天使

　　土星的大天使是扎夫基爾，即「神之守望」（Beholder of God），因在伊甸園（Garden of Eden）的角色而被認為「樂園的天使」（Angel of Paradise），在現代則被當成是對抗汙染、喜愛及保護大自然的人們之護佑天使，祂也是護佑藝術家的天使，為那些想在世間創造出美的人們帶來啟發與靈感。

　　木星的大天使是薩基爾，即「神之公義」（Righteousness of God），代表美善、記憶與恩惠，其肖像常為手持短刃貌，以代表智性的力量。薩基爾能安慰人心，與祈請及祈禱有關。這位大天使能夠協助克服沮喪、消沉，原諒他人的負向行為。若遇到關於財務的事情或是想在某狀況中彰顯公義時，也可請求其幫忙。

　　火星的大天使是哈瑪耶爾，即「見神者」（He who sees God），是象徵神之正義的戰士，據說能夠賦予隱形，並掌管軍事相關特質，例如勢力與無敵。若想肩負個人責任、發展自信的話，哈瑪耶爾是最適合你祈請予以協助的天使，祂會幫助你面對自己的行為所造成的後果，此外，若你一直堅守真理，祂能助你尋得正義。

　　太陽的大天使是米迦勒，即「肖神者」（He who is like God），是第一位被創造出來的天使，常被視為眾天使的領袖或是「同僚之中的首席」。其肖像常為手持寶劍或長矛的樣貌，有時則是手持正義之秤。身為太陽大天使的祂，能夠協助那些想要達成目標或人生目的而向祂祈求的人們。若想達成某個合法目標或是尋求庇護，就要特別祈求祂協助。

　　金星的大天使是烏列爾，即「神之光明」（Light of God），又名歐瑞爾（Auriel or Oriel），是和平與救贖的大天使。其肖像常為手捧火焰或手持油燈的樣貌，象徵光的力量，例如啟蒙、明悟以及靈性的熱忱。烏列爾與魔法力量以及力的運用有關，能在需要時使連結確實斷開以克服惰性。祂也是占星學的庇佑天使，跟電力有著很深的關聯。

　　水星的大天使是拉斐爾，即「神之療癒」（Healer of God），其使命是療癒人類與地球。拉斐爾肖像常為手持朝聖者的棍杖，是旅人的庇佑天使。祂保佑正在旅途中的人們，特別是空中旅行，還會特別照顧天真無知的孩童。拉斐爾是知識、通訊與溝通的大天使，相關領域的事情都能祈請祂協助，例如改善記憶、學習語言、應付考試、面對官僚，以及跟生意有關的事情。

　　月亮的大天使是加百列，即「神之力量」（Strength of God），祂常向人類傳達訊息，是月亮在人、宇宙與神之間所表現的連結之體現。身為月亮大天使，加百列引導我們面對自身無意識的內在潮汐，能夠幫忙發展想像力及心靈能力，也跟家庭之事有關，特別在建立家庭或找尋新家時更是如此。

行星智性的印記

土星	阿吉爾 Agiel	 圖10：阿吉爾的印記
木星	喬菲爾 Jophiel	 圖11：喬菲爾的印記

行星智性的印記

火星	格菲爾 Graphiel	圖12：格菲爾的印記
太陽	納基爾 Nakhiel	圖13：納基爾的印記
金星	哈吉爾 Hagiel	圖14：哈吉爾的印記
水星	提律爾 Tiriel	圖15：提律爾的印記

行星智性的印記

月亮	麥爾卡 Malka 即是 Malkah be- Tharshisim ve- ad Be-Ruachoth Shechalim[13]	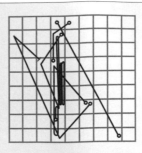 圖16：麥爾卡的印記

▲ 表16：對應行星的智性與其印記

行星精靈與其印記

土星	扎則爾 Zazel	圖17：扎則爾的印記
木星	希斯邁爾 Hismael	圖18：希斯邁爾的印記

---

13. 麥爾卡係因其為「月亮諸智性中的智性」而得此名稱，阿格里帕對其並無給予標準的智性描述。

行星精靈與其印記

火星	巴扎貝爾 Bartzabel	圖19：巴扎貝爾的印記
太陽	索拉瑟 Sorath	圖20：索拉瑟的印記
金星	凱岱梅爾 Kedemel	圖21：凱岱梅爾的印記

行星精靈與其印記

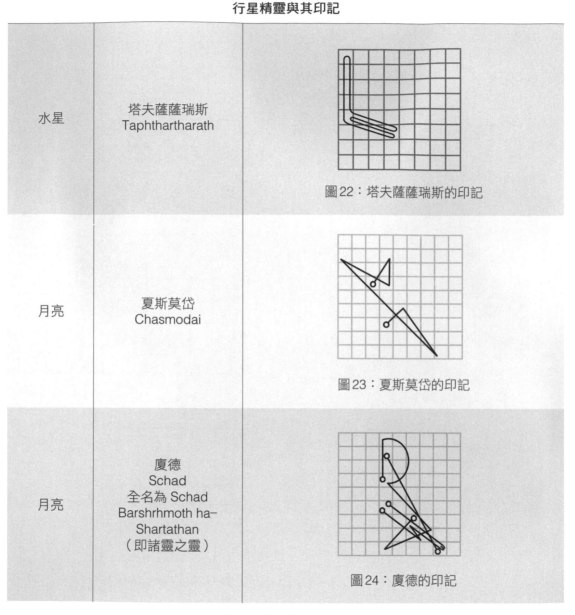

水星	塔夫薩薩瑞斯 Taphthartharath	圖22：塔夫薩薩瑞斯的印記
月亮	夏斯莫岱 Chasmodai	圖23：夏斯莫岱的印記
月亮	廈德 Schad 全名為 Schad Barshrhmoth ha- Shartathan （即諸靈之靈）	圖24：廈德的印記

▲ 表17：行星精靈與其印記

◆　行星護身符與招引符　◆

　　行星的實修也許會正面增益你的相關個人生活領域，或是移除、轉變某些負面的事物，但無論是哪種呈現，都是在為改善自己與個人事態努力，幫助你能更順暢地走在屬於自己的道路上並達成目標。這些吸引、拒斥或轉化的實修程序，將會訂定出你要達到個人目標的最佳途徑，當中包括運用護身符或招引符。

　　護身符是具保護性質的護符，藉由拒斥而保護穿戴者不受特定力量或事件的影響。招引符是具有吸引性質的護符，用來吸引特定能量以強化個人狀態的特定面向。例如可以製作月亮護身符，為自己的郵輪航海之旅提供保護，或是製作月亮招引符以發展自己的靈通能力。

　　護身符與招引符可以佩戴在身上以獲得持續的好處（特別是前者），或放在某個安全的合適處所。所以用來保護車輛的水星護身符就應一直留置車中，用來增進溝通、通訊的水星招引符也許要放在靠近電話或電腦的地方。

行星	相應的魔法種類
太陽	工作的成功與進展、建立和諧、療癒及改善健康、領導技能、獲得金錢與資源、提拔晉級、強化意志力
水星	生意的成功、改善溝通技能、發展知識與記憶、外交事宜、通過考試、占卜預測、發展影響力、陸地及空中旅行的保護、學習音樂
金星	增加吸引力與自信、美與熱情、強化創意、增進受／授孕力、發展友誼、獲得愛
月亮	發展靈視力及其他靈通技藝、確保孕婦生產安全、占卜預測、迷魅與幻象、清明夢、海路旅行的保護
火星	控制怒意、增加勇氣、強化能量與熱情、增強活力與性慾
木星	工作的成功、發展野心與熱忱、增進運勢與手氣、整體健康、獲得榮譽、改善幽默感、法律事務、面對國家權勢體制、發展領導技能
土星	執行任務、建立平衡與均衡、去除幻象、保護家庭、法律事務、發展耐心與自律

▲ 表18：諸行星及其對應魔法種類

護符魔法的流程能歸納成四個階段，即準備、創造、淨化與聖化，護身符與招引符均適用此流程。

準備階段包括決定使用的意願以及使用在護符的成分，例如用何種材質製作、上面用哪些文字或印記等等。一旦決定了護符基礎（像是卡紙、金屬盤、水晶），就開始想方設法取得這些材料。準備階段也包含計算出適合自己創造、淨化與聖化的對應行星時。如果覺得需要對相應行星的能量有更深入的了解，或許可以選在這個階段進行行星冥想。

創造階段即是建構護符的過程，在護符上描繪、蝕刻或雕刻相應的印記，以指明意願以及想要祈求其為護符充能的靈性存在或力量之名。在卡紙上塗以相應的顏色應是最簡單的方式，而昂貴的金屬盤光是取得就有難度，不過這跟水晶盤一樣較為持久（表19所列材質是比較容易取得且可製成盤型者）。

行星	數字	金屬	色彩	水晶
土星	3	鉛	黑	黑曜岩
木星	4	錫	藍	青金石
火星	5	黃銅[14]	紅	血石
太陽	6	金	金／黃	琥珀
金星	7	銅	綠	孔雀石
水星	8	鋁[15]	橘	瑪瑙
月亮	9	銀	銀／紫	透石膏

▲ 表19：行星及其對應的金屬、色彩與水晶

14. 雖然火星對應的金屬是鐵，然而製作火星法器時會用黃銅，因為一般認為靈性存在不喜歡鐵。

15. 雖然水星對應的金屬是水銀，然而它在常溫係為液態且具有強烈毒性，明顯不適合用來創造法器。鋁是建造飛機時使用的輕金屬，因此各領域（陸地與天空）之間的來回移動使它成為適合用在製作水星法器的金屬。

「招引符、五芒星、神祕圖像、印記、人像及其他諸如此類的護符，都是在實踐祕術學問的主要工具，這些都能以不同的材質創造。可以運用羔羊皮紙來創造，也能做在金屬盤、磁石、碧玉、瑪瑙及其他寶石上。」[16]

在魔法書中，護身符與招引符通常會在金屬圓盤上製作。在使用卡紙時，可將其外緣的形狀裁成對應行星的數字，效果也不錯，例如用來做土星護身符的卡紙會裁成三角形，用來做木星招引符的卡紙則裁成正四方形。如果選用白色卡紙，那麼用來繪製所有選定對應符印或印記的墨水，其顏色應為相應的行星色彩。

因此，木星的招引符應當繪在裁成正四方形的藍色卡紙上。護符上面的圖樣通常包括行星的占星印記、神之名、大天使之名及（或）印記、行星精靈與智性的名稱及（或）印記，還有想放上去的其他合適符號。

淨化階段是最後聖化階段的前導作業，確保護符沒有沾染任何不需要的力量，並以有效的方式使其成為完全中性的狀態，以成為你藉由護符作用而吸引來的力量之容器與透鏡。淨化也包含運用合適的行星植物精油進行儀式浸浴，使自己同樣變得純淨。

聖化階段則是將護符啟動成所需行星能量的焦點。為了強化護符及引符的效果，在聖化儀式中也可以加入聖詩以祈求協助。

護符準備儀式

將以下物品放在祭壇上：

● 護符

● 一塊用於完全包覆護符的布料，須為對應顏色，且為自然材質

● 一碗泉水

● 一碗海鹽

● 內有燃香的香爐

● 紅色蠟燭

16.《所羅門之鑰》，1796 由 Stephen Skinner 及 David Rankine 再出版為《貨真價實的所羅門之鑰》。

將布料置於祭壇上，護符再放於布上。

進行你喜歡的空間淨化／驅逐儀式。

淨化護符以移除所有影響力量——將它經過燃香的煙霧，並說：

「吾以風素淨汝。」

謹慎地將護符迅速穿過蠟燭的火焰，並說：

「吾以火素淨汝。」

從盛有泉水的碗中取一滴水灑在護符上，並說：

「吾以水素淨汝。」

從盛有海鹽的碗中取一點鹽撒在護符上，並說：

「吾以土素淨汝。」

至此，護符已經淨化，完成聖化的準備。

用一句簡潔精確的話語宣告這個護符的意願（請在儀式之前準備好）。在宣告的同時，於護符上方虛畫相應行星的印記，並觀想為對應的行星色彩。在看到這個印記閃閃發亮時，再觀想自己的慣用手與印記之間出現一條拉緊的力量之線，其顏色為對應的色彩，當手往下放時，印記也跟著手的動作下降而進入護符。

按照對應行星的靈性存在之階級順序來念誦它們的名字，其重複次數應等同行星對應的數字。先從對應的神之名開始唸，然後是對應的大天使名稱，再來是對應的天使團名稱、天殿（即行星）之名、對應的行星智性，最後是行星精靈。

現在高舉雙臂做出 V 字形狀，並宣告：

照耀諸天、神聖之靈,〔神之名〕,吾將承接您的力量,
藉大天使〔大天使名稱〕聚焦並指揮〔天使團名稱〕執行,
藉〔行星之名〕天殿之力具現,
並由〔行星智性〕及〔行星精靈〕予以表達。
吾創此符,為吾榮耀,
其形已塑、其身已造。

在宣告的同時,感受相應的行星力量從諸天降下並匯集在你的雙手中,將那能量觀想成圍繞在手上的一團光球,具有相應的行星色彩。然後將手放下,覆置在護符上,並同時說：

吾將此符,即〔再次宣告意願〕,納入吾命。
依如上同下之理,
吾意如是,照此遵循。

然後將護符用布料包好,並放在安全的地方。
以下是在聖化火星招引符時呼喚各階靈性存在的範例：

萬能的至高者(Elohim Gibor)、哈瑪耶爾(Khamael)、焰蛇(Seraphim)、火星(Mars)、格菲爾(Graphiel)、巴扎貝爾(Bartzabel)(以上唸五遍)

然後將左右手臂高舉成 V 字形,並宣告：

照耀諸天、神聖之靈,萬能的至高者,吾將承接您的力量,
藉大天使哈瑪耶爾聚焦並指揮焰蛇執行,
藉火星天殿之力具現、
並由格菲爾及巴扎貝爾予以表達。

吾創此符，為吾榮耀

其形已塑、其身已造。

行星魔法圈

你也許會想在進行行星魔法操作時創造專用的魔法圈。以下所提供的資訊雖然適合單人習修，但可以依照團體操作的需要適當增加尺寸。在準備空間時，先移除任何會導致分心的事物並打掃乾淨。這裡使用的魔法圈，合適直徑為七英尺（約二公尺又十三公分）。所需物品如下：

- 靈光（使用燈芯的油燈或蠟燭）
- 香（非必需）
- 裝有海鹽的小碗
- 裝有泉水的小碗

在畫出魔法圈時，可以自行決定使用權杖、短劍，或是自己的慣用手（即右撇子的右手、左撇子的左手）來畫。如果用手來畫，那麼象徵美善的指訣會很好用——即食指與中指伸直，無名指與小指則朝掌心收攏，拇指則內彎按在無名指與小指之上。

點起靈光與香（如果有準備的話）。然後宣告：

一切不潔，速速離去！[17]

將鹽加入盛水的碗，並宣告：

汝要潔淨。

---

17. 其希臘原文為 Hekas o hekas este bibeloi，英譯則為「Begone all unholiness!」。

觀想碗裡的水發散出明亮的白光。將盛著淨水的碗拿起來，並從圓圈的東方開始順時針地沿圓行走並灑下淨水。當你回到東方時，就走回祭壇將碗放下，並拿起想用的靈性武器或是做出象徵美善的指訣。再次走到圓圈的東方，一邊順時針地沿圓行走、一邊手臂往下伸並指向地面，觀想你的靈性武器或慣用手的手指尖端畫出一圈白色火焰，並說：

聚無盡七力，成廣大一體。

此一即吾於此時此地所繪之圓。

其內為吾宇宙，行星魔法耀明吾境。

如上所願、同下遵行。

當你回到東方時，就走回中央，將靈性武器放回祭壇上，並繼續進行儀式。

在儀式結束時，再次拿起靈性武器或做出指訣，並從北方開始以逆時針方向繞圓而行，手臂也是伸直指向地面，在繞圓走回北方的過程中觀想白色火焰逐漸消失。

共感魔法

在運作行星魔法時，你手上最為強力的工具之一即是感染的法則，也就是一般所知的吸引力法則。每顆行星都有一整套經過數百年、甚至數千年的魔法習修所加持的符號象徵。藉由運用這一整套符號象徵，藉由創造出能夠彼此和諧共振的影響力之焦點，放大自己想要達成某種結果的意願，你汲取自己所想要的行星能量到自己的生活中。舉例來說，如果擔心自己能否通過考試，那麼就要用水星來運作，也許你需要穿一些橘色衣物、為自己膏抹薰衣草精油、佩戴黃水晶或瑪瑙、在書房擺設橘色蠟燭，或用具刺激性的水星精油（例如檸檬）薰香等等。當然，任何具有目的的魔法都需要能夠具現的途徑，所以你還是需要為考試念書喔！魔法運作旨在強化，而不是無中生有。

在基於吸引的目的而考慮額外的象徵時，有個需要牢記的重要觀念，即眾行星象徵四元素的較高面向，也守護黃道十二星座，所以它們的影響力與符號象徵有可能關聯到表20所列的項目，因此這些項目也可以納入考量。

行星	何種元素的較高面向	守護星座
太陽	火	獅子座
月亮	水	巨蟹座
火星	火	牡羊座、天蠍座
水星	風	雙子座、處女座
木星	水／風	射手座、雙魚座
金星	地	金牛座、天秤座
土星	地	摩羯座、水瓶座

▲ 表20：行星、元素及守護星座

◆ 通神修習 ◆

　　魔法並不是只有儀式操作而已，請記得魔法還有比較「被動」的面向，這很重要，因為那就是藉由內在工作而呈現的存在及變為之過程（being and becoming）。就這個面向而言，那些能幫助你發展正面特質、轉化任何負面特質的靜心及冥想練習，會顯得特別重要。畢竟魔法就是掌握自身天賦、將它綻放出來的過程，這個過程的核心就是通神術。

　　我在一九八七年創出這句話「魔法會以當世盛行的宗教呈現」，[18]到了三十年之後的現在，我會再加上一句「魔法會以當世盛行的科技呈現」。自過去以來，魔法均被稱為神聖科技，所以我實在看不出現代科技不能用來強化魔法習修的理由。這方面有個很好的例子，就是「航海家號：來自太空的聲音」（Symphonies of the Planets）——這是航海家號（Voyager）太空探測器在經過眾星時錄到行星所發出的聲音。雖然裡面只有木星與土星屬於古典占星的行星，然而那些錄音用來當成行星冥想與儀式的背景聲響之效果還真驚人。[19]你也可以使用能夠激發靈感的音樂，像是英國作曲家古斯塔夫·霍爾斯特（Gustav Holst）的《行星組曲》（Planets）；不過，最適合用於靜心與冥想的背景音樂，應該是不會干擾習修的純樂器演奏音樂。

---

18. "A New Look at Some Old Gods"，為大衛·朗金（David Rankine）於一九八七年於里德大學祕術協會（Leeds University Occult Society）的演講主題。

19. 這些錄音都能在 YouTube 找到，搜尋字詞為「Symphonies of the Planets」。

　　具有奉獻性質的習修並非單純的崇拜，而是尋求發展出自己與神之間的連結，以強化或純化自身內在對應性質之渴望。奉獻的精髓，在於個人隱修的功夫，最好的做法應為「如是以對」，而不是為了獲得注意而在社交媒體大肆宣揚，那只會稀釋習修的整體性。奉獻給特定神祇的廟宇、神龕或聖壇會是你與那位神祇之間的連結門戶，應當視為聖地，而不是用來拍照的地方。如果真的有感覺想去討論或發表自己目前的習修過程，請記得緘默的美德不僅是為了維持自身習修的整體性不被稀釋，也是在支持謙遜並幫助你管控小我。

　　一次只專注一位行星神祇及其相應特質，會是比較好的做法，使你能夠保持純粹的焦點。若要進行通神的習修，打造一個能夠每日朝見的聖壇會是相當推薦的做法。聖壇不需要弄得很複雜，也不用放滿雕像及相關事物。聖壇的基本要件是一塊具有適當色彩的布料（通常鋪在小桌子或類似的小東西上面）、幾根具有顏色的蠟燭（最好對應到行星的顏色與數字）、某神祇的代表物（雕像或圖像，而且是你看得很喜歡者），以及用來燃燒香粉或香木的香爐或容器。除此之外，還可以放上一些特別屬於這位神祇的象徵物，像是水晶，還有鮮花也是不錯的點綴。當然啦，聖壇應當保持乾淨，而且最好應當設在他人無法進入的私密之處。下列的奉獻習修方式可以更改成運用其他行星神祇的象徵物及聖詩為其進行奉獻的版本。

墨丘利的水星行星奉獻範例

　　這個聖壇會用橘色的布料布置，聖壇的中央後方會放上一尊水星神祇墨丘利的雕像，還會放上八根橘色蠟燭，即各放四根在雕像左右兩邊且沿著聖壇後緣一字排開。在雕像的前面擺上一個小香爐，內有煤炭，可供燃燒白松香或乳香。[20] 在香爐前面放上一塊瑪瑙，壇上所有物品會形成 T 狀。墨丘利的專屬象徵雙蛇杖圖像（也是治療的象徵）放在香爐與瑪瑙的左邊，兩者的右邊則放上一枝鋼筆（書寫的象徵，據說筆是由墨丘利所創）以及一瓶薰衣草精油。在聖壇所靠的牆壁上，放上一幅大尺寸（大約 A 4 紙張大小）的墨丘利印記圖樣。也許還會把字體放大的相應奧菲斯讚歌貼在印記旁邊，除了方便閱讀之外，也能空出雙手。由於這是以墨丘利（水星）為對象的奉獻，因此理想的進行時間會是當天的水星時間。

　　在一開始，先進行淨化沐浴，使身體與心智放鬆，不再執著於當天出現的任何壓力，可以在浴湯中加入適當的植物精油或藥草（如果先把藥草放在棉布袋，袋口綁緊再放入浴湯中，仍可以享受它們的好處，但不會弄得到處都是藥草屑）。然後離開浴湯，擦乾身體，並穿上簡單的衣袍（如果沒有一整套對應行星色彩的衣袍，白色或黑色會是不錯的自然色！）接著懷著喜悅與期待的心情走向聖壇。

---

20. 雖然現今乳香多被視為是太陽的香料，然而它在奧菲斯讚歌（the Orphic Hymn）是指定獻給赫密士的供品。當象徵物有出現改變或共用的情形，例如上述的乳香，就看你自己要怎麼選擇。

點燃蠟燭及爐中煤炭（或香木），並在念誦獻給赫密士（即墨丘利、水星）的奧菲斯讚歌[21]時獻上乳香，將它投入爐中焚燒，使香氣薰繞雕像及聖壇的其他部分。讚歌如下：

赫密士啊，朱比特（Jove，即宙斯）的使者、邁亞（Maia）女神的聖子，

請靠過來，垂聽我的祈願。

人類的統治者啊，您認真面對種種競爭，心力如此強大、才智如此精明。

天界使者啊，您的眾多技藝如此有力，

連百眼巨人阿格斯（Argus）都栽在您手裡。

噢！人類之友、口若懸河的先知啊，您的有翼雙足使您翱翔空中。

偉大的生命支持者啊，喜歡運動技藝的您也愛矇騙上天。

您的大能需要用到全世界的語言才能解釋，

然而您還照管農夫用來鬆土的器械、商人用來獲利的財源。

您是為克里庫斯（Corycus）之地帶來利益的有福之神啊，

您手上所握權杖，象徵清白無愧的平安。

您的口才是世間工作助力，是凡間必需事物。

您的唇槍舌劍，世人既畏又敬。

赫密士啊，請來這裡，懇求您聆聽我的祈願。

請為我的工作提供協助，使我的生命終得平安，

言談美善、記憶增進。

在聖壇前方坐下，坐在椅子上或盤腿而坐都可以，只要你認為這樣坐最好即可。拿起聖壇上的瑪瑙，雙手握住它，將握著的雙手放在大腿之間，這樣的做法除了連結自己與聖壇的能量之外，也等同於拿水星的物品連結自己的身體。

---

21. 湯瑪士・泰勒（Thomas Taylor）於一七九二年發表的《奧菲斯讚歌》譯本到目前仍廣為使用，因為他的用詞頗有詩韻，使讚歌的韻律及流動相當符合奉獻修習。

　　放鬆下來、閉上雙眼、保持呼吸，按照自己的步調進入靜心狀態。觀想橘色的水星符號，其背景為藍色，在觀想符號的同時，冥想那些與墨丘利、水星有關的品質，像是溝通、通訊、矇騙、彈性、療癒以及記憶。思量這些力量各自在你生命中的強度，還有你刻正主動嘗試培養或轉變的力量是哪幾項。容許你的想法激發自身內在視覺的靈感，並觀看內在視覺所帶出的影像與事件。

　　在以五到十五分鐘的時間冥想水星的品質之後，定出自己覺得應當專注聚焦的品質。再把一些乳香投於爐中煤炭上，讓那近似檸檬的香氣環繞自己，並在過程中容許那香氣為你點明一個方向，然後全神貫注地思量那個被選中的品質。再次觀想具有橘光的水星印記在你面前流轉，其大小跟你本人一樣大。感受那從橘色水星印記所散發的品質之力量，然後觀想它向你移動，好讓你的身體將它吸收進來。在吸收品質的同時，拿薰衣草精油[22]膏抹自己，即在體表心臟位置畫上水星印記，並宣告：

　　依如上同下之理，

　　吾意如是，照此遵循。

　　依自己的步調詳細寫下自己的印象與想法，然後吹熄蠟燭，並在起身之後以後退的方式離開聖壇，使你在離開時能夠繼續注視聖壇以表達自己對行星神祇的敬意。

　　當然，改變並不會馬上出現，而這樣的修習應當每日進行並且維持一段時間（例如一個月）。如果你能在每天的相應行星時進行奉獻，修習將迅速累積力量，並在你的自律與決心驅策自身無意識具現出自身意識的改變時，幫忙加速改變的過程。每日的修習會強化意志力，而意志力可是魔法及轉變能夠成功的必需事物。

◆　行星水　◆

　　可以用在行星魔法的行星水非常容易製作。如要製作行星水，只要將一顆相應行星的水晶（例如對應水星的黃水晶）放入裝有泉水的乾淨玻璃瓶罐，然後將它封好，靜置於黑暗涼爽

---

22. 薰衣草精油可以直接塗在皮膚上，但絕大多數的植物精油都不可以這麼做。所以在使用植物精油之前一定要確認相關資訊，並用基底油（例如甜杏仁油）稀釋，然精油比例應當不能少於百分之二（百分之二即一毫升精油配五十毫升的基底油之比例）。

的空間，靜置天數應當等同於對應行星的數字（例如水星的水需靜置八天）以填充行星能量。如果要做太陽水，瓶子可以放在白天能直曬陽光的架子上，同理，做月亮水的話，瓶子可以放在夜晚能夠暴露在月光的地方。其他的行星水都應當靜置在黑暗之處（象徵宇宙的黑暗），使日光與月光不會影響到行星的能量。

　　行星水有多種用途，例如膏抹，而且行星水的加入特別能夠強化行星的影響力，像在儀式淨化浴湯中加入一些，或在彩色魔法墨水中加入幾滴，還有在魔法物品（包括放在奉獻聖壇上的雕像）的聖化過程中用上一些。[23]

土外行星（Trans-Saturnian Planets）

　　雖然行星魔法在傳統上專注在七顆古典「行星」，然而對於近代發現的天王星（於一七八九年發現）及海王星（於一八四六年發現）也應當提及。於一九三〇年發現之後不久，冥王星也被納入行星魔法當中，它在二〇〇六年被重新歸類為矮行星（dwarf planet），使得有些人不再認為它是行星，然而有些人則是把其他矮行星納入行星魔法，像是穀神星（Ceres）與鬩神星（Eris）。

　　天王星（Uranus，象徵「天空」或「天堂」）是羅馬神祇烏拉諾斯，為薩圖恩的父親，被後者用鑽石鐮刀割下生殖器並丟入海裡，有的神話則稱維納斯就是從其血與海洋泡沫中誕生。烏拉諾斯等同於希臘神祇歐拉諾斯（Ouranos），後者的神話故事也跟著套用到其身上。天王星關聯到風元素以及星期三，守護黃道星座的水瓶座，其對應的顏色是紫色，對應的物質則有鈦、紫水晶、拉長石及電氣石。天王星與改變、科技（特別是電）有關，而關聯的大天使則是烏列爾。在現代的卡巴拉中，天王星、烏拉諾斯通常配賦在生命之樹的隱輝耀達阿思那裡。

　　海王星（Neptune，此名稱語源出處不明）是羅馬海神涅普頓，也掌管馬與地震，是薩圖恩的孩子、天神朱比特與冥神普魯托的兄弟。祂在被認為等同

23. 這裡要注意的是，由於許多礦石含有毒性物質，因此絕對不能內服或飲用（以及浸泡過它們的行星水）。

於希臘海神波賽頓（Poseidon）之前，原本是跟泉水、溪流有關的神祇。海王星關聯到水元素與星期一，守護黃道星座的雙魚座，對應的顏色為灰色（或海綠色），對應的物質則有鎢、珍珠、金紅石、金髮晶或鈦晶，以及貝殼。海王星的魔法與海洋、潮汐及突然的變化有關。身為水之大天使的加百列能與海王星一同運作。在現代卡巴拉中，海王星通常會被配賦在上位輝耀侯克瑪，如果使用此對應，則適合海王星的大天使應為拉吉爾。

冥王星（Pluto）則是掌管冥界與財富的羅馬神祇普魯托，其名出自拉丁字彙 pluton，係由意謂財富的希臘字彙「ploutos」衍變而來。普魯托是薩圖恩的另一個兒子，所以也是朱比特與涅普頓的兄弟。後來被視為等同於希臘冥神黑帝斯（Hades），所以「綁架泊瑟芬（Persephone）」的整個故事也照樣套在其身上，只是泊瑟芬改成普洛瑟匹娜（Proserpina）。冥王星關聯到土元素及星期六，守護黃道星座的天蠍座，對應的顏色是白色（代表全光譜的反射，所以具有「隱形」之意），對應的物質則是鑽石、黑檀、螢石、鉑與鋯石。冥王星的魔法與隱形、財富及冥間有關。在現代卡巴拉中，有人把冥王星配賦到生命之樹的科帖爾輝耀，因科帖爾象徵我們所在的宇宙之邊界，而且也具有隱藏（隱形）的概念。根據這樣的分法，那麼適合與冥王星運作的大天使應為梅特昶。

◆　行星香氛　◆

香氛在魔法具有舉足輕重的地位，不僅能夠刺激記憶，還能強化情緒狀態，傳統上則是藉由焚香、塗抹適當香油以吸引靈性存在的注意。源自美索不達米亞文化的香氛文獻，就已提到對應七顆古典行星及其神祇的七種行星香氛（參閱表21），即菖蒲、雪松、白松香、勞丹脂、香桃木及蘇合香，然而這當中有特別指明關聯者，只有雪松與香桃木，前者是瑪杜克（Marduk，即木星）的神聖香料，後者是沙瑪須（Shamash，即太陽）的神聖香料。《希臘魔法莎草紙》文獻裡面的一項引據則給予完整的行星配賦，列明對應行星與香氛的七位希臘神祇。

「適合獻給克羅諾斯的香是蘇合香，因為其香氣厚重且芬芳；適合獻給宙斯的香是印度月桂葉；適合獻給阿瑞斯的香是雲木香；適合獻給希里歐斯的香是乳香；適合獻給阿芙蘿黛蒂的香是印度甘松；適合獻給赫密士的香是肉桂；適合獻給塞勒涅的香是沒藥。」[24]

---

24. *PGM XIII*.17–20。

行星	香氛植物	拉丁學名
太陽	乳香	*Boswellia carterii*
月亮	肉桂	*Cinnamomum cassia*
火星	穗甘松	*Nardostachys jatamansi*
水星	沒藥	*Commiphora myrrha*
木星	雲木香	*Saussurea lappa*
金星	印度月桂葉	*Cinnamomum tamala*
土星	蘇合香	*Liquidambar styraciflua L.*

▲ 表21：行星、對應的香氛植物及其學名

　　幾百年以後，基於可得性與非常不一樣的文化背景，魔法書所給的香氛配賦組合已有不同，可選用的燃香種類也變得更多。這當中還含括動物成分及有毒金屬，然而關於它們的運用已隨著魔法觀與世界觀的改變而逐漸消逝。古典行星不再被視為神祇來膜拜，而是被視為基督信仰世界觀不可或缺的部分。當我們拿阿格里帕的《祕術哲學三書》及《七日談》（Heptaméron, 1485）與現代的配賦組合比較，其結果就是表22所呈現的模樣。

行星	《七日談》	阿格里帕	現代
太陽	乳香	洋乳香	琥珀、錫蘭肉桂、乳香、柳橙、紅檀
水星	肉桂	錫蘭肉桂	白松香、薰衣草、檸檬、洋乳香、迷迭香、蘇合香
金星	穗甘松	番紅花	安息香、紫丁香、百合花、玫瑰、白檀
月亮	沒藥	香桃木	樟、茉莉、香草、伊蘭伊蘭
火星	雲木香	沉香	黑胡椒、龍血、薑、紅沒藥
木星	印度月桂葉	肉豆蔻	雪松、柯巴脂、牛膝草、杜松、番紅花
土星	蘇合香	胡椒草	沒藥、廣藿香、松、岩蘭草

▲ 表22：歷代對於行星燃香的配賦表

在現今的儀式中，除非使用複方的香，不然單方的話還是找樹脂類的香會比較好（至少從表20挑選適合相應行星的單方來用），因為點燃的樹脂能在整個儀式過程一直散出芬芳香氣。若是拿藥草當成香來燒的話，那味道很快會變成像是野外火堆的味道，無法幫助專心。[25] 基於同樣的道理，如果想要用合適的材料自製行星燃香，請記住樹脂類成分比例須至少有總量的三分之二才行。

◆　建構行星基質　◆

當你在操作行星魔法時，除了穿戴具有適當行星色彩的衣物、抹上對應行星的香氛之外，攜帶聖化過的水晶也能為你所創造出來的行星基質增添力量。運用一切合適的象徵，不僅能幫助你持續間接傳達訊息給自己的潛意識，而且還能在自身周圍直接創造出所需行星能量的基質，它就像是吸引合適的能量到你身邊的磁石，使這些能量進入你的魔法運作與日常生活之中，因此表23提供更多對應行星的水晶資訊供你參考。水晶散料或製成飾品的水晶都同樣有效，只要都有經過聖化就好。至於飾品，請記得某些身體部位會對特定的行星影響力有較強的反應，穿戴時（例如戒指）就要多加留意。就手部而言，金星對應拇指、木星對應食指、土星對應中指、太陽對應無名指，而水星對應小指。至於其他跟飾品相關的身體部位也包括喉嚨（對應金星，所以適合使用多條水晶串珠的項鍊）、心（對應太陽，所以適合使用水晶墜飾）以及額頭（對應月亮，所以適合使用額環或王冠）。

行星	水晶
太陽	琥珀、貓眼石、鑽石、太陽石、虎眼石、黃玉、鋯石
水星	瑪瑙、東菱玉、黃水晶、蛋白石、拉長石
金星	天河石、翡翠、玉、孔雀石、粉晶、貴橄欖石、黝簾石
月亮	海水藍寶、綠柱石、玉髓、月光石、珍珠、石英、透石膏
火星	血石、紅玉髓、石榴石、紅寶石、赤鐵礦、磁鐵礦、黃鐵礦

---

25. 每當點香的時候，請務必檢查房間是否有煙霧偵測器，並視需要於儀式期間關閉。等到煙霧散去、於當日上床睡覺之前，一定要記得把煙霧偵測器開啟並確認運作正常。

| 木星 | 紫水晶、菊石、藍銅礦、青金石、藍寶石、蘇打石、綠松石 |
| 土星 | 煤玉、黑曜石、縞瑪瑙、蛇紋石、茶晶 |

▲ 表23：行星與配賦的水晶

當你往行星基質加入愈多事物，就能使它變得更加有力，所以可以每天使用對應行星的油品，並以對應行星數字的油滴數量來膏抹自己，例如每天塗上八滴薰衣草的按摩油。然而執行行星基質的關鍵之一即是「隱約」。你在運作的是看不見的能量，如果你突然把自己弄得引人注目的話，就稱不上「看不見」了！幸好用於行星基質的事物都有隱密的用法，像是行星色彩就穿著對應顏色的內衣褲；行星水晶就鑲成飾品或藏在口袋裡；行星香氛則選用若有似無的香氣或擴香方式，而非強烈到讓人難以忍受。

你可以為非儀式的環境引入行星基質，像是運用薰香台、蠟燭、音樂，甚至對應行星的食物；引入愈多行星基質，其臨界質量將更有力量吸引神聖之力。

至於行星能量之間的對待關係則是有好有壞，表24是阿格里帕所給出的行星關係列表。

對待關係	太陽	水星	金星	月亮	火星	木星	土星
太陽視為		「敵」	「愛」	「敵」	「敵」	「愛」	「友」
水星視為	「敵」		「友」	「敵」	「敵」	「友」	「友」
金星視為	「愛」	「愛」		「愛」	「愛」	「愛」	「敵」
月亮視為	「敵」	「敵」	「友」		「敵」	「友」	「友」
火星視為	「敵」	「敵」	「愛」	「敵」		「敵」	「敵」
木星視為	「友」	「友」	「友」	「友」	「敵」		「友」
土星視為	「友」	「友」	「敵」	「友」	「敵」	「友」	

▲ 表24：阿格里帕的行星對待關係

這些對待關係是用來決定行星日與行星時，雖然照理講應當盡量使用對應的行星日與行星時，然而在現實中有時無法照這時間施行，因此可以參照表24，找出哪些行星日視你打算運用的特定行星為「友」或「愛」者，這些行星日可以當成備案考量。

與星共夢

運用夢時心智尋找問題的答案，這樣的做法可以追溯至古代的孵夢聖殿，而魔法書具有行星版本的同類做法，[26]印記會在相應的行星日及行星時製作之後放在欲夢之人的枕頭下。在經過淨化浸浴之後，於上床睡覺之前進行個人祈禱，並大聲說出當日的天使名字以及想要問的問題，像是「加百列啊，我有被某某朋友欺騙嗎？」當日的天使也許就會在夢境現身或對話，以提供該問題的指引或答案。

然而獻給這七位具有名稱的天使之祈禱文各自不同，不過表25所給予的祈禱文（即《詩篇》4：6-10）是通用的祈禱文，只要確定所祈禱的對象是當日的天使即可，至於語言可以依個人喜好念誦。

節	拉丁文	英文	中文
6	sacrificate sacrificium iustitiae et fidite in Domino multi dicunt quis ostendit nobis bonum	Offer up the sacrifice of justice, and trust in the Lord: many say, Who showeth us good things?	我們當以公義作為獻祭並信任主。許多人還在問：誰會善待我們呢？
7	leva super nos lucem vultus tui Domine dedisti laetitiam in corde meo	The light of thy countenance, O Lord, is signed upon us: thou hast given gladness in my heart.	然而您那煥發的面容，喔！主啊，早已轉向我們。祢已將喜樂放在我的心裡。
8	in tempore frumentum et vinum eorum multiplicata sunt	By the fruit of their corn, their wine, and oil, they rest:	人們是藉由播種、醞釀與生產的成果才能得到休息。

---

26. 惠康收藏圖書館（Wellcome Library）館藏編號 MS.4669，年代約為一七九六。由 Skinner and Rankine 重新出版為 *A Collection of Magical Secrets*，123-133。

9	in pace simul requiescam et dormiam	In peace in the self same I will sleep, and I will rest:	然而我必在平安中躺下睡覺，獲得休息。
10	quia tu Domine specialiter securum habitare fecisti me	For thou, O Lord, singularly hast settled me in hope.	因為唯有祢，喔！主啊，使我在希望中得到平靜。

▲ 表25：《詩篇》4：6 — 10的禱文

　　列在表26的部分天使不是一般的大天使。祂們是專門守護對應行星夜的天使，因此被認為是協助詮釋夢境的合適使者。這裡的拉斐爾配賦到太陽夜，米迦勒則分配到火星夜，這兩者在幾百年的歷史中都有配賦到太陽的大天使之位置，而配賦到火星的米迦勒以突顯戰士面向者的狀況則比較少見。烏列爾也比較常配賦到金星，然而也曾配賦到另一個屬土的行星，即土星。

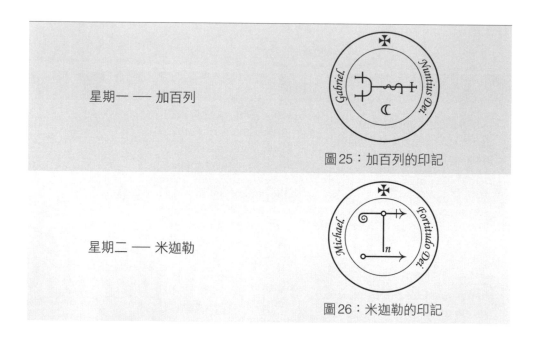

星期一 —— 加百列

圖25：加百列的印記

星期二 —— 米迦勒

圖26：米迦勒的印記

星期三 —— 阿兜涅爾

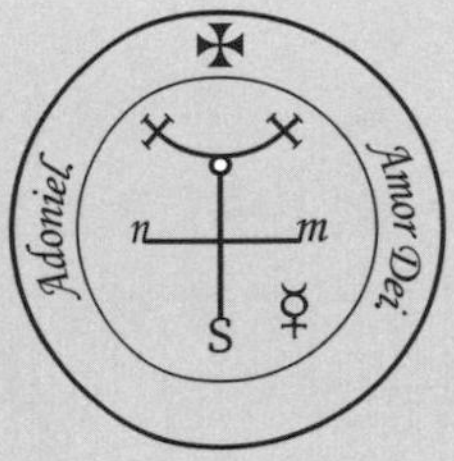

圖27：阿兜涅爾的印記

星期四 —— 薩拉提爾

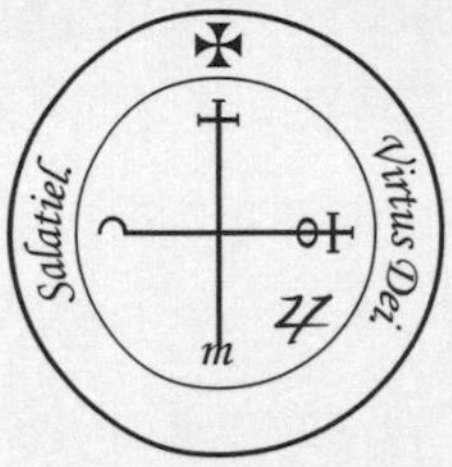

圖28：薩拉提爾的印記

星期五 —— 安納提爾

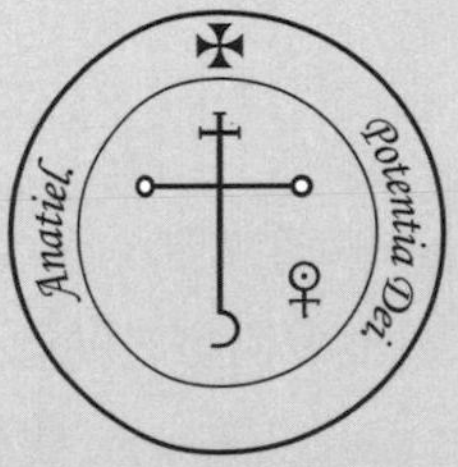

圖29：安納提爾的印記

星期六 —— 烏列爾

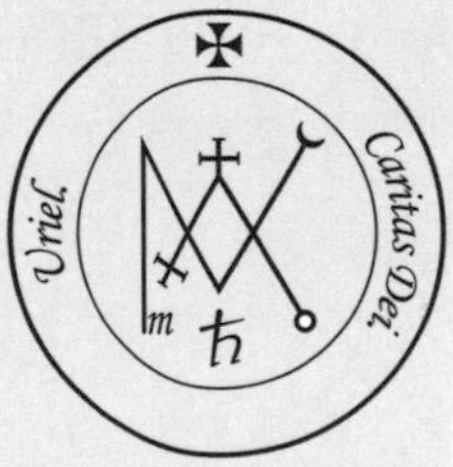

圖30：烏列爾的印記

星期日 —— 拉斐爾

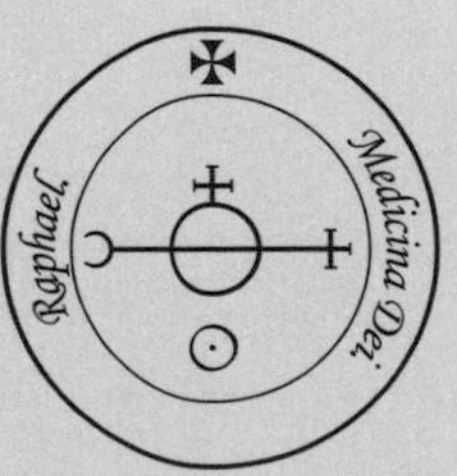

圖31：拉斐爾的印記

▲ 表26：行星及對應的夜晚天使

行星拉曼護符

在進行召請時，魔法師一般會在胸部心臟外面的衣袍別上拉曼護符（lamen）。護符墜飾的材質可以為布或紙，其上繪有意欲召請的靈性存在之印記。佩戴對應的靈性存在之記號，除了能夠加速自己與靈性存在的溝通之外，也能提供保護。同時也能當作是現實層面的指示燈號，在召請過程中清楚標明所在位置。召請行星智性與行星精靈時，後者的印記應當在護符朝外那一面，而行星智性的印記應當在護符內側，也就是朝心臟的那一面，當作是額外的防護。這樣的原則在召請守護靈時也同樣適用，亦即負責管控對應守護靈的天使或大天使之印記應當位在拉曼護符內側，即朝向心臟的那一面。

若是進行護符或通神類型的行星魔法，可以佩戴繪有七芒星的通用行星拉曼護符以加入所構築的行星基質；你可以在七芒星的中央加入想要運用的行星印記，此外如果想要的話，也可以在行星印記的背面，即朝向心臟的那一面，繪上對應大天使的印記。七芒星有兩種可以用，應當選擇最想用的那一種。

◆　七芒星，又稱七道光芒之星　◆

七芒星（heptagram）是用於行星魔法、具有七個尖端的星狀圖案，許多魔法傳統都在使用，包括魔法書、黃金黎明會的銀星（Astrum Argenteum）、「真意」的巴比倫之星（Babalon star）及傳統仙靈信仰（Fairy tradition），仙靈信仰的七芒星名為仙靈星（Faery star）或精靈星（Elven star）。七芒星有兩種形式，分別稱作7／3七芒星（參閱圖32）及7／2七芒星（參閱圖34），後面的數字係指若從某一尖端連續一筆畫繪製這七芒星時，其下一步要畫到的尖端會是該尖端旁側第幾個尖端（取數字小者）。

▲圖32：7／3七芒星

▲ 圖33：神之真理的印記（Sigillum Dei Aemeth）

　　最著名的7 ／ 2七芒星應是十三世紀魔法書《誓約書》（Liber Juratus）所載的「神之真理的印記」（參閱圖33）。這幅圖被十六世紀約翰・迪伊博士採用，成為以諾魔法的核心要素之一；其七個尖端也跟古希臘語七母音有所關聯，而這些母音也對應七行星，有些古代法術會用到。人們有時會將從阿爾發（alpha）開始到奧米加（omega）結束的七母音順序以簡寫形式代表七行星，而且認為它本身就是可以念誦或唱誦的強力咒語（參閱表27）。將七母音當成咒語反覆念誦，將有助於發展在進行儀式時會用到的聲音力量。

母音	發音	行星	顏色	位置
阿爾發 Alpha	A〔啊〕	月亮	銀	中右
艾普西隆 Epsilon	E〔欸〕	水星	橘	下左
伊塔 Eta	Ē (EE)〔欸～〕	金星	綠	上左
艾歐塔 Iota	I〔依〕	太陽	金	上右
歐米克隆 Micron	O〔喔〕	火星	紅	下右
悠普西隆 Upsilon	U〔烏〕	木星	藍	中左
奧米加 Omega	Ō (OO)〔喔～〕	土星	黑	頂端

▲ 表27：古希臘語的七母音

　　根據圖34，若將七芒星從頂端開始依順時針方向以一週七行星日的順序排入各尖端，就會發現各自對應的七行星容易記憶，亦即頂端的土星（星期六），然後是太陽（星期日）、月亮（星期一）、火星（星期二）、水星（星期三）、木星（星期四）及金星（星期五）。

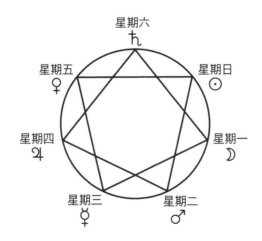

▲ 圖34：顯示一週七行星日的7／2七芒星

◆ 結語 ◆

　　行星的力量如此浩瀚、如此無處不在而且易於取用，若想要善用那些圍繞著我們且不斷旋轉的力量或是與之和諧相處，行星魔法應該算是最有效率的方法。欣賞這些能量的本質，引導其流動並順勢而為，除了有助於改善生活的品質，更重要的是能夠發展靈魂的品質。就其核心而言，行星魔法是更大整體（即太陽系）的結合，藉由習修行星魔法，我們就是在體現那句格言「如其上、同其下」，使自己成為和諧的微觀宇宙以實現魔法偉業，亦即使人類展現應有的偉大。

◆ 推薦閱讀書目 ◆

Agrippa von Nettesheim, Heinrich Cornelius. *Fourth Book of Occult Philosophy*. London: Askin Press, 1979.

———— *Three Books of Occult Philosophy*. Edited and annotated by Donald Tyson. Translated by James Freake. St. Paul, MN: Llewellyn Publications, 2005.

Barry, Kieren. *The Greek Qabalah: Alphabetic Mysticism and Numerology in the Ancient World*. York Beach, ME: Samuel Weiser, 1999.

Betz, Hans Dieter, ed. *The Greek Magical Papyri in Translation*. Chicago, IL: University of Chicago Press, 1992.

Denning, Melita, and Osborne Phillips. *Planetary Magick: Invoking and Directing the Powers of the Planets*. St. Paul, MN: Llewellyn Publications, 1992.

Digitalis, Raven. *Planetary Spells and Rituals*. St. Paul, MN: Llewellyn Publications, 2010.

Fischer-Rizzi, Susanne. *The Complete Incense Book*. New York: Sterling, 1998.

Gettings, Fred. *Dictionary of Occult, Hermetic, and Alchemical Sigils*. London: Routledge & Kegan Paul, 1981.

Kerenyi, Karl. *The Gods of the Greeks*. Translated by Norman Cameron. London: Thames & Hudson, 1951.

Kupperman, Jeffrey S. *Living Theurgy*. Glastonbury, UK: Avalonia, 2014.

Marathakis, Ioannis. *The Magical Treatise of Solomon, or Hygromanteia*. Singapore: Golden Hoard Press, 2011.

McLean, Adam, trans. *The Magical Calendar*. Grand Rapids, MI: Phanes Press, 1994.

Moore, Thomas. *The Planets Within: Marsilio Ficino's Astrological Psychology*. London: Associated University Presses, 1982.

Rankine, David. *Climbing the Tree of Life*. Glastonbury, UK: Avalonia, 2005.

————. *Conjuring the Planetary Intelligences*. London: Hadean Press, 2019.

————, *and Sorita d' Este. Practical Planetary Magick*. Glastonbury, UK: Avalonia, 2007.

Skinner, Stephen, and David Rankine. *A Collection of Magical Secrets*. Glastonbury, UK: Avalonia, 2009.

————. *The Keys to the Gateway of Magic*. Singapore: Golden Hoard, 2005.

————. *The Veritable Key of Solomon*. Singapore: Golden Hoard, 2008.

Taylor, Thomas, trans. *The Hymns of Orpheus*. Philadelphia, PA: University of Pennsylvania Press, 1999.

◆ 作者介紹 ◆

　　大衛・朗金（David Rankine）是作者，也是一名玄學研究者及魔法師，他與伴侶，即祕術藝術家兼刺青師蘿薩・拉古納（Rosa Laguna），一起住在英國格拉斯頓柏立（Glastonbury）。自一九八〇年代早期以來，大衛藉由授課、工作坊、演說、撰文及著書方式為現代祕術領域貢獻良多。他的玄學專長範圍甚廣，包括魔法書傳統、卡巴拉、行星及元素魔法、希臘埃及魔法（Greco-Egyptian magic）以及西方玄學傳統。

　　大衛到目前已經著有三十本書，刊在雜誌與期刊上的文章已達數百篇。他在授課及帶領工作坊所呈現的活潑且蘊含大量資訊的態度相當著名。他本人對於行星及元素魔法相當著迷，認為這是西方玄學傳統的根基，並在其著作《實修行星魔法》（Practical Planetary Magick, 2007）及《實修元素魔法》（Practical Elemental Magick, 2009）探討這些主題。他的其他著作也常討論到這些主題，特別是關於魔法書與卡巴拉的著作。

　　如果想多加了解大衛及其研究，可參考其個人官網（davidrankine.com）。

◆ 圖片出處 ◆

　　圖1-2和10-34出自盧埃林藝術部門。

　　圖3-9出自詹姆士・克拉克。

第四冊
煉金術——丹尼斯・威廉・豪克

「煉金術」（alchemy）一詞源自阿拉伯語「al-khemia」，其意為「源自黑（Khem）之土地」，而這裡的 Khem 是埃及象形文字，代表「黑」，特別是指尼羅河三角洲（Nile River delta）的黑色土壤。因此，煉金術又名「黑之技藝」（Black Art），呼應煉金士常處在黑暗空間的隱密習修方式。

學者認為，埃及煉金術的時代大約落在西元前五千至三百五十年之間，後續則是處在埃及的希臘煉金術時期，即從亞歷山大大帝來到埃及（西元前三三二年）到阿拉伯人的入侵（西元六四二年）。阿拉伯煉金術接續蓬勃發展達五百年，直到約略西元一千兩百年在歐洲開始煉金術的全盛時期。

托特神代表心智的原型概念，是人類所有洞見與靈感的泉源，有句埃及座右銘即是「願托特神每天向你說話」。西元前一五五〇年的厄伯斯莎草紙（Ebers Papyrus）文獻算是世上最古老的書籍，其篇幅長達六十八英尺的卷軸，裡面就寫道：「托特神是人類的嚮導，將自己的說話天賦賜與人類，祂也製作這些書籍，並啟蒙那些從書中學習的人們及願意追隨祂的醫者，使他們能夠製作自己的治病良藥。」[1]

托特其實是希臘文字，意指埃及神祇杰胡迪（Djehuty）——「肖似朱鷺（ibis）」之意。杰胡迪是古時候的月神——朱鷺之所以跟月神有關聯，是因為牠具有弦月般的彎喙。杰胡迪行使「具現」的魔法操作，象徵那永遠都在改變的月亮所具有的變化力量，其魔法將整個宇宙維繫在一起，若無祂的言語，眾神不會存在，而宇宙裡的所有事物都永遠不會改變或進化。

---

1. Bryan, *Ancient Egyptian Medicine*, 21。

希臘化時期（Hellenistic）的赫爾莫波里斯城（Hermopolis），將希臘神赫密士與埃及神托特視為同一個神進行崇拜，而赫密士文獻是跟名為「三倍無上偉大的赫密士」（Hermes Trismegistus，即 Thrice Greatest Hermes 的拉丁文）的古代埃及祭司有所關聯。那些被認為由他所傳的教導，促使人們在哲學、宗教、煉金術與魔法領域發表大量的解釋文獻，這些文獻收藏在亞歷山卓大圖書館（Great Library of Alexandria），當時為西元前三〇五年。

最後，大圖書館收藏的卷軸已經超過四十萬幅，因此成為吸引世界各地學者前來學習的中心。煉金術在如此肥沃的環境中，從一堆毫無章法的熔煉程序及酊藥配方，轉變成赫密士學派之一，專注在了解「轉變」（transformation）的一體適用原則，而這些教導就從亞歷山卓城散播到阿拉伯諸國、美索不達米亞、印度以及中國。

西元前四八年，亞歷山卓大圖書館因托勒密十三世（Ptolemy XIII）與其姊克麗奧佩脫拉（Cleopatra，即埃及豔后）之間的權力鬥爭發生火災，堪稱全人類的重大損失。當時在碼頭作戰的士兵引起大火，吞噬整間大圖書館，附近的兩座神殿則於事後被當成圖書館收藏倖存的卷軸達三百年之久。

然後在西元二九〇年，羅馬皇帝戴克里先（Diocletian）下令銷毀所有在埃及的煉金術手抄本，大量珍貴文獻就此佚失。西元三九一年，狂熱的基督信徒攻擊其中一間神殿，摧毀裡面所有卷軸，並將它改換成基督信仰的教堂。另一間神殿圖書館最後在西元四一五年被抱持基督信仰的暴徒摧毀，將最後一名圖書館員海佩夏（Hypatia）拖到街上，控訴她教導希臘哲學，在她還活著的時候用鮑殼剔除身上的肉。

亞歷山卓之光的熄滅以及針對希臘哲學的迫害，其實是「對於知識的教條控制」及「對於新觀念的恐懼」在掌控這世界的過程所造成的結果。這就是所謂的「黑暗時期」，大約從羅馬帝國的衰亡（西元四七六年）一直到第二千禧年的開始（西元一〇〇〇年），其間智性成長停滯且缺乏創新。

幸好，煉金術與赫密士教導在阿拉伯諸國倖存下來，而阿拉伯入侵者將亞歷山卓手抄本複本帶入西班牙，使這兩者在歐洲得以復甦。阿拉伯人於西元七一一年從摩洛哥渡海過來，並占領西班牙超過七個世紀。伊斯蘭教的統治者展現相當包容的態度，於是當時的西班牙很快成為哲學家、煉金士、魔法師與各門各派自由思想者的天堂。到了西元一一〇〇年，煉金術及赫密士教導手抄本的拉丁文譯本傳遍整個歐洲，因此在歐洲興盛的煉金術又延續七百年之久。

煉金術與通神術裡的赫密士哲學

　　阿拉伯人帶到西班牙的亞里山卓手抄本複本之一即是《翠綠石板》（Emerald Tablet），赫密士藉由這篇深奧短文扼要指出創造的奧祕法則（參閱圖1）。《翠綠石板》後來成為歐洲煉金術的核心文獻，幾乎每位煉金士都會把複本掛在牆上，或是收藏在自家圖書館某處方便觀瞻景仰的位置。他們相信《翠綠石板》含有能夠轉變任何事物的祕密方程式。

圖1：翠綠石板

　　當你閱讀以下的《翠綠石板》譯文時，看看自己是否能夠感受到那藏於字裡行間一體適用的方程式。[2]不過有一點要注意，《翠綠石板》在提到「宇宙」（Universe）時，是指我們在其中生活的物質宇宙，然而在提到「宇宙整體」（Whole Universe）時，則是同時指稱物質宇宙（即「同其下」的「下」）及靈性宇宙（即「如其上」的「上」）兩者。

翠綠石板

以下為確切十足的真理，毫無虛假。

「下」會對應到「上」，而「上」對應到「下」，之所以如此，是為完成
「一」的眾多奇蹟。如同所有事物均是藉由「一的心智」的冥想從「一」而來，
一切造物也是藉由「轉變」從「一」而來。

其父為太陽、其母為月亮，風將其載於腹中，地為其供應養分。它是一切
事物的源頭，是這個宇宙的神聖。而當它被轉變成塵世事物時，其內在力量就
能得到淬鍊而臻至完美。

運用大智慧，輕柔地從火分出地，從粗劣分出細緻。它從塵世昇上天堂，
又從天堂降至塵世，藉此將「上」、「下」兩者的力量結合在自己裡面。

因此，願你能獲得這屬於宇宙整體的榮耀，通透一切晦澀難解的事物。那
是眾力當中的無上之力，因其強大無微不至、其滲透無堅不入。

宇宙的創造過程就是如此，許多美妙的運用方式也依此而生，因為「模
式」就是如此。

宇宙整體的智慧分成三部分，而我全都擁有，所以才有「三倍無上偉大的
赫密士」之稱號。於此，我已完整解釋太陽的運作。

　　《翠綠石板》首先提到的原則就是所謂的「對應原理」（Doctrine of Correspondences），即描述
處在「上」界的靈或能量，以及處在「下」界的物質或具現之間有著緊密的垂直關聯。而名為
《神聖心智》（The Divine Pymander）的《赫密士文集》對於實相當中的這道垂直軸有著深入的解
釋。此文獻據稱是由三倍無上偉大的赫密士所著，描述他與「一的心智」的會面情況以及它向
他揭露的實相本質。[3]

　　《翠綠石板》接著闡述「一」的本質，而煉金士將其詮釋為「初始物質」（First Matter）或
創世的原初材質。這一段的前二句以火（即太陽）、水（即月亮）、風、地的次序呈現四元素，
而跟四元素有關的煉金操作則是：煅燒（Calcination，屬火）、溶解（Dissolution，屬水）、分離
（Separation，屬風）與結合（Conjunction，屬地）。

---

2. Hauck, *The Emerald Tablet: Alchemy for Personal Transformation*, 45。
3. Trismegistus, *The Divine Pymander*, trans. John Everard。

第四段的描述應是最神祕的部分，揭露運用「發酵」（Fermentation，即將物質釀成烈酒／靈性化〔spiritizing〕的過程*）與「蒸餾」（Distillation，運用蒸氣上升、凝液滴下的循環提純過程）的煉金操作以進入靈性領域的方法。

第五段則在描述根據這些指示創造出來的強力第五元素（Quintessence），接續的段落則讓我們知道這個過程是一體適用的模式，掌管發生在任何層次的轉變，它不僅是嵌於自然之中的祕密模式，也是煉金士在魔法偉業中依循的方程式。

最後一段則指明作者為「三倍無上偉大的赫密士」（Hermes Trismegistus）。這個名稱最早出現在一篇莎草紙卷，記錄西元前一七二年在孟斐斯城附近的朱鷺教派聚會[4]。據說他之所以被稱為三倍偉大，是因為他在實相的三個層次——現實、心智與靈性——均有存在。超脫輪迴重生的循環、存在於時間之外，這樣的他已經掌握「太陽的運作」，亦即這個宇宙的內在運作機制。

那在亞歷山卓發展出來的獨特靈性技術，其根基是對於心智與物質之間的緊密連結有著洞澈的直覺領會。這道新的轉變技藝從祭司、魔法師的靈性修習與實驗室觀察法結合而成，它尋求了解事物藉由同時運用物質與靈性兩者的技術而臻至完美的方法。

宇宙進化論魔法的出現

亞歷山卓城在蓬勃發展的同時，古埃及信仰黑刻神（Heka）的教派則有所進化，將諸多信仰與習修方式集結成具有條理的合輯，後來就成為現代魔法的基礎。黑刻魔法的法術，都是用來與特定神祇直接溝通以尋求協助或好運。雖然每位神祇都有自己的黑刻法術，然而該教派的中心焦點仍是以人形呈現的黑刻神，其形象常以男孩表現，而人們認為祂是創意的源頭，提供進行轉變的能量。在由黑刻教派書寫下來的那些法術與護符當中，目前已知最久遠者的年代為西元前四五○○年，而該教派都一直在積極習修，持續至大約西元五○○年。

在亞歷山卓城，黑刻教派的習修方式與普羅提諾、波菲利的新柏拉圖主義哲學融合而產生一套靈性魔法系統，稱為「通神術」或「神聖事工」（divine working）。新柏拉圖主義者將實相描述成從「一」而出的眾多「放射」，而「一」是某種超出這個宇宙之外且難以言喻的存在，人們有時以「善」稱之。從「一」（希臘人稱之為「To Hen」）放射出「神聖心智」（Divine Mind，或稱「精神」〔Nous〕），從「神聖心智」繼續放射出「靈魂」（Soul，即「心靈」〔Psyche〕），包含個體靈魂與世界靈魂。到最後，靈魂是「自然」（Nature，或稱「實質具現」〔Physis〕）的種子。

＊譯註：這過程也許是指第三段最後一句。

4. Copenhaver, *Hermetica*, xiv。

通神術所依據的理念，即個體能夠追溯神聖放射而回歸到自己的源頭。換句話說，個人可以藉由淨化的入門儀式來召喚甚至引導神聖能量，其過程包括勤奮的靜心冥想，還有嚴謹的祈禱、禁食或奉獻儀式。而人們可以影響這個過程所釋放出來的美善能量（或靈性存在），請它們揭露奧祕、完成任務、操縱物體，甚至居住在某個身為靈媒的人類存在裡面。

普羅提諾將靈魂的內在神性與神聖源頭的結合以「合而為一」稱之，並創立教導靜心冥想的學校，用來協助門生達到此境界，波菲利是那間學校的學生。

敘利亞哲學家藹安布里克斯是波菲利的門生之一，他擴展通神術的方法，納入祈請的修習及儀式，以召喚某位神祇的臨在或作為。[5]他將魔法視為心理靈性的紀律，其目的是藉由魔法師經過淨化的意識，將神聖能量帶進日常的世界。儀式魔法則是將魔法師的較高自我或星光層次的自我，與神聖存在連結起來的工具。

藉由重新肯定原初的柏拉圖主義概念，即靈魂降生到物質裡面或靈魂以物質為其軀殼的概念，藹安布里克斯更進一步調整新柏拉圖主義的教導。對他來說，所有物質都跟宇宙其他部分一樣神聖，因為一切物質都在「一的心智」裡面。在《通神術：論埃及的奧祕》（Theurgia: De Mysteriis Aegyptiorum），藹安布里克斯寫道：

> 在通神的紀律為個體靈魂結合宇宙的數個領域，以及遍布其中的一切神聖力量之後，將引領靈魂到創世者那裡，將自己交託給祂，從物質領域所關聯的每一事物解脫出來，而與「唯一永恆之理」（Sole Eternal Reason，即宇宙法則〔Logos〕）結合在一起。我這裡要說的是，這做法將個體靈魂與「一」，也就是支持這宇宙的自有存在（Father of himself）、無因自動者（self-moving），結合在一起。因此，它在創造性的能量與這些力量的概念與品質裡，建構出通神的靈魂。最後，這靈魂變成造物主整體心智中無從分割的一部分。根據埃及賢者所言，這樣的狀態就是神聖紀錄所教導的「最終回歸」（final Return）。[6]

---

5. 編註：關於藹安布里克斯的更多資訊，請參見第一冊〈西方魔法的基礎〉。

6. Iamblichus, *Theurgia: On the Mysteries of Egypt*, 282。

　　藹安布里克斯追溯通神術的源頭到古埃及，並稱赫密士親自在眾哲學家的心智中揭露神聖計畫，他寫道：「赫密士自古以來即是掌管學習的神祇，所以可以合理認定祂是所有祭司共同的守護神，並掌握關於眾神的真實知識。我們的祖先把自身所有著作都冠以赫密士之名，藉此將自己的智慧結晶獻給祂。」[7]

　　藹安布里克斯認為，通神術是一系列的操作，目的是重新找回實相的超驗本質，而其做法是依循那處在物質與靈性兩種存在層次的神聖印記。這種操作由靈魂進行，而非心智。人類心智無法掌握究極實相，因為「一的心智」為超理性（supra-rational），且超越空間與時間。藉由在眾層次之間「以相似對應相似」的原則，將會發展出強力的象徵與深刻的示意，體現出文字無法表達的超驗能量。

魔法偉業的神聖目標

　　在亞歷山卓城，煉金術與通神術受到新柏拉圖主義的影響，進化成具有相同魔法偉業理想的靈性修習法門。將靈魂或是植物與礦物的靈性本質分離出來並加以純化，這樣的過程一直以來都是煉金術裡實際實驗操作的一部分，只不過那時的重點是在人的靈魂以及宇宙整體的進化及完美。

　　在亞歷山卓城發展的靈魂科學有強大的效果，是實用化學、心理學、靈性與魔法混合而成的獨特學問。煉金士與通神士相信所有的物質都是活的，都具有自身創造者的神聖印記，而該印記會使物質緩慢進化成神聖意志的完美表現。他們的目標就是加速這種趨向完美的自然過程——將被困在物質的靈性本質復甦過來，並促使處在休眠狀態的事物能夠活躍並開始生長。

　　法國魔法師埃利法斯・列維在其著作中寫道：「魔法偉業的首要目標即是人對於自己的創造，也就是說，完整且全面掌握自己的能力與未來，特別是自身意志的完美解放，確保對於『萬用魔法介質』（Universal Magical Agent）有著完全的操控力量。古代哲學家用『初始物質』的名稱來掩飾這個介質，而它為可供更改的物質決定其形體。我們可依循其方法而真正做到金屬變化及『萬應藥』（Universal Medicine）。」[8]

---

7. Iamblichus, *Theurgia: On the Mysteries of Egypt*, 25。
8. Levi, *Transcendental Magic*, 58。

煉金術與魔法的初始物質

對於通神術及煉金術的習修者而言，「初始物質」（Materia Prima）的概念都是其學問的核心，使他們能統合在魔法偉業之中（參閱圖2）。「初始物質」是含納一切可能性的原初混沌，為尚未組織化的能量或原初物質。一切物質都含有相同的無形「初始物質」，其存在狀態介於能量與物質之間。就赫密士學派的觀點來看，初始物質是由混沌浮現出來，並由「一的心智」的意識之光予以控制。

煉金士相信「初始物質」是真實的物質，而且能從物質萃取出來成為可見的實體，他們甚至還把它列為個人實驗所需原料之一。而用來操縱它的初始工具，就是煉金士與「初始物質」建立的靈性連結，他們的意識在這連結中與「初始物質」產生共鳴並改變它。靜心冥想、祈禱與儀式都是煉金士與魔術師在追尋「初始物質」時會用到的工具。

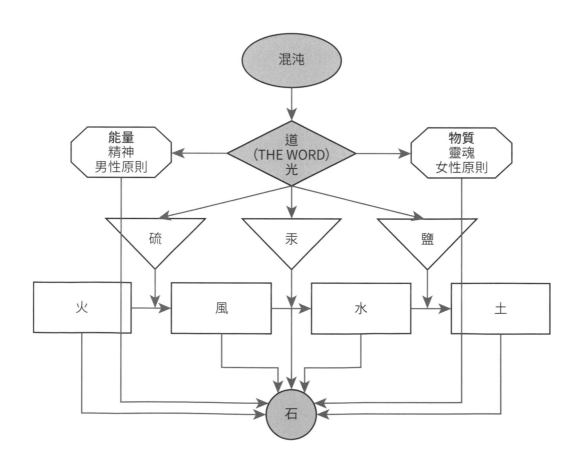

▲ 圖2：初始物質

對於初始物質的操作，可在煉金士對於金屬的操作過程中清楚得見。煉金士認為金屬是在地底自然成熟，逐漸從像鉛之類的基底金屬轉變成諸如銀、金之類的貴金屬。藉由使用負責該過程的初始物質，即可加速這過程，而在金屬的操作過程中所使用的「初始物質」就是汞（mercury）。

汞之所以被視為眾金屬的初始物質，是因為它具有液化其他金屬並予以平衡的能力。眾金屬若要轉變，就得在火中熔成液狀，然而汞在自然狀況下已是液態，能依容器的形狀改變，並清楚反映附近的事物。如同另一個名稱「水銀」（quicksilver），它一直在改變，就像具有生命；而它也是天體之一＊，是最靠近太陽的行星，在諸天之中看似有自己依循的道路──甚至有時會倒退而行。

文藝復興時期瑞士籍煉金士帕拉塞爾斯（Paracelsus, 1493-1541），將汞的地位提升至名為「三要素」（Tria Prima）的三合一原始之力其中一道宇宙力量；會冒火的硫（即硫磺）等同於能量、鹽（立方體的鈉化合物）象徵物質，而具有閃亮、反映特性的汞則關聯到光。「三要素」成為中世紀煉金士普遍應用的理論，而且這個概念仍以能量、物質與光的象徵繼續存在於現今科學理論（即 $E = mc^2$）。

在魔法的操作中，硫就是具有變化性質、永遠都在燃燒的「生命」或「靈魂」（anima），鹽代表「軀體」（corpus）或是被具現出來的現實效應，而汞則是「精神」（spiritus），或是意識所具備的轉變力量。就應用而言，硫就是上方靈性領域與下方具現領域之間的擴張力或結合介質，鹽則是這當中的收縮力或維持介質，而汞則是意識的意志力或轉變介質（即列維的宇宙魔法介質）。

許多祕修團體將赫密士學派的煉金術以及「三要素」理論納入教義之中，包括美生會、神智學、東方聖殿騎士會、陽金會（Aurum Solis）、黃金黎明會，以及好幾個屬於玫瑰十字會及聖殿騎士（Templar）的團體。[9]根據列維所言，赫密士學派的信念是一直存在的哲學，無論遭受多少打壓，仍然持續以不同的形式重複出現。

以下是列維的觀察：「在古代教義的神聖階級與神祕比喻的字裡行間，在所有入門儀式的幽微祕密及怪異考驗的背後，在所有神聖文獻的印記底下，在底比斯古城（Thebes）廢墟之中，在古老神殿逐漸崩塌的石材及獅身人面像（Sphinx）的黑化面容上，在《吠陀經》（Vedas）美妙繪圖及古代煉金術文獻的謎般象徵之中，在所有祕修團體所進行的儀式裡面，到處都可以看見一模一樣且被細心隱藏的赫密士學派信念。」[10]

＊　譯註：即水星。

9.　編註：第八冊〈黃金黎明會〉有更多關於該組織的資訊，而第九冊〈泰勒瑪＆阿萊斯特‧克勞利〉則有更多關於東方聖殿騎士會的資訊。

10. Levi, *Transcendental Magic*, 1。

◆　赫密士學派煉金術的習修方式及其技術　◆

　　赫密士學派習修方式的基本特色就是隱匿與祕密，連專有術語「氣密」（hermetically sealed*）也有用到，意思是將某容器完全密封到氣體無法出入的程度。這種完全封閉、不受汙染的靈性環境，就是赫密士學派進行靜心冥想、儀式與入門的地方。

　　在實修層面，赫密士學派通往開悟的真正道路不在於理論方面的長篇大論，而是在於「守默」（cultivation of silence）。赫密士告訴他的兒子塔特（Tat）要成為「一個純然的容器、一個能在靜默中領會的子宮」**，並在《論第八及第九天殿》（Discourse on the Eighth and Ninth）中指示兒子要「在靜默的時候歌唱」[11]，藉由維持寂靜的接受，讓宇宙的聖詩流過自己。名為「赫密士之子」（Sons of Hermes）的赫密士門徒，他們僅靠「不做任何努力的純然接受」就達到「一」的最初臨在境界，之後才積極與它的創造能量合而為一，他們的意識會在那時得到神聖的靈感。

玫瑰十字會的煉金術

　　玫瑰十字會從一開始就以煉金術為其基本教導之一，這個祕修團契據稱是在一四○七年由克里斯提恩・洛森庫魯斯（Christian Rosenkreuz，其姓氏的字面意義就是 Rosy Cross，即「以玫瑰裝飾的十字」）所創。玫瑰十字會的初始組織由獻身於「更高的善」的八位單身男醫生所組成，開始治療病患且不收費。對他們來說，以玫瑰裝飾的十字象徵著更高的善及領會。

　　這個原初團體在多年後增長成由煉金士及賢者所組成的祕密兄弟會，他們的理想則是將歐洲的藝術、科學、宗教與政治轉變成更加開明的世界觀。在十七世紀早期，這個兄弟會藉由發表三份宣言以公開自身存在，這些是《兄弟

11. Meyer, *The Nag Hammadi Scriptures*, Codex VI, Section 6.6。
＊譯註：直譯即是「以赫密士的方式封印」。
＊＊譯註：出自 CORPUS HERMETICUM 13.2。

會宣言》（Fama Fraternitatis, 1614）、《兄弟會自白》（Confessio Fraternitatis, 1615），以及1617年名為《克里斯提恩・洛森庫魯斯的化學婚禮》（Chymical Wedding of Christian Rosenkreutz）的煉金術文獻，後者是以約翰・迪伊的單子（Monad）符號作為開始。

　　在一六一四至二〇年間，討論玫瑰十字會文稿的出版書籍已超過四百本。到一七〇〇年，玫瑰十字會已成長為煉金士、魔法師、科學家與哲學家最具影響力的運動，致力於應用煉金術的操作使個人與社會趨向完美，而擁護該團體的著名煉金士包括約翰・迪伊（1527-1608）、海因里希・昆瑞斯（Heinrich Khunrath, 1560-1605）、法蘭西斯・培根（Francis Bacon, 1561-1626）、羅伯特・弗拉德（Robert Fludd, 1574-1637）、伊萊爾斯・埃胥莫（Elias Ashmole, 1617-1692）、湯瑪斯・沃恩（Thomas Vaughan, 1621-1666）、羅伯特・波以耳（Robert Boyle, 1627-1691）、艾薩克・牛頓（Isaac Newton, 1643-1727）、聖哲曼伯爵（Count St. Germain, 1691-1784）與卡流斯卓伯爵（Count Cagliostro, 1743-1795）。玫瑰十字會的煉金術是現實與靈性兩方技術的融合，其依據是轉變的通用原則。因此，煉金術的操作不僅能運用在實驗室的工作上，也能用在心理與靈性的轉變。玫瑰十字會體系的入門之路包括內外轉變的九個階段，其中三個屬於人類靈魂、三個屬於人類精神，還有三個屬於人類身體。玫瑰十字會的哲學產生出將近五十個新的玫瑰十字組織，頗具影響力的黃金玫瑰十字互助會（Fraternity of the Gold and Rosy Cross）由煉金士山謬・里契特（Samuel Richter, 1690-1760？）在一七四〇年於德國創立，而美生會的組織制度則是在一七七〇年納進新的玫瑰十字級次與儀式。玫瑰十字社（Societas Rosicruciana）則在蘇格蘭成立，只有持基督信仰的美生會導師（Master Masons）才能入會。玫瑰十字會對於許多其他組織有很大的影響，包括馬丁教派（Martinists）、聖殿騎士團（Knights Templar）、黃金黎明會、人智學學會（Anthroposophical Society）及神智學學會（Theosophical Society）。現代的玫瑰十字組織則包括丹麥籍祕法家麥克思・韓德爾（Max Heindel, 1865-1919）在一九〇九年於美國加州創立的玫瑰十字協會（Rosicrucian Fellowship）、祕法家楊・凡・里肯勃（Jan van Rijckenborgh, 1896-1968）在1924年於荷蘭創立的金色玫瑰十字國際學校（Lectorium Rosicrucianum）。而這當中最大的組織應數玫瑰十字古祕團（Ancient Mystical Order Rosae Crucis, AMORC），是由

哈維‧史賓瑟‧路易斯（Harvey Spencer Lewis, 1883-1939）在法國接受玫瑰十字會奧祕的入門之後所創，並在一九一五年於美國紐約設立總部，一九二七年將總部移至美國加州聖荷西。

歐洲的赫密士之子

在歐洲，赫密士思想的影響與日俱增，並傳進基督信仰的教會之中，引發一些屬於基督信仰的神祕主義運動，而「寂靜主義運動」（the Quietist Movement）算是當時最流行的神祕主義運動之一，係由西班牙天主教大德蘭聖女（Teresa of Ávila, 1515-1582）以及莫里諾斯神父（Miguel de Molinos, 1640-1696）的著作中產生。

如同赫密士之子，寂靜主義者相信人類的靈魂具有經驗到內在神性的可能性，能夠身處塵世而達到神聖合一。文藝復興時代有許多以寂靜主義的方式在個人密室習修的煉金士，我們可從他們所寫下的紀錄與日誌中看到這部分。這套共計四階段的習修方式相當有效，詳述如下：

寂靜主義之道[12]

第一階段──靜默（Quieting）

在開始靜默階段時，找到舒適的坐姿，脊椎打直、閉上眼睛；不要以躺姿進行靜默階段。最適合進行的時間是清晨、小睡過後、個人休假，或是其他能夠獨處不受打擾的時間。

這個基本的靜默階段會在身、心、靈所有層次進行。一開始先從身體的層次靜默，將自己的注意力慢慢地撤離身體感覺與感官資訊。藉由放鬆肌肉、釋放緊張，使自己的身體「柔軟」下來。

心智層次的靜默階段，是指使喋喋不休的思緒想法以及盤旋的情緒能量平靜下來。在開始階段中，由於心智機能還未完全純化，因此個體會傾向於分心在那些揮之不去的想法、情緒、記憶、幻想、計畫、擔憂及其他徘徊在心智當中的印象。只要無視它們就好，不須刻意

---

12. Hauck, "Searching for the Cosmic Quintessence," *Rose + Croix Journal*, 9。

用任何方式企圖控制它們。盡量別把力氣用在設法把它們推離或消除。只要不再給予任何注意力，它們會自行融化消失。

　　在這種活動中也會出現其他分心狀況，如靈感、突破性的想法以及自我審視的評論，像是「我這樣有做對嗎」、「我感覺好平靜喔」等等。這些執著──即便是正面的執著──也會使心智向下進入對於塵世事務的關注。

　　心智應為澄澈，沒有任何想法或印象──這樣的境界也許要花些時間才能達到，但終究會達到的，只要你保持融解、臣服的態度，持續將一切降到純然覺察的狀態就好。在達到心智層次的靜默時，使注意力停歇在雙眼後面或前額處。

　　靈魂層次的靜默階段，是指自塵世欲望解脫。藉由鬆手、不再抓緊那些讓人不得安寧的罪惡感、貪婪、驕傲等等任何打擾人心的欲望，使我們內在的存在狀態得到撫慰。克服匱乏、罪孽或自卑的感受是必要的，並且也要了解，無論這個世界或是這個從靈魂浮現出來的暫時自我所做的任何行為，都無法束縛無限的靈魂。若成功達到靈魂的靜默，會有充滿愛的純真感受以及超出經驗範圍的平安。

　　當身體、心智與靈魂靜寂下來，接下來就專注在「守默」。這裡的功夫主要下在個體意志上，它會消逝於聖潔的「止」（Stillness）當中的神聖顯現或受其吸收。請記得，那消融自己的事物正是「止」本身。

　　別用設下時限或設定鬧鐘的方式來結束靜默階段。你在這階段能做多久就做多久，而當你覺得時候已到，緩緩退離這座「內在實驗室」並結束當次習修。使這一切得以進行的要素就是意願的清晰，當這股清晰不見時，就是該停的時候。

第二階段──歸復（Reversion）

　　在掌握靜默階段之後，就從那裡直接移到第二階段，也就是「歸復」。在歸復階段中，重點在於將自己完全臣服於神聖意志，以及尋求更高層次的指引以替代自己的個人意志。諷刺的是，這樣的情境最容易發生在個人改變自己的努力中感到勢窮力竭、挫折失望的時候。這也有可能發生在任何人身上，就是當個人想要為自己的生命做出不凡的事情，卻被同儕、家庭、工作、社會期待、教條或其他文化限制所阻撓的時候。

　　若要真正了解歸復的意思，你必須了解自己在過去是如何拒斥那處在自身生命中的神性。有些人把自己栽進日常家務、繁忙活動、義務以及工作，從不去認知自身生活中的靈性

層次。他們不相信神祕經驗，或是認為接受這樣的概念會干擾自己的現實目標；有些人則是因那些需要投入全部時間與心力的催命工作而消耗殆盡，根本沒有經驗靈性的餘裕；還有一些人則是藉著貪婪、否認、陋習，或者僅是生活中缺少愛，而用唯物主義的態度硬心面對這個世界。

在這階段的習修是反思自己的失敗以接受靈性的實相。反思那一切如何奪走自身生命的深度與意義，並認知到自己的靈魂因此受傷。整個過程到最後應當只剩想要得到療癒，使自己再度完整的真誠衝動。

第三階段──憶起（Recollection）

寂靜主義之道的第三階段是「憶起」，這個過程是超越二元性，並肯定一切事物的神聖源頭。憶起階段的開始，是將心智強烈聚焦在「個體專心於靈魂撤離塵世欲望的過程，以及進入對於靈性熱情之力的虔誠冥想」之中。因此在進入第三階段之前，得先熟練前兩個階段才行。

憶起階段的主要工具是深沉的冥想，必得在心中進行，而不是靠智性實現。你的心中發展出來的虔敬，其深厚遠遠超過遵守教條或進行儀式所能達到的程度。當靈魂衷心欲求神聖意志來帶領時，這份位於心中的純粹會成為堅定不變的指引。

就赫密士學派的觀點而言，從經過淨化的心當中浮現出來的靈就是托特／赫密士。在習修當中，個人必須要同意的是，為了要進入這個過程的最後階段，自己的確需要來自神聖層次的協助──亦即某個跟自己的存在完全沒有關聯的神聖事物──以提供相應的信任及實現的信心。

這裡的重點是保持在深沉冥想的狀態，並持續停留在心中，直到自己的個人自我消融無蹤。若以靈性化學的術語來說，靈魂的載具必得「以赫密士的方式完全密封」，使靈魂完全不會受到塵世任何事物的汙染。神聖恩惠會突然顯現，那是不會錯認的現象，而你會因此感到精神「振作、更新」。

「在那一刻，毫不遲疑地立刻停止冥想，放棄所有幫助你到此境界的方法。」 你的靈魂必須容許那股神聖在自己裡面運作──還有流過自己。靈魂必得不受任何阻礙地自然綻放，並盡可能容許那股恩惠繼續流動下去。

第四階段──灌注的冥想（Infused Contemplation）

寂靜之道的最後一個階段，也許要花一些時間才能達到，因為靈魂的綻放取決於持續敞

開那扇朝向神聖恩惠的門戶。這個階段直接從前一階段開始進行，個體進入毫不費力的冥想中，觀照神聖能量的灌注。在某個更加偉大的存在顯現之中，這樣的情境會以擴展的陶醉及深切的謙卑來經驗，個人會感到完全滿足、生機盎然，且別無所求。狂熱的追尋就此結束，個人是在靈知的喜樂當中存在。這是人類能夠達到——而且前人已經達到——的稀有、美妙狀態。

個別的靈魂也是這個宇宙更加宏偉的靈魂當中不可分割的一部分。由於個人能藉由共同居住在相同的神聖空間而與神聖心智合而為一，因此個人的靈魂也是這個宇宙的中心。

為了要停留在這個神聖空間，就需要持續的克己忘我及禁慾苦行。驅除在任何層次出現的驕傲與自私是必要的，使那裡只剩下一個簡單且純粹的欲望，那就是「留在神聖顯現之中」——這就是靈魂的欲望，也是它的真正歸處。

落實神聖能量

在灌注的冥想當中，入門者所擔任的角色就是成為神聖能量的完美容器，然而僅是思索或觀想是不夠的，個人還得在這個最終階段持續處在完全被動接受的狀態才行。身體的感受終將消失，記憶與想像將被吸收到神聖之中，而當能量濃縮、降生成新的形體時，個人的存在將充滿狂喜的感覺。

藹安布里克斯將這個新的形體稱為「發光體」（Augoeides），它也被稱作「赫密士的斗篷」（Cloak of Hermes），也就是入門者在克服塵世意識的限制之後，籠罩自己的實質發光體或是經過轉變的靈性體。在黃金黎明會傳統中，克勞利則教導從入門者出生的發光體可視為一個完全獨立的存在——也就是更高層次的靈或守護天使。

不過，若要將神聖能量落實在這世界，發光體僅是可以採用的形式之一。煉金士則將往現實世界進行的意識投射或欲望具現稱作「化學化」（chemicalization），不過它跟實驗室的化學物質沒有任何關係。這個術語是指運用特定方法將個人的靈性力量濃縮成「以太化學物」（etheric chemicals），能在現實世界發生反應並導致效果。以下則是這一整套心理 — 靈性過程各階段的描述：

化學化第一階段——密封（Sealing）

在第一階段，首先得出想達成之目標的清楚影像，接著努力將那些跟自身目標有關的要素與原始力量分別出來。接下來將這些還未經雕琢的想法與情緒密封在「轉變容器」（Vessel of Transformation）——可以是某個儀式空間或是自己的心智，然而必得用赫密士的方式完全密封，屏除外界的影響。這是在「內在實驗室」進行的操作，並且在連結所欲求的狀況或願望之原型本質時，也許要花費一些心思。根據這些原型要素的身分與特質，須將其區分成各自獨立的「化學物」。

第二階段——攪動（Agitation）

這是將密封容器裡面的能量予以攪動、使之活化的過程，其中會有積極的想像，即觀想與引導性的想像，這些想像是設計來促使那些困在裡面的要素能夠表達、釋放出它們的原型能量。

第三階段——燃燒（Combustion）

在使變幻無常的「內在蒸氣」釋出之後，你會以強烈、專注的意念使那些能量燃燒起來，加大火力以控制、引導能量去完成目標。一開始會有一段刻意為之的混亂、激動與燃燒的過程，在這個混亂的狀態中，你將會在血液——也就是你的感受與欲望，而不是心智——當中找到自己尋求的真理。

下一步則是將自己的意願果敢、堅決地插入這個內在汽鍋，將你的意志以炙熱強勢之姿，臨在那些被困在裡面的能量之上。在逐漸控制的過程中，能量到最後會改變成比較聚合的形態，並開始像岩漿那樣自由流動。

第四階段——退火（Withdrawal）

立刻撤下那股充滿意志的熱焰、關掉意識之火的強勢聚焦，必得讓那毫無任何思想與情緒的全然寂靜遍及一切。現在容器裡面的要素是以自己的熱度進行烹調並消化自己的體液。過程當中也許會出現一段黑暗，那是屬於你內在的懷疑或沮喪，然而這是過程中會有的部分。如要成功，你得要能夠放下，但又不會到失去興趣的程度。

第五階段——具現（Manifestation）

在儀式結束之後，原初的欲望或目標會逐漸在生活中再度顯現。然而你必須不催促或過度渴求它。在這個時間點，絕對不要跟別人談論或分享這段經驗。熱情需要受到約束，讓欲

望逐漸獲得力量，容許能量按照自己的步調朝向目標流動與凝結。你所孕育出來的意願，需要時間在黑暗中成熟。不久，欲望將具現為實相，甚至會具現在意想不到的時候。

這段投射與具現的過程需要許多內在工作與紀律。你必須學會犧牲自己，因為你就是這段過程會用到的原料之一。將自身欲望、意志及想像力予以純化及濃縮的過程，會將你的「祕火」（Secret Fire）在更高的層次重新點燃，而那層次會像獨立運作的力量或侍從，能為那股持續進行的轉變添加柴火。

煉金術的操作

諸多煉金術文獻裡面的實驗室操作名詞會不太一致，甚至連操作步驟也會超過七十項。例如以占星學為背景體系時，經過黃道的整個過程就有十二項操作。＊而這體系的魔法偉業就會依循占星學的十二星座進行，即牡羊座（煅燒〔Calcination〕）、金牛座（凝結〔Congelation〕）、雙子座（固著〔Fixation〕）、巨蟹座（溶解〔Dissolution〕）、獅子座（消化〔Digestion〕）、處女座（蒸餾〔Distillation〕）、天秤座（昇華〔Sublimation〕）、天蠍座（分離〔Separation〕）、射手座（滴融〔Ceration〕）、摩羯座（腐化〔Putrefaction〕／發酵〔Fermentation〕）、水瓶座（加乘〔Multipication〕）及雙魚座（投射〔Projection〕）。

一般來說，絕大多數煉金步驟都會縮減成六或七項基本操作。像是煅燒與焚化（incineration）、凝結與凝固（coagulation）、分離與剔除（purgation）、餵食（cibation）（若用在描述「適時加水」的步驟時）與溶解或溶化（dissolution），這些都是相似操作的名稱。有時某些操作是彼此的一部分，例如腐化（或消化）是發酵過程的一部分，而昇華也是蒸餾的形式之一。

在冊末的「萬應藥」（Azoth）圖像中（參閱圖16）所看到的行星／金屬的序列，會有七項操作與之對應，會從土星／鉛開始往上運作到太陽／金，不過這圖像有兩種安排方式。在托勒密的「天動學說」中（Ptolemaic system, 140-1600），地球是宇宙的中心，太陽、月亮及其他行星均環繞著地球。在這個系統中，太陽是在第四道光（結合），月亮則在第五道光（發酵）。而哥白尼的「日

心學說」（Copernican system, 1543–）則反映出真正的行星配置方式，即太陽在太陽系的中心。這種現代的行星次序模式（即圖16），深受心理學家及當代魔法師喜愛，其月亮是在第六道光（蒸餾），太陽則在第七道光（凝固）。

然而煉金士喜歡將操作的順序弄亂，仔細描述那些操作的正確順序之圖像也很少，使得整個狀況更加混淆不清。不過這當中看似有維持一致之處，就是轉變的四個階段。第一階段是黑色（Black）階段，即摧毀現有的架構或習慣；第二階段是白色（White）階段，即對存留下來的要素予以淨化的階段；第三階段是相當短暫的黃色（Yellow）階段，象徵微量的金或是內在之光的顯現正在發生的時候；最後的紅色（Red）賦權階段則是靈與物質的究極融合。

黃金黎明會及玫瑰十字組織的奧祕煉金術，認為魔法偉業最主要的階段是白色與紅色階段。在其傳統中，內在純淨的白色階段以及向外投射的紅色階段各自含有三到六項煉金操作。

白色與紅色階段會在最後的結合操作一起進入（位在地球上的）大師的內在。這是源自古埃及或托勒密的天動學說、將地球視為宇宙中心的煉金術，它表現出有別於其他靈性或宗教運動的重要特點，即它意謂臻至完美的最後階段不會在某個虛無縹緲的天堂，而是在「這裡」，也就是屬於物質的地球。就這觀點而言，魔法偉業的真正目標就是物質（還有人體）的靈性化。

＊ Pernety, *Dictionnaire Mytho–Hermetique (Mytho–Hermetic Dictionary)*, 99。

實驗室裡面的儀式與祈禱

煉金士的實驗室是神聖處所，上層的靈性力量在此與下層的現實運作結合在一起（參閱圖3）。在煉金實驗中，煉金士與手邊的物質認同，並在物質的轉變過程中跟它一起承受淬鍊，於是實驗就成為儀式。而在進行煉金化學的實際運作時，會與祈禱及冥想同時進行。

在煉金實驗室中，經常會有一個名為「祈禱室」（Oratorium）的特別房間或帳篷，讓煉金

▲ 圖3：實驗室

在煉金實驗室中，經常會有一個名為「祈禱室」（Oratorium）的特別房間或帳篷，讓煉金士能夠獨處以進行冥想或祈禱。「祈禱與工作」（Ora et Labora）是煉金士的指引名言。在接下來的兩項實驗流程，即製作酊劑與丹藥，我們將會看到物質與靈性的結合如何發生。

製作靈性化的酊劑[13] 步驟一 ——準備溶媒

「溶媒」是煉金士在稱呼酒精、酸、甘油、油或其他溶劑時所用的詞彙，用於從某物質當中萃取裡面的要素。就藥草酊劑或丹藥而言，最適合的溶媒是高酒精濃度的葡萄烈酒。然而它的製作有其難度，購買的話也頗昂貴，所以現今的習修者大多會用沒有味道的 Everclear（美

13.Hauck, *Spagyric Alchemy*, 23。

國製，酒精濃度95％）、Spirytus（波蘭製，酒精濃度96％，有「生命之水」之稱）、巴爾幹伏特加（Balkan Vodka，酒精濃度約90％）或是一般伏特加（酒精濃度40％）。

你也會用到一個約為一百到二百毫升的乾淨果醬罐或氣密罐。如果容器的蓋子是金屬，就得先用保鮮膜包住蓋子，而金屬製的湯匙或其他器皿用具也應該完全避免接觸到溶媒或酊劑。這是因為金屬會把你想要捕捉與控制的靈性能量導走及改變。請記得把煉金士的容器當成儀式用品對待，不能當成日常使用的瓶瓶罐罐使用。

步驟二——記號與時機

在你開始運用某藥草之前，先去了解它的記號，亦即親手處理它，留意顏色、氣味及體態構造，並泡出一壺藥草茶品嘗，還有研究跟其有關的民間故事與性質，亦即對它知道愈多愈好。運用你對某藥草的知識與熟悉度，嘗試在冥想中連結該藥草的靈魂，釋出它的原型力量以捕捉之。

在理想狀況下，所有用在藥草的重大操作，像是摘採、乾燥、碾碎、混合及萃取，都應當在掌管該藥草所屬行星的行星日當中的正確行星時開始進行。（行星日查表資訊可從以下連結下載：Alchemystudy.com/download/Planetary_Charts.pdf）

將要製作酊劑的藥草洗淨。煉金士愛用的療癒藥草是屬於木星的香蜂草（又名檸檬香蜂草），不過任何可以食用的藥草都能用來做成酊劑。將藥草放在「敞開」的烤箱以低熱度（低於攝氏八十二度）乾燥二到三小時。如果無法取得新鮮藥草，也可以用經乾燥處理的藥草或散裝的藥草茶末製作。

步驟三——開始萃取

萃取過程須在該藥草所屬行星的行星時開始進行。先進行冥想與祈禱以建立容器裡面的神聖空間，然後取出乾燥的藥草碾碎。碾碎的過程可以用缽杵或是咖啡磨粉機磨成粗末，即金屬器具可用於處理乾燥的藥草，但不能用來處理溶媒或酊劑。在罐中放入藥草末，其體積約為罐裝容量的四成（如罐子容量為一百毫升，就放入四十毫升的藥草末），然後帶著專注的意願，將溶媒倒入罐中直到淹沒全部的藥草末，但不能超過罐裝容量的三分之二。使用可以緊閉的蓋子，將罐子「以赫密士的方式完全密封」。

步驟四——培養

在培養的開始，用布或錫箔紙包裹整個罐子。罐子在開始進行培養時不得見光，然後將罐子放在溫暖的地方，靠近（但不是貼近）電熱器、壁爐或電熱水壺。每天一到二次用力搖晃罐子，並在搖晃的同時觀想藥草樂意給出自己的本質或靈魂。

步驟五——蒸餾

罐子內的液體在變熱時會蒸發，然後再度冷凝。當這種自然的內在蒸餾過程重複進行時，藥草的靈魂就會緩慢地再生，逐漸趨向完美的狀態。這種像是反覆咀嚼的循環與浸軟過程，在酊劑製作中相當重要。隨著時間經過，罐中液體顏色會愈來愈暗沉。就煉金術的觀點來說，這個「著色階段」是「汞」（即達到烈酒濃度的酒精）從「鹽」（即植物的實體）萃取出「硫」（靈魂本質）的過程。

這個過程需要持續進行二到三週，直到酊劑色澤變成暗黑。這就是你的「哲學之童」（Philosophical Child），須以關懷的態度待之。別讓其他人觸碰罐子，甚至連探看內容物也不可以。每當你拿起這個罐子，就觀想在罐裡赫密士子宮的黑暗中，從黑暗的藥草物質誕生出像硫那樣冒出火光的靈魂。

步驟六——為汞賦生

當液體的色澤已充分變暗之後，讓罐子先冷卻到室溫再打開。開罐的動作會被視為復甦的藥草靈魂出生之際，就像嬰孩出生的第一口氣那樣，對於個體的生存來說是相當關鍵的時刻。

在名為「為汞賦生」的過程中，煉金士將酊劑帶出密封罐的子宮使其甦生。在小心打開罐子的過程中，觀想那將生命賦予這世界的眾多力量。如同《翠綠石板》所言：「其父為太陽、其母為月亮，風將其載於腹中，地為其供應養分。」[14]那位於上方、屬於天界之火且帶來生命的太陽之精，被風攜帶而來，並藉由呼吸進入身體。而來自下方、屬於具現且提供養育的月亮之精，則將活著的靈魂內的能量落實下來。

用你的雙手溫暖罐子並冥想這個神聖過程，同時讓酊劑自行呼吸。藥草的靈魂已經復甦，並因靈的進入而充滿生氣。

---

14. Hauck, *The Emerald Tablet*, 45。

步驟七──獲取活酊劑

酊劑至此已是活物，能自行存活。將那團植物泥裡面的液體統統榨出，然後使用中孔濾紙或咖啡濾紙過濾液體，直到變得乾淨、毫無渣滓的程度。過濾後的酊劑所含的是，藥草的「硫」或靈魂（也就是其精油），且結合「汞」或精神（即烈酒）。

製作丹藥[15]

步驟一──焚化渣滓

如果想要在完成酊劑之後接著製作丹藥，就留下酊劑製作過程所有的渣滓與廢物，內含有「痰」（即液態的渣垢、浮沫與黏糊糊的東西）以及用濾紙移除的「糞」（即固態廢物及渣滓）。那些固體物質是藥草已經消耗殆盡的「鹽」或已經死亡的身體──煉金士稱之為「死頭」（caput mortum）。

丹藥的原文「elixir」源自阿拉伯文的「Al-iksir」，其字面意思是「源自灰燼」（from the ashes）。製丹的過程是關乎將藥草殘留物燒剩的灰燼所含的不死本質純化出來並予以復甦。

將前述的廢物、渣滓放進抗火材質的碗、壺或烤盤中，上面覆以鐵絲網。將這團富含酒精的物質點火使其燃燒，它會開始焚燒、焦烤。就讓那些已經死亡的植物材質自行燒到熄滅並冷卻下來為止。

步驟二──純化灰燼

將灰燼從一開始的焚燒之處取出，用鉢杵磨成細末，然後將灰燼放在坩堝或是防火材質的盤子，蓋好之後送進烤箱以機器能提供的最高溫度加熱，直到灰燼轉成灰白色。繼續用更高的溫度加熱，使灰燼轉成純白色。再以攝氏一六五〇度的高溫連續加熱數天，使灰燼轉成紅色。你也許要重複這個過程多次，才會得到足夠使用的量。煉金士有時稱這些灰燼為「新身體」（new body），或是復甦的「鹽」。

---

15. Hauck, *Spagyric Alchemy*, 31。

步驟三──酊劑加入灰燼

在藥草所屬行星的行星日及行星時，將之前所做的酊劑與純化的灰燼混合。將灰燼放進燒瓶中，再將整個酊劑倒入──如果酊劑在那時還活著的話，應該會有輕微的嘶嘶聲響。在將燒瓶劇烈搖動之後，以赫密士的方式完全密封之。

步驟四──培養混有酊劑的灰燼

將燒瓶放在保溫箱裡面或是擺在某個熱源旁邊，讓它進行消化的過程，每天搖晃燒瓶三次。在這過程中，那些經過純化的灰燼（或復甦的「鹽」）大多會被酊劑溶解吸收。三週之後，將瓶中殘留的液體倒掉，只留下瓶中新的「鹽」殘餘物。然後再度密封燒瓶，放在保溫箱或是沒有直接光照的溫暖處所靜置數週。

步驟五──為丹賦生

將容器打開，讓裡面的物質做出第一個呼吸的出生過程，如在酊劑製作步驟六（為汞賦生）所提及。燒瓶持續開著，讓裡面的物質逐漸乾燥並形成顆粒。在乾燥之後，將重生的「鹽」刮下並取出來，在「溫暖」的研缽中磨成細末，然後將重新賦生的丹藥儲存在乾淨的暗色玻璃瓶罐。

這個階段所得到的丹藥粉末，名為「投射之粉」（Powder of Projection），象徵藥草的靈魂復甦成為更高層次或靈性化的新身體。處在世間的煉金士之精神與來自天界的精神之結合，使得製成的丹藥具有魔法般的療癒性質。根據藥草的特性（或「記號」），這個丹藥能用來治療各式各樣的特定病症。

一般來說，投射過程是運用在將次級的物質或狀態，轉變成更高或更完美的形式。投射開啟下方的煉金士與上方的神聖能量之間的管道，但它需要煉金士這一方為以太能量提供強烈的專注與刻意的引導。這一場心智與物質的奧祕婚姻，就是煉金士成為魔法師的時刻。

煉金士兼魔法師——約翰・迪伊

約翰・迪伊博士（Dr. John Dee, 1527-1608）是個貨真價實的文藝復興之士，在數學、煉金、製圖、譯密、占星及哲學等領域都相當有名。他的圖書館在當時算是英國最大的圖書館之一，內藏將近四千份稀有文獻與手抄本，而其煉金實驗室足以媲美當時世上其他地方的實驗室。

十五歲進入劍橋大學就讀時，他開始一項為期五年的生活規劃，在這段期間每天只睡四小時，使自己能有更多時間來研究赫密士哲學與煉金術。在述及自己就讀劍橋大學時，迪伊提到：「我當時對於學習的決心非常熱切，所以在那些年嚴格遵守以下的安排且不容違背：一天當中，睡眠只有晚上四個小時，用於會面、飲食只有兩個小時，剩下的十八小時都用在自己的研究與學習。」

迪伊逐漸長大成人，威風凜凜的模樣令人印象深刻。傳記作家約翰・奧布里（John Aubrey）在其著作《浮光人生》（Brief Lives, 1693）描述迪伊的相貌：「他的相貌相當美好、輪廓清楚，而且膚色紅潤，留有奶白色的長鬍，身材高瘦，是個非常英俊的男人。他穿著的衣物像是藝術家的工作罩衫，有垂墜的衣袖及長條的開口。真的是個非常好的人。」*

迪伊是英國女王伊莉莎白一世的密友，女王還批准他可以習修煉金術及製造黃金。為了報答女王的恩情，據說他「操控眾元素」並朝西班牙艦隊施展法術，引發惡劣的天候，使其侵略英國的行動告吹。據說他是莎翁劇作《暴風雨》（The Tempest, 1610）角色普洛斯彼羅（Prospero）的靈感來源，歌德的《浮士德》（Faust, 1587）也是以他為模型。

絕大多數的煉金士，都在尋求聲稱能將基底金屬轉換成金的「賢者之石」（the Philosopher' s Stone），然而迪伊除了視之為實體事物之外，也認為它是一種哲理。他說：「賢者之石是藏在生命進化之後的力量，是宇宙的結合力量，將心智與靈魂結合成更高層次的個人整體。」**

---

* Clark, *Aubrey' s Brief Lives*, 255。
＊＊ Halliwell, *The Private Diary of Dr. John Dee*, 87。

煉金士與魔法師──約翰·迪伊博士

英國的煉金士兼魔法師約翰·迪伊博士應當算是歐洲最偉大的化學化與投射大師。他發明一套以召喚及命令天界之靈為基礎的儀式魔法，並揭露天界之靈在溝通時所使用的以諾語。[16]他擁有英國女王伊莉莎白一世准予習修煉金術的執照，被認為是大師級的神祕學家兼占星家。

此外，迪伊還是當時領先全世界的數學家。由於他相信，如同畢達哥拉斯的教導，歐幾里德幾何學（Euclidean geometry）是神聖的，其源自「一之心智」，因此他構建出一個多層次的符號以納入所有行星能量，以及它們在天使界的對應。他將煉金術的古老密碼視為幾何圖案，並應用歐幾里德幾何學以獲取那些幾何圖案的深層意義與關係。

▲ 圖4：單子

他稱此印記為「單子」（Monad），原文是希臘語表示「究極的一」的字彙，即所有屬性均從其中分出來的單一存在（參閱圖4）。迪伊稱自己的幾何論證將會改革一切知識領域，並力勸那些企圖了解諸天的天文學家不要再繼續用望遠鏡窺探天空，而是將時間用在冥想他的單子印記。他提到，如果有人能將單子密碼丟進浩瀚的原初物質之海，那麼就會浮現出我們所知的宇宙。

以下所述的單子儀式是使用直角尺與圓規的幾何圖案冥想，兩者均是美生會用於神聖幾何的傳統工具。在每個步驟之間都暫停一下以反思圖案構建過程的神祕特質。

---

16. 編註：請參見第七冊〈以諾魔法與神祕主義〉，對於以諾魔法的傳統會有更完整的概觀。

單子儀式

一、在空白無線條的紙張中央，畫上一點。這就是「單子」，即「無次元的一」（dimensionless One）或是赫密士學派所認為「自外於萬物的源頭」，而現代科學則會把它視為「大爆炸」（Big Bang）的難解「奇點」（singularity）。

二、以代表單子的點為中心，用圓規畫出半徑二‧五公分的圓（如圖5）。這個圓勾勒出已然具現的宇宙。現在看著已經畫在紙上的圖案。這個圖案就是太陽的密碼，接下來會進行太陽的操作。這個圖案也是完美金屬「金」的密碼。

▲ 圖5：太陽

三、在太陽密碼上方用同樣的半徑畫一個半圓弧（如圖6）與太陽密碼交錯。這個弦月圖案象徵面對太陽並反射日光的月亮。火（太陽）與水（月亮）的結合，是煉金術中國王與王后的神聖婚姻。而這整個圖形也代表著「金牛座之角」（Horns of Taurus）或「豐饒之角」（Cornucopia of creation）的象徵。

▲ 圖6：月亮

四、在圓圈的最底處，垂直向下畫一條七‧五公分的直線，代表實相的縱軸或「世界之軸」（Axis Mundi），連結上面的靈性或能量領域以及下面的物質或具現世界。

五、從直線頂部往下量二‧五公分處畫一條總長為五公分且左右等長的水平直線，須垂直於前面畫的縱軸（如圖7）。這就是實相的橫軸，象徵著萬物的基本二元性質。它代表男與女、王與后、光與暗、善與惡、右與左，還有正與負等極性，這些極性使世界得以運轉無休。

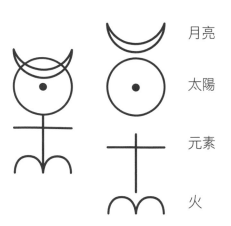

▲ 圖7：圖案構成

六、我們畫出的十字提供對於實相的深入洞見，這就是所謂的「元素十字」（Cross of the Elements），靈魂在此被釘上十字架，在諸極性之間左右為難。迪伊稱兩直線交會的那一點為「結合中心」（Copulative Center），意味著具有孕力的內在平衡及靜止之點。它象徵人類意識，如同上方在太陽裡面的點象徵神聖心智那樣。

七、這兩條線與交會點形成「三要素」之力，代表「身體」或「鹽」（水平線條）、「靈魂」或「硫」（垂直線條），以及「精神」或「汞」（交會點）。三要素加上四元素就形成「七原則」（Septenary），或是七重創造模組。

八、四條相聚線段則形成「四級結構」（Quaternary）或立方空間（Cubic Space），象徵四元素。而第五元素則是由它們共有的交會點，亦即心智或意識，作為代表。

九、迪伊在此揭露「八位一體」（Octad），它以「最為隱密的方式」藏在四條線段及四個直角的幾何關係之中。他建議入門者在研究這個關係時要「非常注意」。隱藏的「八位一體」是指某個環繞著我們的隱形或以太實相。在《論第八及第九天殿》之中，「三倍無上偉大的赫密士」稱它為在現實實相後面的「超越文字之領域」。[17]

十、在垂直線的底端，畫出兩個半徑一點二五公分的半圓弧，其一畫在垂直線的左側並與垂直線的底端相連，另一個畫在垂直線的右側，亦與垂直線的底端相連。這兩個半圓弧就形成牡羊座的星座符號，也就是黃道的第一個星座，也是魔法偉業在傳統上的開始之處。這個星座也跟火元素有關聯，生命在春天的綻放也跟它有關。迪伊提到：「若要開始進行單子的操作，就需要火的協助。」兩個半圓弧在底端的交會點代表另一種意識，那就是直覺的自然之力或是「自然心智」（Mind of Nature）。

十一、圖形建構至此完成，然而儀式還會繼續下去，使更為深層的意義在過程中揭露出來。花些時間研究整個單子，留意在所有線條之間的整體關係。

十二、迪伊將七行星及其對應金屬的符號全藏進單子的整體圖樣裡。這些相互連結的線條與弧線，若以不同方式沿線比畫，就能找出全部七個天體，並藉此看出這些原型力量在自然的關聯性。請嘗試看看是否能在迪伊的單子符號中找出對應的煉金密碼。

十三、這些結合在一起的行星密碼，可以依照它們在元素十字上下左右位置來排列（參閱圖8）。根據迪伊所言，若將這些行星密碼以適當的關係排列，這些符號就會活了起來。在這樣的排列中，位在單子頂端的太陽是唯一總是保持不變的符號，換句話說，它就像金一樣不朽。無論單子如何轉——上下顛倒、左右翻動或是相反鏡影——代表太陽與金的密碼總是一樣。然而月亮的形狀、月相，就跟太陽所在位置有關。

▲ 圖8：行星及相應金屬的密碼

十四、位在單子中心且能夠體現其他密碼的唯一密碼，就是水星、汞（參閱圖9）。汞是轉變的關鍵，被認為是眾金屬的初始物質。如同單子所暗示的，汞是這些金屬的源頭，並將它們合併（amalgamate*）成一體。

▲ 圖9：水星（汞）

17. Meyer, *The Nag Hammadi Scriptures*, section 6.6。
＊譯註：字面為「汞齊化」。

十五、這些行星金屬繞著元素十字配置。土星／鉛用其密碼的左右鏡影象徵自己的原初二元性，均由垂直軸及一個牡羊座半圓弧來表示（參閱圖10與圖11）；而木星／錫的二元性則呈現在轉九十度的密碼鏡影之水平軸上（參閱圖12與圖13）。土星與木星密碼都是由元素十字的下方象限及對應的牡羊座半圓弧所組成。

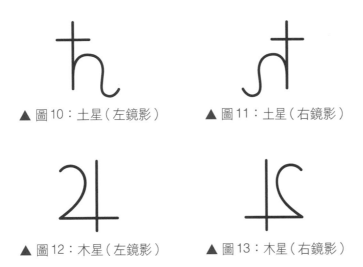

▲ 圖10：土星（左鏡影）　　　▲ 圖11：土星（右鏡影）

▲ 圖12：木星（左鏡影）　　　▲ 圖13：木星（右鏡影）

十六、火星／鐵及金星／銅的密碼則在垂直軸形成專屬的男女二極性，而其頂部圓圈相合在一起（參閱圖14與圖15）。

▲ 圖14：金星（圓圈頂上）　　　▲ 圖15：火星（箭頭指下）

十七、儀式至此完成。如需更加深入單子的其他洞見，請參閱約翰・迪伊於一五六四年發表的《象形圖案單子》（Hieroglyphic Monad）論述文章裡面的二十四條原則。[18]

18. Dee, *The Hieroglyphic Monad*, 1975。

萬應藥的奧祕

　　另一個含括煉金術祕術符號的有力圖樣，則是稱作「哲學家的萬應藥」（Azoth of the Philosophers）的冥想曼陀羅（參閱圖16），此由德國煉金士巴系爾‧瓦倫泰（Basil Valentine, 1394-1450）所繪。萬應藥的原文「Azoth」一字源自汞的阿拉伯語名稱，因為它算是「萬用溶劑」（Alkahest、Universal Solvent）。而其原文字彙含有字母 A 及 Z，也有象徵的意思，即它能無限運用在從 A 到 Z、或是從（世界、時間的）開始到結束的一切事物上。

▲ 圖16：萬應藥

　　在中世紀後期，當時的教會認為這張圖畫對神不敬，因此它就以幾種不同形式祕密流通。以下的儀式是用這個曼陀羅來進行的逐步修習，反映出絕大多數現代煉金士與魔法師傾向使用的諸行星正確排序，即哥白尼日心學說的排序。

萬應藥儀式步驟一：煉金士

　　這個儀式是從曼陀羅的中心，也就是圓的裡面開始進行。將注意力固定在這位蓄鬍煉金士的面容達數分鐘，並嘗試認定自己就是他、他就是自己，如同自己望向鏡子那樣。有個尖

端向下的三角形圍著他的臉，那是水元素的密碼，暗喻神聖恩惠從上像雨一樣澆灌而下。因此處在圖畫中央三角形裡面的面容，就是神的臉龐，明顯指出神的臉與煉金士的臉一模一樣。

　　現在將注意力擴張到含括概略繪出的煉金士之身體，可以看到他伸展開來的雙手與雙腳，象徵著自己跟四元素處在完美的平衡中。他的右足堅定踏在大「地」上，左足則踏在海「水」中，右手握著「火」炬，而左手拿著象徵「風」的鴕鳥羽毛。

步驟二：處在二元性之間

　　煉金士平衡地站在男性與女性力量之間。在探索這些彼此相對的力量周遭的象徵時，請嘗試了解這些力量的差別。在煉金士的右邊是坐在獅子上的太陽神叟珥，即原型的日之國王（Sun King），在他的左邊則是坐在海中大魚上面的月神露娜，即月之王后（Moon Queen）。在國王的上方是「火」炬、下方是大「地」，在王后的上方是「風」羿、下方是海「水」。

　　叟珥手握權杖與盾牌，象徵對於外顯的世界所具有的力量與權威，然而其所拒絕的無意識，也就是那隻凶猛的龍，則在身下的洞穴耐心等待。露娜則握有大魚的韁繩，象徵能從容馴服自然，身後的一捆小麥則象徵其與孕育及生長的連結，而抱在左臂的弓與箭，則象徵接受自身存在會有的身心傷痛。

步驟三：三要素

　　將注意力移到那位在煉金士圓形圖案的後面、尖端向下的大三角形。這也是水的密碼，只不過現在它帶著三要素或原始三力向下澆灌。身為能量的「硫」以太陽為象徵，繪在大三角形的左角，並標上「Anima」，即「靈魂」之意，上方有條火蜥在玩火，這也是煉金術象徵能量的傳統符號。

　　身為光的「汞」則以反射的月亮為象徵，繪在大三角形的右角，並標上「Spiritus」，即「精神」之意，其上則棲著一隻準備飛翔的精神之鳥。最後，身為物質的「鹽」以元素立方為象徵，繪在大三角形的下角，並標上「Corpus」，即「身體」之意。在旁環繞的五顆星星則暗示它也含有隱藏的第五元素，也就是隱形的生命力量。

步驟四：土星光束

在環繞煉金士身體的圓形中，繪有七道光束或放射，象徵逐步轉變的各個級次。這些編號從一至七的操作含有對應行星與金屬的密碼。以下所述的每道光束之間都會有個小圓窗，裡面描繪的景象是在闡述在那階段所要進行的操作。

第一道光束是標有數字1、指向下方黑色光束，它代表「行星階梯」（Ladder of the Planets）之始，並以金屬的鉛及土星共用的密碼作為標示。這裡也有顯示「鹽」的正方形符號，意謂我們的操作會從現實領域中還未轉換的物質開始進行。

無論是在煉金實驗室或是自己的心智，這個沉重、壓抑的黑暗就是魔法偉業的開始之處。煉金術以烏鴉、渡鴉、蟾蜍及初始物質（Massa Confusa）象徵黑色階段。

位於第一道與第二道光芒之間的第一個小圓窗，繪有一隻棲在頭骨上的烏鴉。在它旁邊、寫於外緣的拉丁字「Visita」，意謂「拜訪或開始旅程」。這是煉金術最先開始的黑色階段，目標事物會在這階段中藉由壞死（mortification）及煅燒的過程得到淨化。煅燒是將物質放在坩堝裡面或置於明火上加熱，直到燒成灰燼。若以心理學而言，這是在破壞自我及其對所有物與物質實相的執著。請反思看看，對於你的現況，這道光芒會有什麼樣的表示。

步驟五：木星光束

第二道光束是以金屬的錫及木星共用的密碼作為標示。對應的第二個小圓窗圖像則是烏鴉看著自己正被溶解的模樣。寫於外緣的字彙「Interiora」，意謂「內在或至深之處的部分」。

這是淨化的白色階段之始，其象徵包括白色的頭骨或骷髏、白天鵝，還有往相反方向游動的兩條魚（意謂靈魂與精神）。這階段的操作即是更進一步的壞死，也就是所謂的溶解，這裡是指將煅燒之後的灰燼以水或酸液溶解，象徵更進一步分解心靈的人為架構。請再次反思，若這項操作發生在你的人格裡面，那過程會是什麼。

步驟六：火星光束

第三道光束是以金屬的鐵及火星共用的密碼作為標示，上面還另外繪有三要素力量之一、「硫」的小圖密碼。而鐵與硫會在硫酸（它是煉金士的侵略性液體火焰）中發生化學反應。

第三個小圓窗所描繪的是分離的煉金操作，屬於世間的烏鴉遺體正被兩隻白色靈魂之鳥分啄掠取任何可見部分。分離即是藉由過濾及丟棄任何沒有價值的材質，將溶液的成分分別出來。那麼，這樣的操作會從你的內在揭露出哪些有價值的本質呢？

這是靈魂與精神之鳥的第一次相聚，象徵淨化之白色階段的結束。寫於外緣的字彙「Terrae」，意謂「來自土地」。它是指在此階段，真正的物質存在從物質的殘渣中被分離出來。請在內在層次繼續這項操作，在憶起自身純真的原初狀態的過程中，努力認出並保留自身人格的真正部分。

步驟七：金星光束

第四道光束是以金屬的銅及金星共用的密碼作為標示，第四個小圓窗則描繪靈魂之鳥與精神之鳥一起飛離地面，並抬起那從之前種種操作中找到的王冠，它具有五個尖端，象徵第五元素。

寫於外緣的字彙「Rectificando」，意謂「藉由改正」或「將事物擺在正確的位置」。這是煉金術在物質靈性化時的轉折之處，也就是所謂的綠色階段，其象徵有綠獅子、小公雞與母雞，還有處在婚禮或交合情景、兩手相握的國王與王后。

這是結合的神聖操作之始，亦即將那些在分離後存留下來的要素，重新組合成新的轉世。在個人的層次中，這是「人格的整合」（Integration of the Personality），亦即帶著煥然一新的信心朝向完整、整體的回歸。請反思你真正自我所賦予的力量會是什麼模樣。

步驟八：水星光束

第五道光束是以金屬汞（水銀）及水星共用的密碼作為標示，上面還另外繪有一個更小的同樣圖案以象徵三要素的「汞」。第五個小圓窗的標示字彙是「Invenies」，意謂「你會發現」。小圓窗中的景象則顯示靈魂之鳥與精神之鳥在樹上築巢，孵著煉金之蛋。

這裡的操作是發酵，靈魂與精神本質在這個過程中生出新的生命。整個過程是從世間的結合所得的結果進入腐化或衰敗時開始，可以說它死了，然後以新的化身，即「哲學家之童」，復活到更高的層次。這標示出賦予力量的紅色階段之始。

發酵是微妙的過程，最好把它當成是重生到新的靈性實相來了解，就像壓碎葡萄以製作酒之精神（spirit，字面為烈酒之意）那樣。這個過程會從壓碎個人自我或完全毀棄世俗連結開始，身體的死亡也算在內。有些屬於發酵的工具是深入的反思與冥想、靈性禁食及影響精神的藥物。這階段通常關聯到彩虹、孔雀尾羽，描述那穿過許多明亮色彩的快速循環。在薩滿的入門中，會運用含有致幻成分的「植物盟友」（plant allies）以達到發酵過程。

步驟九：月亮光束

第五道光束是以金屬的銀及月亮共用的密碼作為標示，這個階段的操作就是蒸餾，裡面會有將已發酵的溶液煮沸並將蒸氣凝結的過程。這道反覆循環的過程會逐漸提升發酵產物的純度與強度，是魔法偉業當中運用水元素的第二次操作或更為高級的操作，其結果會產生出非常純的「白石」（White Stone），象徵某物質的復甦靈魂或活著的本質。

在第五個小圓窗中用來象徵蒸餾的景象，則是一隻獨角獸躺臥在玫瑰花叢前面。根據傳說，獨角獸在逃離追獵者時怎麼跑都不會累，然而若有處女靠近牠的話，就會溫順躺下。處女象徵這個階段已經淨化、純化的物質，此物質已回歸到充滿可能性的純真狀態。玫瑰叢上有五朵花，象徵那已被提升上來、把造成汙染的力量完全去除之後的第五元素或生命力。

寫在小圓窗外緣的字彙是「Occultum」，其意義為「祕密或隱藏」，畢竟此階段的無形要素、本質是藏在蒸氣裡面。這是萬應藥中屬於隱密的靈性具現之階段，其他人通常不會注意到我們內在的心靈力量已經昇華，為自己的存在狀態創造出新的靈性層次。

步驟十：太陽光束

第七道光束展現出金屬的金與太陽共用的密碼，對應的小圓窗所表現的景象是，雌雄莫辨的幼童從打開的墳墓中出現。其標示的拉丁字彙是 Lapidem，意謂「石」（Stone）。

這就是紅色階段的結束以及萬應藥的最後操作，也就是所謂的凝固，係在蒸餾所得的濃縮溶液裡面開始進行。有人稱這濃縮溶液為「石之母」（Mother of the Stone），因它會產出非常純的沉澱物或實體（白石）。接著，這個象徵靈魂或復甦本質的新身體，會溶解在來自上面的能量或「精神」（Spirit）的裡面。

凝固操作看起來像是某種犧牲的作為。也就是說，靈魂臣服於精神並被其消化吸收。這種犧牲通常會被描繪成鵜鶘以自己的血餵養雛鳥的情境。在白獅子（靈魂）與紅獅子（精神）的排序過程中，白獅子的出現相當短暫，也在表示出這一點。在描繪白王后於婚禮時將自己的名字或身分全交給紅國王之圖畫中，我們也能看到這一點。

經過純化的靈魂與精神本質凝成更為完美的身體，即所謂的「賢者之石」。它同時存在於實相的所有層次，象徵物質的究竟完美，也被認為所有物質都有同樣的賢者之石。它有時被描繪成閃亮的紅色水晶，或是以從自身灰燼中重生的不死鳳凰鳥作為象徵。

步驟十一：揚升的本質

如果我們綜觀整張圖畫，會注意到一雙神祕的翼狀圖案，像是有翼的盤子或埃及金幣（Aureus）。它位在煉金士的頭原本該在的位置，其雙翼分別碰觸左邊火蜥發出的火光以及右邊的精神之鳥，這些符號指出赫密士思想對「揚升本質」（Augoeides、Ascended Essence）的概念。我們可以看到它準備要往上飛升，離開這張圖畫而進入新的存在領域。

步驟十二：隱藏的祕訣

最後，在萬應藥的圖畫上還有一項訊息，就是那些位於外圈的拉丁字彙能夠組合成關於上述一切發生的摘述：「Visita Interiora Terrae Rectificando Invenies Occultum Lapidem」，意謂「拜訪大地最為內在的部分，並藉由安排正確順序（改正順序），你會找到那顆藏起來的石頭」。

此外，這七個拉丁字彙的字首會拚出 VITRIOL 這個字，也就是硫酸，即驅動整個轉變之輪的高腐蝕性液體火焰。它既是煉金士實驗室裡化學變化背後的基礎酸液，也是為煉金士帶來靈性轉變的內在之火或神聖之火。

黃金黎明會的煉金術

黃金黎明赫密士教團致力於通神術的研究與習修之魔法組織。黃金黎明會的根源在於玫瑰十字運動，而它是於一八八八年由三名「蘇格蘭之儀」（Scottish Rite，全名為 Ancient and Accepted Scottish Rite of Freemasonry，字面直譯為「古老且公認的蘇格蘭美生儀式會」）的美生會員所創，即威廉·韋恩·維斯特考特（William Wynn Westcott）、威廉·伍德曼（William Woodman）及塞繆爾·馬瑟斯（Samuel Mathers）。黃金黎明會的教導是許多當代思潮的核心，包括像是阿萊斯特·克勞利的銀星會、東方聖殿騎士會、陽金會諾斯底教會（Ecclesia Gnostica Catholica）之類的「真意」（Thelema）團體，以及諸如威卡、光之兄弟會（Brotherhood of Light）、至聖所建造者（Builders of the Adytum）及土星兄弟會（Fraternitas Saturni）等各自獨立運作的魔法團體。

　　煉金術是黃金黎明會的進階修習法門，被認為是能夠連結上位神聖力量與下位物質力量的方式。維斯特考特撰寫的《煉金術的科學：靈性面與物質面》（Science of Alchymy: Spiritual and Material）堪稱煉金術的聖經。黃金黎明會在當時的成員也有一位實修的煉金士威廉‧亞歷山大‧艾頓（William Alexander Ayton, 1816-1909）。身為英國國教的教區牧師，艾頓擁有一間設備完善的實驗室，可以讓他生產魔法丹藥與魔法石。他將絕大部分的時間都用在研究煉金術，但總是擔憂上頭的主教會發現他在做的事情。艾頓對於湯瑪斯‧史密斯（Thomas Smith）所著《約翰‧迪伊的生平》（The Life of John Dee）之譯本，是黃金黎明會會員必讀書冊。

　　該會有一間存放其他煉金術文獻的大圖書館，前人所有心血也都在裡面，然而只有高階會員才能接觸這些資料。該組織會在第二級引入煉金術，並在第三級繼續給予更為進階的指導，煉金術在現實與靈性層面的操作都會授予會員。事實上，該會會員伊斯瑞‧瑞格德曾提到，在黃金黎明會的所有儀式背後，都是在進行某個祕密煉金操作。

◆　結論：黑之技藝　◆

　　我們以上討論的赫密士煉金術習修方式及其技藝，力量均源自同一個源頭。如同我們在一開始所提及，埃及祭司所習修的黑之技藝源自黑之土地，也就是尼羅河三角洲奇蹟般肥沃的黑色土壤。那種無從解釋、既混沌又無限強大的黑暗，正是所有真正魔法的源頭。我們能在宇宙盡頭的黑暗物質／黑暗能量中找到它，也能在人類心智中最為黑暗的隱密之處找到。它就是無限力量的源頭。

　　煉金士稱這個神祕、黑暗為初始物質，並相信它是意識與物質實相的源頭，即便那個源頭實在難以描述。煉金術與通神術的魔法偉業，要靠心智與物質之間的隱密連結才能進行，因此煉金術與魔法的根都同樣深植在初始物質的黑暗土壤之中。

◆ 參考書目 ◆

Ayton, W. A. *The Alchemist of the Golden Dawn: The Letters of the Revd W. A. Ayton to F. L. Gardner and Others, 1886–1905*. Edited by Ellic Howe. Paris: Aquarian Press, 1985.

Begich, Nick. *Towards a New Alchemy: The Millennium Science*. Anchorage, AK: Earthpulse Press, 1997.

Blavatsky, H. P. *The Theosophical Glossary*. Los Angeles, CA: Theosophy Company, 1952.

Bryan, Cyril, trans. *Ancient Egyptian Medicine: The Papyrus Ebers*. Chicago, IL: Ares Publishers, 1980.

Clark, Andrew. *Aubrey's Brief Lives*. Oxford: University of Oxford Clarenden Press, 1898.

Copenhaver, Brian P. *Hermetica: The Greek Corpus Hermeticum and the Latin Asclepius in a New English Translation*. Cambridge, UK: Cambridge University Press, 1992.

Dee, John. *The Hieroglyphic Monad*. Boston, MA: Red Wheel Weiser, 1975.

Fowden, Garth. The Egyptian Hermes: A Historical Approach to the Late Pagan Mind. Princeton, MA: Princeton University Press, 1986.

Halliwell, James Orchard. *The Private Diary of Dr. John Dee*. London: BOD Ltd., 2013.

Hauck, Dennis William. *Alchemical Guide to Herbs and Food*. San Francisco, CA: Amazon Publishing, 2016.

———. *The Emerald Tablet: Alchemy for Personal Transformation*. New York: Penguin Arkana, 1999.

———. "Searching for the Cosmic Quintessence: How Alchemists Meditated in the Middle Ages and Renaissance." *Rose ＋ Croix Journal* 10 (2014).

———. *Spagyric Alchemy: Isolating the Life Force in Plants*. San Francisco, CA: Amazon Publishing, 2017.

Iamblichus. *Theurgia: On the Mysteries of Egypt*. Translated by Alexander Wilder. New York: Metaphysical Publishing Co., 1911.

Levi, Eliphas. *Transcendental Magic: Its Doctrine and Ritual*. Translated by A. E. Waite. London: Rider & Co., 1896.

———. *Transcendental Magic: Its Doctrine and Ritual*. Translated by A. E. Waite in 1896. Reprint, San Francisco, CA: Amazon Publishing, 2017.

Mathers, S. L. MacGregor. *Astral Projection, Ritual Magic, and Alchemy: Golden Dawn Material*. Edited by Francis King. Rochester, VT: Destiny Books, 1987.

Meyer, Marvin, ed. *The Nag Hammadi Scriptures*. San Francisco, CA: HarperOne, 2009.

Pernety, Antoine–Joseph. *Dictionnaire Mytho–Hermetique (Mytho–Hermetic Dictionary)*. Seattle, WA: 2011. First printing 1758.

Shaw, Gregory. *Theurgy and the Soul: The Neoplatonism of Iamblichus*. University Park, PA: Pennsylvania State University Press, 1995.

Trismegistus, Hermes. *The Divine Pymander*. Translated by John Everard. Seattle, WA: Kessinger Publishing, 2010.

Zalewski, Pat. *Alchemy and Golden Dawn Ritual*. London: Rosicrucian Order of the Golden Dawn, 2011.

◆ 推薦閱讀書目 ◆

Abraham, Lyndy. *A Dictionary of Alchemical Imagery*. Cambridge, UK: Cambridge University Press, 1999.

Burckhardt, Titus. *Alchemy: Science of the Cosmos, Science of the Soul*. Louisville, KY: Fons Vitae Press, 2006.

Case, Paul Foster. *Hermetic Alchemy: Science and Practice*. Boston, MA: ROGD Press, 2009.

Churton, Tobias. *The Golden Builders: Alchemists, Rosicrucians, and the First Freemasons*. New York: Barnes and Noble, 2002.

Cunningham, Scott. *Earth, Air, Fire & Water: More Techniques of Natural Magic*. Woodbury, MN: Llewellyn Publications, 2002.

Garstin, E. J. Langford. *Theurgy, or The Hermetic Practice: A Treatise on Spiritual Alchemy*. Berwick, ME: Ibis Press, 2004.

Greer, John Michael. *The New Encyclopedia of the Occult*. Woodbury, MN: Llewellyn Publications, 2005.

Grillot de Givry, Emile. *Witchcraft, Magic & Alchemy*. Mineola, NY: Dover Occult, 2009.

Guiley, Rosemary Ellen. *The Encyclopedia of Magic and Alchemy*. New York: Facts On File, 2006.

Hanegraaff, Wouter J. *Western Esotericism: A Guide for the Perplexed*. New York: Bloomsbury Academic, 2013.

Harkness, Deborah E. *John Dee's Conversations with Angels: Cabala, Alchemy, and the End of Nature*. London: Cambridge University Press, 2006.

Harpur, Patrick. *The Secret Tradition of the Soul*. New York: Evolver Editions, 2011.

Hauck, Dennis William. *The Complete Idiot's Guide to Alchemy*. New York: Penguin Alpha, 2008.

Heldstab, Celeste Rayne. *Llewellyn's Complete Formulary of Magical Oils: Over 1200 Recipes, Potions & Tinctures for Everyday Use*. Woodbury, MN: Llewellyn Worldwide, 2012.

Helmond, Johannes. *Alchemy Unveiled*. Salt Lake City, UT: Merkur Publishing, 1997.

King, Francis, and Stephen Skinner. *Techniques of High Magic: A Handbook of Divination, Alchemy, and the Evocation of Spirits*. Rochester, VT: Destiny Books, 2000.

Levi, Eliphas. *Transcendental Magic: Its Doctrine and Ritual*. Translated by A. E. Waite in 1896.

Reprint, San Francisco, CA: Amazon Publishing, 2017.

Linden, Stanton J., ed. *The Alchemy Reader: From Hermes Trismegistus to Isaac Newton*. New York: Cambridge University Press, 2003.

Roob, Alexander. *Alchemy & Mysticism: The Hermetic Museum*. Berlin: Taschen, 1997.

Sutin, Lawrence. *Do What Thou Wilt: A Life of Aleister Crowley*. New York: St. Martin's Griffin, 2000.

Tambiah, Stanley Jeyaraja. *Magic, Science, Religion, and the Scope of Rationality*. Cambridge, UK: Cambridge University Press, 1990.

U. D., Frater. *Practical Sigil Magic: Creating Personal Symbols for Success*. Woodbury, MN: Llewellyn Publications, 2012.

Wolf, Fred Alan. *Mind into Matter: A New Alchemy of Science and Spirit*. Needham, MA: Moment Point Press, 2000.

◆ 作者介紹 ◆

丹尼斯・威廉・豪克（Dennis William Hauck）是意識研究領域的作者及演講者。他主要鑽研覺察的諸層次以及意識的轉變機制，並致力於將數種不同的哲學及科學傳統，合併成一套可以應用在個人轉變的連貫理論。他在數個相關領域多有貢獻，包括科學史、心理學，以及針對超自然及神祕經驗的嚴謹研究。

豪克是重要的赫密士思想及煉金術權威，已翻譯數份重要的煉金術手抄本，並出版十幾本相關的書籍，包括《翠綠石板：以個人轉變為目標的煉金術》（Emerald Tablet: Alchemy for Personal Transformation, Penguin, 1999）、《術士之石：煉金術初學者指南》（Sorcerer's Stone: A Beginner's Guide to Alchemy, Penguin Citadel, 2004）以及《從零開始的煉金術指南》（Complete Idiot's Guide to Alchemy, Penguin Alpha, 2008）。其作品亦得《今日美國》（USA Today）、《華爾街日報》（Wall Street Journal）、《紐約時報》（New York Times）、《芝加哥論壇報》（Chicago Tribune）、《波士頓環球報》（Boston Globe）、《哈潑雜誌》（Harper's）及其他周邊媒體刊登。採訪他的電視節目與電台數量目前已近三百個，包括美國國家公共廣播電台的新聞節目《晨報》（Morning Edition）、談話性節目《莎莉・潔西・拉斐爾》（Sally Jessy Raphael）、《杰拉多》（Geraldo）、綜合性節目《真實要素》（O'Reilly Factor）、《特別報導》（Extra）以及《有線電視新聞網報導》（CNN Reports）。

豪克目前是國際煉金術公會（International Alchemy Guild,www.AlchemyGuild.org）的現任主席，並擔任美國加州聖荷西市煉金術博物館（Alchemy Museum, www.AlchemyMuseum.info）的館長。他也是國際煉金術會議（International Alchemy Conference, www.AlchemyConference.net）的創始人，而且也在教授煉金術（www.AlchemyStudy.com）。他的個人官網為 www.DWHauck.com，其臉書的煉金術研究社團網址則是 www.Facebook.com/groups/studyalchemy。他目前居住在美國加州薩克拉門托東邊的內華達山區。

◆　圖片出處　◆

圖1和16版權為 © Dennis William Hauck 所有。

圖3版權為 © University of Wisconsin Digital Collection: http://digital.library.wisc.edu/1711.dl/ UWSpecColl.DuvEEND0897 所有。

圖2和4–15出自盧埃林藝術部門。

第五冊
惡魔學與精靈召喚——史蒂芬·斯基納博士

　　惡魔學可以定義為「研究惡魔及其名諱、等級與能力的學問」，是魔法實踐的核心領域之一。每當有人問我是否相信惡魔或靈體的存在，我都會說不相信，我並非因為相信這些事物的存在，進而對它們有所認識；反之，我是透過長時間（五十年以上）觀察、召喚他們，與之互動，方才獲取這些知識。

　　當你說你「相信」某件事，你其實是在重複你所聽到或他人告訴你的事情；那是二手知識。真正的「知識」是來自經驗，透過不斷測試、重複相同的程序，得到同樣的結果與發現。你只需要有信仰，就能相信，但要獲得知識，就得要靠方法、觀察與反覆的實驗，也就是運用科學方法。宗教與科學這常見的二分法，以信仰與知識之間的差異來解釋會比較清楚。談到靈、惡魔和惡魔學，知識的基礎比信仰更重要。

　　過去三百年來，大眾對於惡魔與惡魔學的觀點出現很大的變化。十七世紀的西方世界深信靈與惡魔的存在，其信仰程度不亞於古代世界的人。然而，啟蒙運動興起之後，強大的基督信仰（尤其是天主教）式微，偏重唯物主義的世界觀占了上風。一六六〇年，倫敦皇家學會成立，人們開始強調可測量、可實驗的事物，不再重視教會教條。雖然牛頓對魔法和煉金術的興趣，就跟他對數學和物理學的興趣一樣濃厚，大多數人卻忽略了這點，不再相信靈和惡魔的存在。[1]

---

1. 牛頓的數學及物理學筆記「為了國家所以受到妥善保存」，現存於英國各大圖書館。相較之下，他那些有關煉金術、預言占卜和魔法的大量書寫內容卻被私人收藏家買走，最後來到耶路撒冷的國家圖書館。

十八世紀，上述風氣盛行的同時，仍有許多魔法師會使用魔法書召靈。事實上，英國一些最有名望的人在這段時期依然持續蒐集魔法書、實踐魔法、召喚天使與惡魔，包括薩默斯閣下、英格蘭及威爾斯法律政策專員、約瑟・積克爾爵士（Sir Joseph Jekyll）、主事官（Master of the Rolls，英格蘭首席律法官員）與海軍大臣等人。

十九世紀或許是唯物主義的巔峰期，因為這時候的人類已經懂得建造鐵路、運河等跨越長距離的交通網絡，並發明了各種機械。奇怪的是，黃金黎明赫密士教團竟然是在這個世紀的末期——一八八八年——創立，目的是要傳授魔法，且會員都還知道惡魔和靈是什麼。可是，在二十世紀初，心理學這個新的「科學」領域出現了，就連阿萊斯特・克勞利、荻恩・佛瓊（Dion Fortune）等魔法倡議者也遭受矇騙。克勞利甚至表明：「因此，儀式魔法說到底就是一系列細微，但當然完全實證的生理實驗」、「《歌伊提亞》記載的靈體其實只是人腦的一部分。」[2]荻恩・佛瓊使用心理學解釋魔法的做法，跟克勞利不相上下。靈和惡魔被斥為魔法師的「活性劑」，「新思維」和心理學稱霸。

到了二十世紀後半葉，許多自救的宗師（gurus）承諾人們只要透過正向思考、觀想、自我肯定，就能帶來魔法般的效果。新世紀運動就此展開。

這些心理學的技巧確實很有用，可以改善日常生活，但這絕不是約翰・迪伊、以利亞撒、所羅門王以及其他數百名魔法師所說的魔法。魔法需要仰賴無實體的靈／惡魔幫忙，否則再怎麼觀想心裡想要的東西、再怎麼絞盡腦汁，都沒辦法產生靈／惡魔可以帶來的改變。

愈來愈多人使用心理學解釋魔法，或乾脆將魔法斥為過時的思考形式。有段時間，人類學理論發揮重大影響，希望運用科學，從「原始」社會中解釋魔法。然而，自從一九六〇年代的嬉皮革命後，唯物主義的解釋方式就開始衰退。在二十世紀晚期和二十一世紀初期，許多魔法書的出版讓所謂的「靈體模型」重新回歸魔法世界，證實魔法師的確是跟靈打交道，而不是擁有什麼心理學情結。獲取資訊的管道愈來愈多，使世界各地的人們大體都開始重新認識魔法。新世紀運動的視覺與具象模型以及心理學認定「一切都是由大腦產生」的模型，開始漸漸消退。過去的真理變成今日的焦點，使得人們領悟到，光是努力壓榨自己的心智能力是無法施展魔法的；魔法需要倚靠神祇、天使、惡魔或靈——約翰・迪伊博士統稱為「靈性生物」——的幫助。唯有跟這些靈性生物攜手合作，才能產生真的稱得上是魔法或奇蹟的結果。

---

2. Crowley, *The Book of the Goetia of Solomon the King*, 4, 3。

《歌伊提亞》

　　《歌伊提亞》（Goetia）為魔法書《所羅門王小鑰》（Lemegeton）的首卷，裡頭登載七十二靈體／惡魔的名字及其封印、特性與召喚方式。此卷的書寫年代可能是十七世紀中葉，或甚至更早一點，卷名當中的「Goetia」一字取自阿格里帕的著作《祕術哲學三書》當中的其中一個章節〈論巫術與招魂〉（Of Goetia and Necromancy），指的是跟惡魔有關的魔法。然而，現代學者雖試圖將阿格里帕的「goetia」觀點與這個字的古希臘原義或其字根「goes」的概念聯想在一起，兩者其實無關；「Goetia」常被誤以為是「咆哮的」一詞的希臘文之衍生字。二十世紀時，麥克達格‧馬瑟斯（S. L. MacGregor Mathers）從當時的大英博物館（British Museum，今大英圖書館）取得手稿，將之編輯成卷，後來克勞利在未經允許的情況下於一九〇四年出版發表。

◆　惡魔　◆

　　不少人知道，惡魔的英文「demon」源自希臘文的「daemon」，卻很少人知道這個字的意義從古至今發生過什麼變化。基督教在西元四〇〇年左右開始盛行，但在那之前，人人都知道靈體居住在人類和神祇之間的中間地帶，而且靈有分好的跟壞的（cacodaemones）。這些靈有時候會扮演類似靈媒的角色，在神人之間傳遞訊息。

　　在古代，靈體、天使、大天使、惡魔、半神和神等「靈性生物」[3]的等級制度非常複雜分明。可是，基督教出現後，把天使以外的靈性生物統統掃到歷史的一角，並全數降級為惡魔，打入地底，天上或地上再也沒有祂們的容身之處。基督教教義聲稱，耶穌、聖母和聖靈已經取代惡魔，成為神人之間的媒介。基督教還在教義裡添加了「墮天使」這種靈性生物，同

---

3. 這裡的靈性沒有任何神聖意涵，純粹是與「實體」相對。

樣將這些被降級的天使視為惡魔。因此，惡魔學研究的對象是這些惡魔，就像天使學研究的是那些沒有「墮落」的天使。

埃及

在基督教出現的頭幾個世紀，希臘裔的埃及魔法師會請求這些靈性生物的協助。他們合理推測人類無法獨力行使魔法或奇蹟，知道即使再怎麼渴望、再怎麼認真冥想或禱告，也沒有用，因為魔法並不是靠冥想或祈禱就能做到的。然而，若能獲得特定靈性生物的幫助，就有可能達成各種不同的奇蹟成果。但，魔法師必須執行一些非常明確的動作，才能召喚、迫使靈性生物實現他的意圖。這些動作大體如下：

a. 使用正確的薰香，創造適當的召靈環境；

b. 在正確的日子和吉時進行儀式；

c. 在乾淨純潔的地方進行儀式，遠離「人類現身之地」，減少儀式遭干擾或中斷的可能性；

d. 使用正確的咒語，正確清晰地發出每一個音，最好是記在心裡用背的；

e. 魔法師要表現自己的信譽，宣稱自己是某一神祇、擁有魔法家世，或念誦其他魔法師的名號；

f. 唸出威力強大的字，通常指的是該靈體的上級或神祇的名諱，以迫使靈做出行動（大部分具有強大力量的字其實都是名字或名稱）；

g. 使用誓言綁縛靈，接著說出你的請求或願望；

h. 利用畫在地上的圓圈及／或經過聖化、掛在胸前的墜盤保護魔法師。在希臘裔的埃及魔法師眼中，就連神或半神都很危險，必須謹慎對待。

魔法是一種技術，因此即使沒有宗教信仰也無妨。在《希臘魔法莎草紙》現存的一萬三千六百多行文字當中，有大量篇幅詳細記載了這些技術。[4]

這些技術最驚人的地方在於，它們跟一千年後的中世紀魔法書或是十九世紀所羅門魔法文獻中所記載的施法過程幾乎一模一樣。當然，書寫語言和部分名字不一樣，但方法是相同的。倘若魔法就像二十一世紀的那些懷疑論者所說的一樣，是捏造出來的胡言，每一個世代應該都會發明自己的方法。可是，事實並非如此。

---

4. 見 Skinner, *Techniques of Graeco-Egyptian Magic*。

大約同一時期，在埃及北方的巴勒斯坦，人們將耶穌奉為行奇蹟者，其實就等於是魔法師。[5] 當時的人這樣看待耶穌，並沒有指責的意味。耶穌很顯然是能夠施行奇蹟的人，所以人們自然預期他是一位魔法師，懷疑他可能是召喚了靈／惡魔來幫他創造奇蹟。事實上，早期的基督徒很難具體說明耶穌的奇蹟和以利亞撒等同時代魔法師施展的魔法究竟有什麼不同。在當時以及後來的社會中，惡魔／靈被視為魔法的必要元素，沒有這些靈性生物，就無法施展魔法。

在聖經裡，法利賽人（Pharisees）斥責耶穌利用鬼王別西卜（Beelzebub）的力量驅趕眾鬼。[6] 在《馬太福音》12章24、25及27節中，耶穌說他使用這個惡魔的名號就是為了那個目的，並且不假思索地詢問法利賽人他們是使用哪一個名號：

> 但法利賽人聽見，就說：「這個人趕鬼，無非是靠著鬼王別西卜罷了。」
>
> 耶穌知道他們的心思，就對他們說：
>
> 「我若靠著別西卜趕鬼，你們的子弟趕鬼又靠著誰呢？」

法利賽人當然聽出了這句話濃濃的反諷。不過，這段文字的重點在於，使用高級惡魔的名號控制較低等級的惡魔的技巧，在耶穌和法利賽人眼中，是相當稀鬆平常的一件事。誰使用別西卜趕鬼不重要，重要的是這個做法普遍為人所接受，魔法師、拉比和聖人都會運用。這個技巧肯定是所羅門魔法的一部分，在過去兩千年來持續為人所使用。

直到基督教問世，魔法才開始被視為源自魔鬼的技術，而不是魔法師為了某個目的控制惡魔的一門技藝。

惡魔學

惡魔學可以定義為「研究惡魔及其等級與特性的學問，尤其是跟召喚和控制惡魔有關的技巧。」惡魔最初源自希臘文的「daimon」，指的是神人之間的中介者，替人類傳遞祈求給神祇，再將神祇的回應與協助傳回給人類，並無邪惡的意涵。惡魔這個概念從荷馬史詩以降講的都是一種良善的生物，但基督教出現後，所有的異教存在都被「惡魔化」，惡魔開始被視為是天生邪惡的生物。現在，這個字在英文中帶有惡毒的意味。

---

5. Smith, *Jesus the Magician*。

6. 同參《馬可福音》3章22節；《馬太福音》10章25節、12章24–28節；以及《路加福音》11章15、18–19節。

　　問題在於，一般人看不見、也感覺不到惡魔學的研究對象（即惡魔本身）。然而，這個問題事實上就跟愛德華・詹納（Edward Jenner）在一七九六年發現接種牛痘疫苗可預防天花時遇到的問題一樣。他要怎麼解釋從牛身上取出膿漿、在小孩的手上劃一道傷口，接著注入膿漿，就能讓他這輩子再也不會得到可怕的天花？ 如果不使用電子顯微鏡，他連天花病毒都無法展示給一般人看——那些在他的花園大排長龍的病人，只能相信他。

　　惡魔學遭遇的狀況也一樣。我們無法向一般人展示惡魔的存在，就連讓他們看見惡魔行為造成的結果，有時候也只會引來奚落與嘲弄。詹納所涉獵的至少是「新」的領域，沒有像惡魔學般歷經一千七百年的模糊化及刻意的扭曲。西元四〇〇年基督教開始盛行之前，羅馬帝國大多數的國民都知道惡魔真正代表什麼，並以謹慎態度對待之。然而，在基督教制度化並受到整個羅馬帝國的支持之後，有關魔法及惡魔行為的一切知識，便全都被掃到一邊，貼上同一個標籤：惡魔。

　　因此，要向一個唯物主義的世界完整描述惡魔學，必會遭遇許多困難，因為就連探討的對象確實存在這一點，人們都不承認。在一般的情況下，我們沒辦法展現惡魔的存在，但是祂們造成的影響和變化就是證據，好比病毒放在光學顯微鏡底下是看不到的（因為它們太小），可是全世界的人都接受其存在。人們相信病毒存在，就像他們相信無線電波存在一樣，縱使他們只能看見示波器顯示的圖案。在古代世界，人們看待惡魔的方式亦是如此。

召靈

　　然而，在可與最為謹慎的科學實驗比擬的嚴苛條件下，仍有可能觀察得到惡魔。這個過程就是召靈。召靈（evocation）跟乞靈（invocation）是不一樣的，前者跟靈體和惡魔有關，後者則跟神祇有關。兩者都源自基督教誕生前的多神教世界。驅魔儀式今天是由基督教的神職人員所執行，用以驅逐附身在人類體內的惡魔，但是在過去，這是魔法師負責的。[7]現代社會傾向把附身當成是一種極端的心理失調來看待，但是許多靈體附身的實例顯示，這種說法顯然不正確。

　　古代世界其中一個驅魔的例子，就是耶穌在加利利海沿岸的加大拉遇見一個遭附身的男子，替他驅趕惡魔。這名不幸的男子曾屢次被人用鐵鍊綑綁，但每次都憑著「超乎常人」的力量把鐵鍊掙斷。這是有惡魔附身的第一個客觀徵象。此外，耶穌驅逐惡魔時，很清楚祂們不會憑空消失（因為這不是一種心理疾病），因此必須找個地方讓祂們附著。於是，他選定鄰近山坡

---

7. 有些魔法書寫到「驅魔」一詞時，意思跟「召靈」一樣，有點令人困惑。

上一群正在吃草的豬，讓惡魔進入豬隻。結果，那群豬發狂，奔下山坡，投海自盡。[8] 這就是驅魔具有效力且惡魔真實存在的證據。否則的話，要怎麼解釋附近的豬群為何恰好發狂，做出自我毀滅的行為？

　　猶太史家約瑟夫斯（Josephus）在著作中也曾描寫魔法師以利亞撒驅魔的故事，發生的時候有一大群目擊者看到，包括皇帝本人。以利亞撒受命替一名遭附身的男子驅魔，因此他將一只經過聖化的指環湊近對方的鼻子，同時命令惡魔打翻離驅魔點有段距離的一杯水，以證明祂確實離開了男子的身體。最後，當這名不幸的受害者癱倒在地時，杯中水也跟著濺出，男子恢復正常。當然，這很容易就能被解釋成一種花招，但我只是想藉由這則故事顯示，惡魔竄逃時會造成明顯可見的現象。約瑟夫斯書寫這段文字的當下，見證這起事件的人還活著。

　　談了這麼多關於驅魔的故事，那麼我們又要如何召喚沒有寄宿在人類身上的惡魔／靈體呢？這就要靠召靈了。

　　召靈最早的記載是出現在《塔納赫》（Tanakh，舊約聖經）裡有關所羅門王（King Solomon）的故事。據傳，所羅門曾在西元前九五〇年左右召喚惡魔（稱作精靈也可以），幫助他建造那座著名的聖殿。這些事件很多最後都成了傳說，記錄在猶太教和基督教的世界，後來也進入伊斯蘭教，因為所羅門的舉動構成了三大一神教——猶太教、基督教和伊斯蘭教——的一部分背景。西元二世紀的《所羅門遺訓》（The Testament of Solomon）更詳盡地記載了所羅門與惡魔的互動以及惡魔建造聖殿的過程，裡頭也提供更多有關召靈方法的資訊。無論這些文獻的真實性如何，這種涉及到惡魔／靈體召喚（使用到非常明確的技巧）的儀式魔法後來被稱作「所羅門魔法」（Solomon magic）。

從君士坦丁堡到英國

　　住在埃及的希臘裔魔法師採用了這些方法，並在西元五、六世紀將這些知識跟著他們一起傳到當時希臘世界的中心——君士坦丁堡（Constantinople），使這門技術更臻成熟。少數流傳至今的其中一份所羅門魔法希臘文獻《所羅門王魔法律典》就是來自這個時期。一四五三年，君士坦丁堡被穆斯林入侵者攻下，記載了這些方法的手稿跟著逃難的僧侶來到義大利，被翻譯成拉丁文，編成《所羅門之鑰》。後來，在十五、十六世紀，《所羅門之鑰》又被翻譯成英文等其他歐洲語言。

8.《馬可福音》5章1-20節。

在十五、十六世紀，英國出現了許多次召靈實驗，其中最有名的例子，當數十六世紀晚期約翰‧迪伊博士將天使與靈體召喚到水晶裡的實驗。迪伊非常清楚自己的基礎方法與設備是取自他所擁有的那些魔法書：很多人都知道，他最主要的「上帝真理印記」（Sigillum Dei Aemeth）是源自《宣誓書》（Liber Juratus），而他的施法桌（Table of Practice）則是來自《神聖魔法彙編》（Summa Sacre Magice）一書；他自己也肯定知道這點。然而，在當時，提到魔法可能會害他被殺，因此他很小心，沒有把這些技巧稱作魔法。當時魔法是上層社會的專利，因為只有像迪伊這種看得懂拉丁文和希臘文的人，才有辦法閱讀魔法書，也只有這些人才有時間和空間可以完成整套儀式魔法。但是，一般的村落也有懂得施展刪減版魔法的民間魔法師（cunning-men），他們會提供醫療服務，有時也會接生。老哥尼流（Old Cornelius）和牛津的摩西‧隆（Moses Long）等民間魔法師也會使用魔法書、占卜、占星以及湯瑪士‧科爾佩珀（Thomas Culpeper）的《草藥全書》（Complete Herbal）所描述的草藥醫學，但不會進行全面的召靈儀式。[9]

雷金納德‧斯科（Reginald Scot）被視為「英國的第一位惡魔學家」[10]（雖然在他之前其實也存在許多魔法師和惡魔學家），他在一五八四年出版《發現巫術》（The Discovery of Witchcraft），以非常理性的方式看待魔法和巫術。斯科解釋，女巫受到的諸多指控，其實是源自村民對愛吵鬧的老女人所懷有的怨恨之情，但他並沒有譴責學識相對豐富的召靈魔法師。然而，歷史——或者說是他的出版商——擺了斯科一道。他過世多年後，當這本書於一六六五年重新印刷時，書裡增加了新的內容，包括實用的魔法書和民間魔法師素材，直接牴觸他的論點。這本書原本應該是要展現魔法的愚昧無知，結果卻提供了有用的魔法實踐彙編。

這就是所羅門的召靈方法如何從兩千年前的埃及傳到英國的概略過程。

不久，聖經便在詹姆士一世的命令下於一六一一年翻譯成英文。在聖經的希臘文本（新約）和拉丁文本（舊約）[11]裡，出現了不下三十四種描述惡魔、靈體、森林仙女及其他「靈性生物」的名稱，但是詹姆士王譯本的譯者把這些用詞一律翻成同一個會引起偏見的詞：惡魔。

人們認定惡魔住在地獄。凡是邪惡的事物，統統打入地獄，很方便。然而，在基督教出現以前，地獄其實不存在，只有希臘神話的黑帝斯（Hades）或猶太教的欣嫩谷（Gehenna）可勉強稱作地獄這個神學概念的先驅。

---

9. 想要了解典型的魔法書是什麼，可參見 Skinner and Rankine, *The Cunning Man's Grimoire*。
10.Almond, *England' s First Demonologist: Reginald Scot & The Discoverie of Witchcraft,'* 2011。
11.原本是以希伯來語和亞蘭語寫成，但詹姆士一世的譯者主要是使用《拉丁通俗譯本》翻譯。

地獄有等級制度[12]，惡魔學和天使學亦然。制定天使等級這項困難的工作，是由偽古雅典最高法院法官丟尼修在五到六世紀期間完成。他先是引用猶太教的熾天使與智天使這兩個天使類別，後來沒有別的名字可用，便從新約聖經擷取各種字詞，變成各個天使等級的名稱，如座天使、權天使、能天使等。

　　惡魔學家此時尚未制定出惡魔等級。一直到中世紀及之後的時期，他們才漸漸根據人類世界的階級秩序想出一個結構，而這也是大多數魔法書使用的制度。

◆　魔法書　◆

　　魔法書（grimoire）的原義是「文法」，後來演變成魔法師的操作手冊。幾乎所有的魔法書都是僅供魔法師個人使用，不會出版。魔法書跟今天一般的書籍不同，不是為了說明或合理化某一種做法，而是要給撰寫這些書的魔法師使用。當然，這些手稿（魔法書常見的形式）的一大缺點就是，作者沒必要為初學者解釋太多東西，只要寫下需要記得或傳給學徒的重點即可。魔法不太會在課堂上教授，而是向來都以導師學徒制一脈相傳。

　　魔法是一個很複雜的過程，需要運用到非常精準的科技，而所羅門魔法更是如此。魔法怎麼能說是一種「科技」呢？因為它會使用定義明確的方法和設備，且能產生可重複的結果。[13]　聽起來可能很奇怪，但是潔淨一直是所羅門魔法很重要的一環，但是這首要條件卻經常被初學者忽略，只想趕快進入比較刺激的部分。然而，魔法要求精準地累積潔淨、最好為全新、不曾受到其他因素或前一名持有人汙染的設備。所有的魔法書都會強調這一點，但這卻是時常被新手忽略的第一件事。

　　所羅門魔法並不容易，但是一旦有所熟稔，就會產生可重複的程序。科學的目的，是為了記錄觀察到的東西，接著下結論，做出可重複的實驗。這樣來看，魔法其實非常科學。克勞利的口號「科學的手段，宗教的目標」便反映了這點，因為宗教的目標是與神祇和天使等靈性生物接觸，而科學的手段則是推論出可以用來不斷重複成功實驗的規則。

---

12. 但丁在一三〇八至一三二〇年寫成的《神曲》中，詳細敘述了地獄的規範和地理，描繪得十分生動。

13. 只要使用相同的正確方法及設備，召靈十次中有九次會產生可重複的結果。任何一位化學家都會告訴你，進行化學反應時，他們也會經歷相等程度的可重複性與可信度。當然，永遠都可能有某種不潔淨的因素影響作業，導致化學反應或召靈失敗。

魔法陣

可以保護魔法師的魔法陣已經有至少兩千五百年的歷史。《羅摩衍那》（Ramayana）這部印度經典（西元前四到五世紀完成）便記載羅什曼那（Lakshman）在地上畫一個這樣的圓圈，保護妻子悉多（Sita）不被惡魔傷害。不幸的是，悉多跨過這道界線，結果被惡魔羅波那（Ravana）抓走，暗示了任何魔法師跨越魔法陣會有的下場。

亞述文獻講到一種具有保護作用的圓圈「usurtu」，是以經過聖化的麵粉水所畫出來；希伯來文獻則提到畫圈的霍尼（Honi the Circle Drawer），使用圓圈祈雨；在埃及，這種圓圈通常是以銜尾蛇的形態呈現，也就是一條吞食自己尾巴的蛇，可以用粉筆畫（中世紀的魔法陣便是），或甚至使用真正的蛇皮。有一份莎草紙甚至記載了必須寫在圓圈上的字和符號。* 以上只列舉出幾個古代世界運用魔法陣的例子。

《歌伊提亞》現今至少有一個版本複製了銜尾蛇的形式（參閱圖2）。中世紀出現許多這種保護圈的進化版，像是磁鐵鍊條。

很多故事都講述了不小心踏出魔法陣會出現的下場，例如，有一位神父就被自己召喚的惡魔猛烈攻擊，最後死於致命傷。**

圓形會對靈產生某種作用，讓他繞來繞去，找不到容易進入的點。這就好比我們來到一個全然陌生的環境，結果碰到一堵像剃刀般銳利的牆，自然也不會想嘗試穿過去。

從中世紀到今天所問世的魔法師實用手冊，概稱為魔法書，詳細記載了召靈實驗的時間及所需的工具與護符。書中寫的不是歷史、理論或神學，而是召靈的方法。所有的魔法書都強調召靈是很危險的，所羅門魔法書說到魔法師必須被一個經過聖化的魔法陣包圍，並在胸前佩戴護身墜盤。

＊參見 *Papyri Graecae Magicae (PGM)* III. 291–306。
＊＊海斯特巴赫的凱撒里烏斯（Caesarius of Heisterbach）記載。

　　保護自己不受靈、惡魔，甚至是神祇的傷害，是必要的。新世紀的提倡者雖然總是將天使與神祇想像成良善的靈性生物，甚或把祂們當助手或寵物看待，但古人比他們有智慧多了，從不感到自滿。就連聖經也記載了好幾個約櫃（屬於猶太人的上帝雅威）砸死虔誠信徒的案例。這個題材後來也出現在印第安納‧瓊斯的電影裡。

召靈的方法和設備

　　所羅門魔法的保護措施很詳細明確，但是都包含三個主要元素：一個畫在地上的魔法陣，使靈／惡魔無法跨越；幾個魔法配件，如劍、權杖或魔杖；製作得當的護符經匣（跟一般的護符不同），為魔法師提供貼身防護。

　　在進行任何召靈儀式之前，必須先在地上畫魔法陣，這是最主要的防護。畫魔法陣的原因是，魔法師必須由一道靈／惡魔無法跨越的界線保護著。史上最受尊崇的魔法書之一《七日談》曾形容魔法陣「是某種堡壘，可以保衛施法者不受邪靈所傷。」[14] 從古至今都有魔法師召靈時，未採取這項保護措施而被靈傷害的事情。即使到了二十一世紀的今天，我仍時常聽聞有人坐在自家客廳的扶手椅上，懶得畫魔法陣，就試圖召靈。幸好，這些草率的外行人通常因為太過愚蠢，無法執行複雜嚴苛的召靈過程，所以毫髮無傷。如果他們用的方法正確，就會成功，也會需要保護。

　　魔法陣有很多種，最簡單的只會包含一至兩個神名，比較複雜的則會囊括卡巴拉生命之樹上所有的十個神名、大天使名以及天使名（圖1和圖2）。

　　魔法陣的界線永遠是一個圓圈（更準確地說，是兩個圈組成的一個圓環），但有時候會被一個方形框住。兩個圓圈之間通常會寫上具有保護力量的名諱，舉凡神祇、大天使、天使，甚或是惡魔之王的名字，乃至於四季、太陽、月亮與地球的祕密之名（圖3）。根據《七日談》和其他遵循此書樣式的魔法書，這些名字每個季節都會改變。

14.Agrippa, *The Fourth Book of Occult Philosophy*, 59–60。

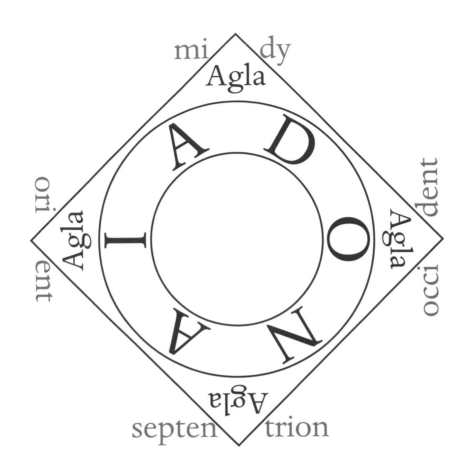

▲ 圖1：非常簡單的一款魔法陣

魔法陣的四個角落寫有「AGLA」，為「Atah Gibor le-Olam Adonai」（אגלא）的縮寫，意為「永恆的萬能之主」，猶太人日禱的其中一句話。兩個圓圈之間所寫的「ADONAI」，是希伯來文的「主」這個字。[15]

15.Wellcome MS 983。

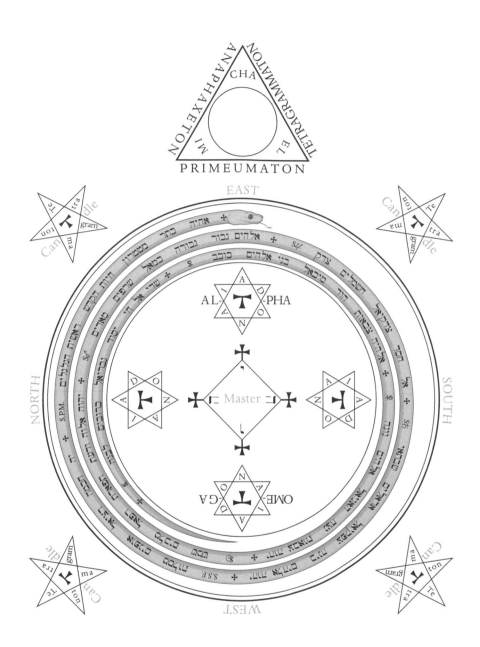

▲ 圖2：一款複雜的魔法陣

包含十個神名、大天使名以及天使名。[16]

16. 取自 Crowley's *The Book of the Goetia of Solomon the King* 的首頁插圖。

　　魔法陣還有許多更複雜的形態。[18]製作魔法陣有個常見的工具，那就是圓圈畫好後，施法者必須使用一把經過聖化的劍或刀再劃一次。靈似乎很懼怕銳利的鐵製品，因此魔法師便藉此劃出一道有效的屏障。

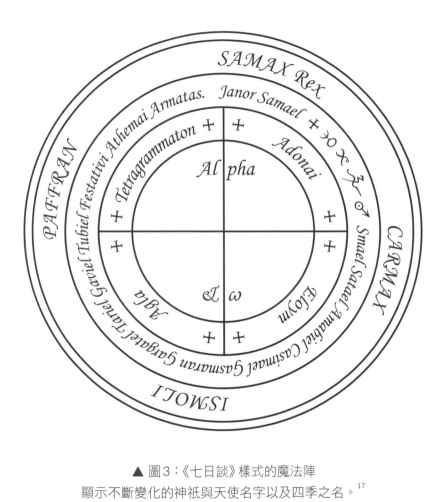

▲ 圖3：《七日談》樣式的魔法陣
顯示不斷變化的神祇與天使名字以及四季之名。[17]

---

17. Skinner and Rankine, *The Veritable Key of Solomon*, 139。
18. 見 Skinner, *Techniques of Solomonic Magic*, 152 ～ 180取得更多魔法陣範例。

　　遵循《所羅門魔法集》的希臘魔法師，會依照書中指示將匕首或刀把為黑色的刀放在魔法陣入口，刀尖朝外。魔法書並且囑咐魔法師不可踏出魔法陣，甚至連上半身彎出外面也不可以。

　　如果是在戶外，一樣用同一把刀劃過草地。圖4描繪了召喚靈體奧伯利昂（Oberion）的情景，就是屬於這種森林魔法陣[19]。特別注意，在這個魔法陣裡，神名仍是以希伯來文寫成，另外還有幾個希臘文的基督教名諱，如「插入原文」。

THE CIRCLE FOR RAISING Oberion.

▲ 圖4：設置在林間空地，用來召喚靈體奧伯利昂時使用的魔法陣[20]

---

19. 見 Harms, Clark, and Peterson, *The Book of Oberon*, 467–473。
20. 參見雜誌 *The Straggling Astrologer*, 1824. Edited by Robert Cross Smith, aka Raphael。

魔法三角形

前面已經提過，用粉筆在地上畫出圓形的魔法陣，是保護魔法師的基本措施，可防止靈體攻擊。同時，魔法師必須在魔法陣外圍畫一個三角形，用來禁錮靈體。魔法三角形同樣是畫在地上，相關史料較少，但可以確定已經使用至少三百年。魔法三角形是靈現身的地點，但又不能稱得上是一種傳送門，而是暫時限制住靈的裝置，並可迫使靈如實回答魔法師的問題。魔法陣之所以是圓形的，是因為在理論上這是一個完美的幾何圖形，但是在實際應用上，則是因為圓形會讓靈產生困惑，不斷繞圈，試圖找到進入的點，最後被困在魔法三角形內。

魔法師也可佐以其他保護措施，例如佩戴經匣、潑灑聖水等等，但是這個部分不在本書探討的範圍內。

◆ 《所羅門之鑰》 ◆

雖然世界各地共有數百本魔法書以手稿形式存在於圖書館與私人收藏中，卻只有十幾本曾經出版。其中，最著名的當數《所羅門之鑰》。此著作已知的手稿數目約有一百五十份，但卻只曾出版過兩冊。[21]

《所羅門之鑰》描述了召靈前的準備事項，以及召靈期間需要使用的咒語和魔法陣。書中也含有大量的行星護符，若在對的時間使用對的薰香及對的咒語進行聖化，便能達到各種目的，包括獲取榮耀與財富、賭博或愛情順利成功等。《所羅門之鑰》看似是由所羅門王所著，但其實是來自希臘文獻《所羅門魔法律典》。[22]

---

21. S. L. MacGregor Mathers, *The Key of Solomon*, 2000。另有三份手稿發表在 Stephen Skinner and David Rankine, *The Veritable Key* of Solomon, 2008。

22. Marathakis, *The Magical Treatise of Solomon, or Hygromanteia*。

　　惡魔召喚手冊最重要的一部分，便是靈體名冊，裡面詳細列出每個靈的名字及其能力。每個靈都有特定的行使範疇，也就是它的「職掌」，超出範圍的事情不能做出行動。例如，可以在「心」的相關議題上為魔法師提供一臂之力的靈，是沒辦法為他帶來錢財的。靈體注重專業分工，所以在召靈前，你得確定自己想要的東西、希望實現的願望在該靈的專業領域範圍之內，否則為召靈所消耗的心力都將白費。為此，你需要一份列有靈體名字和職掌的靈體名冊，但《所羅門之鑰》卻沒有包含這個部分。

靈體職掌

　　現存最早以歐洲語言寫成的靈體名冊，被收錄在希臘文獻《所羅門魔法律典》中。第一個以拉丁文寫成的名冊，則是由某修道院院長率瑟米爾斯在一五〇八年完成，取名為《論靈體的職掌》（De Officio Spirituum）。這份文獻目前下落不明，但由約翰・波特（John Porter）於一五八三年（跟約翰・迪伊博士同時代）完成的《靈體職掌之書》（A Book of the Offices of Spirits）有可能是該文獻的英譯本。[23]「職掌」在這裡的意思是靈體的功能，也就是靈體能夠做到或被允許去做的事物範圍。在《靈體職掌之書》中，靈體的等級結構非常分明，總共列出 4＋3＋75＋（4×12）＝130 個靈體的名稱和功能。這些數字展現了此魔法書的結構與等級本質，全書的第一句話便列出四名「風之王」（或稱月下四靈）：

東王烏利恩斯（Urience ／ Uriens ／ Uraeus）[24]

西王派蒙（Paymon）

南王亞麥依蒙（Amaymon）

北王艾基恩（Egine ／ Egyn）

　　這四個靈也被稱為「惡魔四王」，是魔法實踐中非常重要的角色。《靈體職掌之書》接下來說到，在這四王之上有三名至高惡魔：「路西法（Lucifer）、別西卜與撒旦（Satan）。」這些名稱

---

23. Porter, *A Book of the Offices of Spirits*, 2011。

24. 此王常被拼寫成「Oriens」，但這其實是把拉丁文「東方」的拼法產生混淆之後的結果。某張魔法書裡的圖表把 Oriens 這個拉丁字放在東王真正的名稱旁邊並列置，造成王的名字和方位的名稱久而久之出現混淆，使人們將 Oriens 誤以為是東王的名字。在《地獄之鑰》（Clavis Inferni，參見 Skinner and Rankine, The Grimoire of St. Cyprian: Clavis Inferni）等手稿中，東王的名字顯然原本是 Urieus 才對。Urieus 這個字不僅聽起來跟古埃及的眼鏡蛇頭飾 Uraeus 很像，其象徵符號還是一條長有翅膀的銜尾蛇，清楚表示此王名稱與古埃及的淵源。東方這個太陽升起的方位同樣具有強烈的埃及意象。

的字源很有意思，但是簡單來說，路西法在希臘文中是「光之使者」的意思，非利士人／巴勒斯坦人的神祇別西卜（בַּעַל זְבוּב，希臘文 βααλζεβούβ）意為「飛蟲之王」[25]，而撒旦在《約伯記》當中則是敵對者的意思。

地獄之王還有許多不同的版本，其中一種分類法是以基督教七原罪為基礎，但是沒有什麼規則可循，十分隨意——路西法：傲慢；瑪門（Mammon）：貪婪；阿斯莫德：色慾；利維坦（Leviathan）：嫉妒；別西卜：暴食；撒旦：憤怒；貝爾芬格（Belphegor）：怠惰。[26]另一個分類是比較標準的猶太教邪惡之樹（the Qliphoth）名單：撒旦與摩洛（Moloch）、別西卜、路西弗（Lucifuge，避光者）、亞斯她錄（Ashtaroth）、阿斯莫德、貝爾芬格、巴力（Baal）、亞得米勒（Adrammelech）、莉莉斯及那海姆（Nahemah）。[27]

然而，我們比較重視魔法師如何看待惡魔等級，基督教神學家或猶太拉比的觀點相對而言較不重要。接在三位至高統治者和四位四方之王的，是七十五位分成多個等級的惡魔，數目跟《歌伊提亞》所登載的七十二惡魔很接近。[28]這些惡魔的等級跟中世紀社會的階級相仿。要計算每一個等級有多少惡魔不容易，因為很多同時擁有兩個等級，例如第十五位惡魔達拔斯就同時是親王和君王。但，如果只算每個惡魔的最高等級（用人類的文化來解釋，親王通常會變成君王），就會得到以下的結果——君王：十一個；親王：十四個；公爵：十一個；伯爵：七個；侯爵：五個；子爵：二個；閣下與總督：六個；統領：六個；教長：一個；其他類別：[29]十二個。總共七十五個。[30]

等級為什麼如此重要？因為魔法師必須知道要跟哪一等級的惡魔索取願望，並知道該使用哪一位等級較高的惡魔或神祇的名諱，迫使較低等級的惡魔就範。例如，如果一個等級較

---

25. 一般翻譯成帶有貶意的「蒼蠅王」或「糞堆王」。基督教惡魔學將別西卜列為七個地獄之王之一。

26. 德國主教彼得・賓斯菲爾德（Peter Binsfeld）在一五八九年列出的地獄之王。

27. Skinner, *Complete Magician's Tables*, table K93。阿萊斯特・克勞利後來修改了此名單，放進自己最喜歡的惡魔。

28. 不過，兩本書列出的靈不一樣，雖然有些名稱很相似，有些具備同樣的能力。

29. 大人（magnus petis）、騎馬人、騎士、船長、巨人和牛。

30. 後文接著描述另外十二個由四方之王統轄的惡魔。

低的靈不順從,魔法師可以利用他的王加以脅迫,即便可能無法真的將此威脅付諸實現。

《歌伊提亞》也有類似的結構,相關數據如下:君王:十二個;[31]公爵:二十三個;統領:十二個;侯爵:十二個;伯爵、親王與教長:十二個;騎士:一個。總共七十二個。[32]

然而,《歌伊提亞》沒有寫到三位至高統治者。在十七世紀的其他魔法書中,這些統治者有時只會以縮寫 L:B:S 出現,或許是怕教會發現有人持有一份文件,裡面寫了路西法、別西卜和撒旦這三個會引發軒然大波的名字後,會加以迫害。

《所羅門王小鑰》包含現存最為完善的靈體名冊,它也是《所羅門之鑰》以外最有名的魔法書。

王者之靈

許多手稿都證實了,畢爾托(Bitro)這個靈體據說曾在英王愛德華四世和王后伊莉莎白・伍德維爾(Elizabeth Woodville)面前被召喚現身。* 這次召靈所使用的技巧很特殊,包含兩個同樣大小的圓圈,一個給靈(其上寫有「畢爾托」字樣),一個給魔法師(其上寫有「大師」字樣),且必須在兩個圓中間擺放雙足飛龍的圖畫或模型,因為這會讓人聯想到伊莉莎白・伍德維爾的祖先、傳說中的半蛇半人女妖美露莘(Mélusine)。除此之外,魔法師還拿著一根表彰惡魔之王名諱(故事中使用的是北王艾基恩)的手杖。手杖和飛龍雙管齊下,讓魔法師有足夠的信用可召喚畢爾托。這可能是唯一一個需要魔法師使用飛龍意象進行召喚的靈。

* Skinner and Clark, *The Clavis or Key to the Mysteries of Magic*, 398–399。

---

31. 名單上只有九個,重新建構後改成十二個。《歌伊提亞》的名單有錯,只顯示九個王,但是黃道十二宮原本各有一個王。

32. Skinner and Rankine, *The Goetia of Dr. Rudd*, 103–174, 366–381。

◆ 《所羅門王小鑰》 ◆

《所羅門王小鑰》由五卷魔法書組成，其中有四卷是靈體名冊。這五卷魔法書分別是：

一、《歌伊提亞》，又稱《邪靈之書，或歌伊提亞》（Goetia, or Liber Malorum Spirituum seu
Goetia），列出了七十二邪靈。

二、《神通－歌伊提亞》（Theurgia-Goetia），兩種屬性的靈皆有列出。

三、《保羅術（第一和第二部分）》（Ars Paulina (parts I and II)），列出了善靈。

四、《蠟壇術》（Ars Almadel），列出了天使。

五、《速學術》（Ars Notoria），亦有運用天使的力量。

在一五〇八年的時候，五卷書都存在於世上，率瑟米爾斯也都很熟稔，只是有幾卷書名不
一樣。阿格里帕在一五三一年的《祕術哲學三書》第三本書的最後面〈論巫術與招魂〉及〈論神
通〉等兩個章節中，分別提到了五卷書當中的四卷。[33] 在這些章節，阿格里帕為了不引起教會
或宗教裁判所的關注，刻意批判《歌伊提亞》。這個手法最初是由率瑟米爾斯所使用，他會大肆
批評提及的每一部魔法書，但其實全都言不由衷。之後，阿格里帕曾提到一位「阿波尼烏斯」
（Apponius，即阿巴諾的彼得〔Peter de Abano〕），說他寫了一本「關於《歌伊提亞》」的書，卻
沒有明確指出他的著作《七日談》就是《歌伊提亞》裡那些咒語的真實來源。

在〈論神通〉這個章節中，阿格里帕引述了「《蠟壇術》、《速學術》、《保羅術》、《啟示術》
及許多類似的」。前三本書都是《所羅門王小鑰》的組成部分，因此阿格里帕總共提到了《所羅
門王小鑰》五卷書當中的三卷，並提及另外兩卷的主題內容。

這五卷書互相補充、互有關聯，每卷都屬於所羅門週期（除了最後一卷），且內容都可
追溯到至少一五〇〇年。其中一卷說到的工具，通常會在另一卷找到。

《所羅門王小鑰》有兩個出版本，一個是由約瑟・皮特森（Joseph Peterson）[34] 所編，另一個
是由我本人與大衛・朗金（David Rankine）[35] 共同編撰，後者取自湯瑪斯・路德博士（Dr. Thomas
Rudd）[36] 文章的手稿副本。

雖然皮特森的編著是《所羅門王小鑰》的標準版本，但是路德產出的版本還包含其他材
料，像是抑靈天使印記、取自《七日談》的魔法陣，還有一個特殊的方法，教導魔法師使用一

種金屬容器的模型控制靈體——據說這是所羅門用來囚禁靈的做法。現在就讓我一一介紹《所羅門王小鑰》的每一卷。

　　路德所抄寫的《所羅門王小鑰》或許可以追溯到一六四一年，因為《保羅術》（第二部分）舉的其中一例寫明是發生在一六四一年三月十日。

第一卷：《歌伊提亞》，又稱《邪靈之書，或歌伊提亞》

　　前面曾經提過，《歌伊提亞》收錄了一份七十二惡魔名冊，裡頭描述惡魔的樣貌和職掌，以及他們指揮的軍團數量，有時也會提及他們的上級是哪一個王。最後這一項並不完整，但可以看得出來，名單上的惡魔原本是以他們的王進行分組，但是在多次編輯後，這項特點不知為何失傳了。每一個惡魔都有自己的印記，而路德的版本也有另外寫出控制、抑止每一個惡魔的天使名稱與封印。

　　近來，《歌伊提亞》變得有些出名，七十二靈的印記在過去幾十年來流傳於網路世界，就連許多 T 恤也印有這些印記。我相信，印記的原始作者一定不樂見這個現象。《歌伊提亞》除了作為靈體名冊使用，還包含了一組強度愈來愈大的召靈方法，取自阿巴諾的彼得所著的《七日談》。[37] 當中最強的咒語可以召喚該靈體的王，用來迫使靈現身。

---

33. 見泰森編註的《祕術哲學三書》，第 695–699 頁。

34. 參見 Peterson, *The Lesser Key of Solomon: Lemegeton Clavicula Salomonis*。

35. 參見 Skinner and Rankine, *The Goetia of Dr. Rudd*。

36. 自從英國詩人、同時也是黃金黎明會會員的愛德華・韋特（A. E. Waite）在著作《儀式魔法》（Ceremonial Magic）中錯誤地表示路德只不過是彼得・斯馬特（Peter Smart）杜撰的人物之後，就時常可以聽到同樣的說法。這是錯的，因為大量證據都證實了路德的存在（參見第七冊有關路德博士的專欄）。此外，彼得・斯馬特非常清楚地標示了路德每一頁手稿的開頭（就跟我們標示頁碼一樣），如果他不是在抄寫一份真實存在的稿件，而只是在捏造稿件的真實性，那麼這個動作就太可笑了。另外，我們還能找到多處地方提及一個姓名縮寫「T.R.」的人為約翰・維耶爾（Johann Weyer）的《萬魔殿》（Pseudomonarchia Daemonum）提供參考來源與素材。雖然不能證明此人就是湯瑪斯・路德，但是這個可能性很大。

37. 這本魔法書是阿格里帕《祕術哲學第四書》的一部分；其實，這部著作只有兩個部分是由阿格里帕所寫，其他部分的作者包括阿巴諾的彼得、維蘭加努斯（Villanganus）等人。基於這個原因，許多作家表示此書並不是由阿格里帕所著，而是「偽阿格里帕」所寫的。然而，這樣說也不對，比較正確的說法是，這是由「阿格里帕等人」所著的書。見 Abano, Heptameron。

這本魔法書接著附上行星吉時及神祕季節名稱的表格、魔法陣的繪製方法、一星期的每一天需要使用的薰香和靈體／天使名、召靈工具的聖化方式，以及關於時機和施法的指示。

第二卷：《神通－歌伊提亞》

《神通－歌伊提亞》列出了兩種屬性的靈，即邪靈與善靈。這本魔法書最明顯的特色，或許就在它對於方位的堅持與強調。它體現了召靈的另一條規則，那就是魔法師一定要知道靈出現的方向，且應該面向該方位。因此，這份文獻的第一張插圖是一朵精緻繁複的羅盤玫瑰，顯示所有的靈所在的方向。靈體現身時，魔法師如果背對著它，不僅沒有禮貌，也有損魔法師的顏面（圖5）。

跟航海用的羅盤一樣，這些方向原本就是要表示風向。不過，拉丁文的「spiritum」同時具有「靈」和「氣」的意思，使人們很容易為這兩個意義建立起關聯。

相較之下，《歌伊提亞》有關方向的規則就簡單多了，但它仍然建議一定要面對魔法三角形，而魔法三角形應該放在靈現身的那一側。可惜，《歌伊提亞》關於方向的敘述寫得有點模糊。反之，《神通－歌伊提亞》非常明確地畫出了每個靈在羅盤上的點。例如，拉吉爾會於正北方位現身，多羅伽爾會在「西微北」現身，而烏結爾則會出現在西北方。圖上詳細畫出了共三十二個方位。

《神通－歌伊提亞》這個書名有點奇怪，因為希臘裔的埃及魔法師很努力區分這兩種法術。因此，我認為取這個書名的魔法師並不是真的明白「通神術」的對象僅限於神祇，而是純粹拿這兩個詞來指涉好的跟壞的靈。

這本魔法書其實就是率瑟米爾斯所著的第一本書《隱寫術》（Steganographia）的儀式版本；可以確定《隱寫術》是在一五〇〇年之前彙編完成。[38]《隱寫術》向來都是一本很神祕的書，有些評論家聲稱這是一本有關密碼學的書，有些則說這是一本關於魔法的書。表面來看，這本書講的是如何利用天使在相隔兩地的兩個人之間傳遞祕密訊息（在沒有電子郵件的時代，這個功能絕對會非常有用）。因此，約翰・迪伊博士第一次看到這本書時十分興奮。我懷疑，藉由天使的協助傳遞祕密訊息可能才是這本書的主要目的，但這本書無可避免地必須增加密碼學的內容，以免訊息不小心被找到時，內容本身被揭露。

38.《神通－歌伊提亞》的靈體排序和《隱寫術》的不一樣。

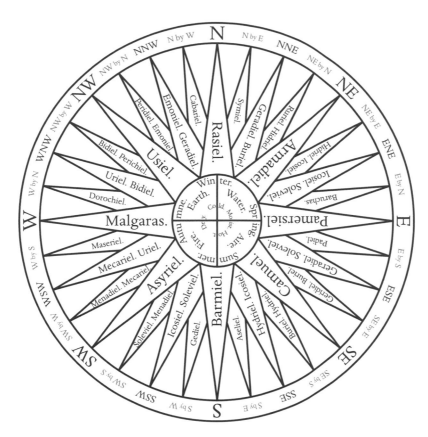

▲ 圖5：《神通－歌伊提亞》的羅盤玫瑰
顯示每一個靈現身的確切方位。

　　《隱寫術》至少有一份手稿比印刷版本還要完整[39]，顯示出對應十六個公爵的十六個羅盤方位（印刷版僅列出三位公爵）。率瑟米爾斯在一五一六年逝世，但《隱寫術》一直到一六二一年才在德國的達姆施塔特出版，並於一六三五年再版，但是都沒有出版完整稿件。

　　《神通－歌伊提亞》跟《歌伊提亞》一樣，等級分明，由四位皇帝（加斯伯祿、卡尼歇爾、阿米納蝶爾和戴蒙瑞爾）領頭，對應四個方位基點，而十六位公爵則分派到基點之間的點以及其他方位。剩下的羅盤點由十一位所謂的「漂泊親王」填滿。

---

39. 蘇格蘭國家圖書館 Adv. MS 18.8.12。

原稿顯然遭到多次編修，部分對開紙張看得出經過重新排列，因為有關實際召靈手法的那幾張紙沒有出現在手稿開頭，而是被放到關於帕米西爾的描述後。要召喚《神通－歌伊提亞》的靈體，方法如下（這個方法不是只能用來召喚帕米西爾）：[40]

1. 在某座島嶼或樹林中選擇一個隱密處；

2. 或使用家中一個專門用來召靈的私密房間，最好是在較高的樓層，因為《神通－歌伊提亞》的靈皆為風象靈體。

3. 魔法師應在胸前佩戴該靈的封印，並在腰間圍上獅皮（《歌伊提亞》有提到）。

4. 製作前一卷《歌伊提亞》所收錄的魔法陣。

5. 在一張刻有所羅門封印的施法桌上，放置一塊直徑四吋的水晶，將靈體召喚到其中。[41]

6. 念誦咒語數次，給靈體一些時間現身。[42]

7. 書上雖然沒有寫，但你應該查看羅盤玫瑰（圖5），面對正確的方位，並燃燒正確的薰香，或使用萬用的乳香。

雖然書中說這個方法類似某種「心靈電報」，可以用來跟遠方的朋友溝通，但這其實真的就是召喚天使的方法。魔法師面對天使的方位召喚之，接著遞交用密碼寫在一張紙上的要求（他希望天使做什麼）。製作密碼訊息很耗費心神，是施法的一部分，有點類似英國神祕學家奧斯丁・奧斯曼・斯佩爾（Austin Osman Spare）將自己的要求畫成一個印記的做法。所以，收訊者並不是人類。書上的方法比較複雜，因為不僅要面對正確的方位，還要指名特定的靈，而不像斯佩爾只有請求「宇宙」。一如往常，時機也是很重要的。[43]

第三卷：《保羅術》

《保羅術》分成兩個部分，內容很不一樣，當作兩本書看待也不為過。

這本魔法書的開頭是一張施法桌的圖，跟所有的施法桌差不多，包括迪伊博士的版本。施法桌的用途是放置占卜水晶或裝滿水的玻璃容器，上面的圖案通常是六芒星。桌上應該會放置或刻有七大行星的封印，太陽的封印位於正中央，而其餘六印則置於六個角。

---

40. 帕米西爾是第四位惡魔親王或君王（不同的參考來源列的名字可能不一樣），統治東方。《所羅門王小鑰》的第二卷《神通－歌伊提亞》收錄了召喚他的咒語。召喚《神通－歌伊提亞》所有靈體的步驟雖然是列在他的名字下方，但卻不是只跟他有關。

41. 實際上，所羅門封印有另一個功能（封住封靈瓶的塞子），因此你應該按照《保羅術》（下一節）的指示使用施法桌。參見圖6。

42. 有些版本省略了這些主要的咒語，讀者可參考 Skinner and Rankine, *The Goetia of Dr. Rudd*, 215–304。

43. 中國形上學有一個稱作「奇門遁甲」的分支，提到了靈體和奇門之間的連結，以及這些門要如何在特定的時機和方位等條件下開啟。《神通－歌伊提亞》與《保羅術》（第一部分）跟這有異曲同工之妙。

《保羅術》（第一部分）

《神通－歌伊提亞》強調方位，《保羅術》則注重時間和行星主宰。行星吉時在西方魔法中極為重要，幾乎所有的魔法書都會提到。《保羅術》的第一部分是靈體名冊，根據白天與黑夜的各行星吉時列出對應的靈體。每一天的主宰天使都一樣，跟吉時的主宰行星不同。據說，《保羅術》是使徒保羅在哥林多時得到的，故得名。《保羅書信》中，保羅以第三人稱描寫自己升到第三層天上，說他「聽見隱密的言語，是人不可說的。」[44]《保羅啟示錄》也說到保羅到了第四層天上，看見一個準備轉世的靈魂，後來他又繼續上升到其他層天上，直到第十層。[45]這些段落為《保羅術》這個書名提供了一定程度的背書，但除此之外，書名中的保羅沒有什麼特別意義。

白晝的十二個小時（日出到日落）與夜間的十二個小時（日落到隔天日出）都有各自的名稱，並分派一位主宰天使。這些天使也統領數量不一的公爵，公爵自己也有一隊僕人。這些並沒有全部被列出來。每一個吉時都有一個非常基礎的封印，包含行星與黃道的符號。所有的吉時都使用同樣一個簡單的咒語，僅提及的天使名字不同。

時機

召靈的正確時機通常跟該靈隸屬的行星有關。例如，太陽靈只能在星期日召喚，木星靈只能在星期四召喚。此外，在該靈的行星吉時召喚之，會比較容易。大部分的魔法書都有列出吉時，包括《所羅門之鑰》。比方說，在星期四（木星日）召喚木星靈最好的時間，就是在木星時，也就是星期四的第一個吉時（日出後第一個吉時）或日出之後的第八個或第十五個吉時，以此類推。吉時是從日出開始算起，但不是以時鐘為基準，而是要將日出和日落之間經過的分鐘數除以十二，才會算出一個行星吉時的長度（夏天可能比六十分鐘長，冬天比六十分鐘短）。你應該使用的是這種從日出開始計算的「行星吉時」。＊

＊ 參見第三冊〈行星魔法〉裡的的行星時（P91–93）」。
44.《哥林多後書》12章2–4節。
45. Robinson, "The Apocalypse of Paul," in The Nag Hammadi Library in English, 257–259。

圖6：《保羅術》使用的施法桌[46]

《保羅術》（第二部分）

《保羅術》的第二個部分是源自率瑟米爾斯《隱寫術》的第二卷。這本魔法書跟占星有密切關聯，且有多種用途。《保羅術》在這個部分列出黃道十二宮三百六十度每一度的主宰天使，結合了時間與方位。有趣的是，阿巴諾的彼得也為這三百六十度的每一度繪製了魔法圖像，再次使《七日談》與《所羅門王小鑰》的參考來源產生了關聯。

如果你知道自己誕生時間的確切星座和角度，會很有幫助，這樣你就可以知道你的誕生主宰天使，也就是「你的誕王或誕后」。這跟個人守護神（genius）或守護天使（guardian angel）的概念很像：守護神會將天上的靈（無論是好是壞）發揮的影響傳遞給在該靈體主宰下誕生的人。舉例來說，勒崔爾（Latrael）是天秤宮3°，而沙蔑爾（Tzamiel）是水瓶宮10°。不知道自己誕生角度的人也沒關係，因為每一宮也都有專屬的天使。

46.《神通－歌伊提亞》也適用。

　　這三百六十個天使（或靈體）有時會合稱為「度主系統」（monomoiria）。至少有兩個諾斯底教派推崇：斐畢俄派（Phibionites，因為在儀式中從事性行為和猥褻舉動而惡名昭彰）與馬庫斯派（Marcosians）。然而，我們無法確定《保羅術》跟這些教派是否有任何關聯。有趣的是，這些靈體在這裡被稱作「daemones」，看得出是源自諾斯底主義。每一宮都有兩個封印，跟帕拉塞爾斯斯在一六五六年首次出版的《自然的至高奧祕》（Of the Supreme Mysteries of Nature）裡收錄的一樣。上面的刻文大部分是希臘文，也有部分是拉丁文。

　　書中寫了一則用來召喚這些天使的禱文，但作者也鼓勵魔法師使用「給神的禱文，可以根據自己的喜好創作出適合當時狀況的內容。」[47]另外，書裡也有說「這個禱文可以依施法者的想法修改，此處提供的只是範例。」可接受的請求包括：「點亮頭腦，帶走記憶中所有模糊黑暗的東西，讓你立刻上知天文、下知地理。」這預示了《速學術》的主旨，也就是讓你立刻通曉所有知識。同樣地，書中強調面對的方位很重要，並會使用到一顆「水晶石」，讓天使能現身其中，「最後你將在水晶裡看見奇異景象和通道，最後你將看見你的守護神。」此法類似與神聖守護天使溝通的方式。

第四卷：《蠟壇術》

　　《蠟壇術》談的純粹是天使的召喚方法。書中列出的天使被分成四個「高度」（chora，或altitude），常常被拿來跟約翰・迪伊博士與愛德華・凱利（Edward Kelley）在一五八〇年代進行水晶占卜時獲得的三十重天召喚相提並論，但「高度」並不等於「重天」。「Chora」這個希臘詞彙最初在亞歷山卓被使用時，指的是城外的郊區及其方位，所以指涉的其實是四個方位基點。書中後來也證實了這一點，將此定義成「世界的四個角落：東、西、南、北，分成十二部分，因此每一部分（包含）三個（宮）。」因此，在這本書裡，方位和時間（黃道十二宮）又再一次合併。

　　阿格里帕曾提及《蠟壇術》，因此可知這本書至少可回溯到十五世紀晚期。根據特納[48]所說，佛羅倫斯有一份十五世紀的手稿便包含了《蠟壇術》的文本。[49]書中收錄的方法可能是來自《蠟壇繼承》（Temunoth ha-Almadel）等猶太天使魔法相關文獻。[50]

---

47. *Ars Paulina II*, in Skinner and Rankine, *The Goetia of Dr. Rudd*, 340–341。
48. 《伊莉莎白時期的魔法》（Elizabethan Magic）作者羅伯特・特納（Robert Turner）。
49. Florence MS II-iii-24。參見 *Turner, Elizabethan Magic*, 140。
50. 大英圖書館 Oriental MS 6360, f.13v。

　　大英圖書館有另一份手稿提及，蠟壇（用來召喚天使的一種蠟版）是熱內亞人克里斯多福‧卡坦（Christopher Cattan）所發明的：「所謂阿拉伯蠟壇的發明者」（l'inventore de detti Almadel Arabico）。[51]卡坦有一本關於地占術的著作，一五五八年以法文出版、一五九一年以英文出版，非常具有影響力，也使他因而成名。但是，「阿拉伯」一詞顯示他有可能只是翻譯這門技術，而非發明者。

　　我們很容易會把這本魔法書的書名與阿拉伯文的「魔法圓圈」（al-Mandal）一詞聯想在一起，但奇怪的是，書中所使用的方法並沒有運用到圓形。作者也有可能理所當然地認為圓形的魔法陣是施法的必備工具，只把注意力放在施法桌的設備上。

　　蠟壇術會使用到一塊六平方英寸的蠟版，四個角落各有一根蠟燭，版面刻意開幾個洞，讓置於下方的燒香容器燒出來的煙可裊裊升起，圍繞置於版上、由一黃金封印支撐的水晶。蠟版上的四個方陣中刻有照慣例會使用的神名[52]，中央為一六角形，作為施法桌使用。

　　蠟的顏色每一個「高度」都不同。所有的天使都共用同一個咒語，只是改變天使的名諱而已。每一個高度都有其特殊屬性，例如第一高度可以提高女性或動物的生育率及作物的結果率。博拉切爾與黑利森等天使便是屬於此高度。四個高度使用的咒語都一樣。近年來，弗拉特‧亞宣‧雀桑（Frater Ashen Chassan）等魔法師詳細探討了各高度的內涵。[53]

第五卷：《速學術》

　　《所羅門王小鑰》的手稿抄本很多沒有收錄最後這本魔法書。這本書很有意思，但跟其他四本書非常不一樣。由於書中收錄的技法如此不同，我懷疑它並不是一開始就收錄在《所羅門王小鑰》裡。

　　這本魔法書保證能以非常快的速度教會讀者中世紀教育體系的主要學科，或至少能讓這些學科變得容易吸收。雖然今天基本上已經不再重視邏輯、口才和文法等科目，但是能夠以

---

51. 大英圖書館 Additional MS 8790。

52. Helion、Heloi、Heli、Iod、Hod、Agla、Tetragrammaton、Iah、Adonai、Helomi、Pine、Anabona 等。

53. Garner [Frater Ashen Chassan], *Gateways Through Light and Shadow*。

富有邏輯的方式辯論一個主題，並且能夠針對該主題說、寫出充滿說服力的內容，其實是非常有用的技能。同樣地，《速學術》也保證可以快速傳授拉丁文等古典語言，還有幾何學及哲學。這本書可以肯定是在一二三六年之前寫成的，因為邁克爾·斯科特曾在該年提及此書。據我所知，這本書最早的手稿是耶魯大學圖書館梅隆館藏 MS 1 的一份牛皮紙稿件，年代為一二二五年左右。

羅伯特·特納翻譯的《速學術》英譯本跟《所羅門王小鑰》大部分手稿的完成時間差不多（1657 年）。事實上，《速學術》的手抄本通常都是直接抄寫自羅伯特·特納的印刷譯本，而不是反向操作。然而，就連印刷版也不夠完整，因為書中提供的方法一定要搭配那些繁複的插圖（符號）使用，但是印刷版跟十七世紀所有的手稿都完全沒有收錄。

《速學術》的書名 Ars Notoria 並不像許多人以為的那樣，是「惡名昭彰的法術」之意，而是取自書中大量的魔法圖表「notae」，因為這些圖正是習得此術的關鍵所在。《速學術》的宗旨是要利用這些圖表加強記憶力，讓施法者快速理解任何一門技藝與學科。我們很容易就能想像，用功的學生如何使用這門技術，把一個科目的精華全都塞在自己的腦袋。在書籍稀少的時代，能夠學會一門學科的概要或記下大量材料的內容，會受到高度讚揚，也是學者必備的技能。在當時，所謂的知識指的就是你知道或是能記住多少東西。

到了十七世紀左右，知識的定義改變了，所謂的知識指的是從大量容易取得的書籍之中找到特定資訊的能力。在二十一世紀的今天，知識的定義又再次出現變化，指的是以最有效率的方式利用網路尋找資訊的藝術。但在中世紀，記憶、吸收、組織材料的能力才是最重要的，而這正是《速學術》的成書目的。《速學術》向學生保證，只要把那些極為繁複的圖表背起來，再搭配正確的禱文，就能迅速吸收一整門學科。

這本書原本獨立存在，十七世紀後才納入《所羅門王小鑰》。為了更加快速地達到學習目標，讀者需仰賴靈體或天使的協助。羅伯特·特納解釋得很貼切：[54]

> 《速學術》是一門記憶的法術，雖然在中世紀蓬勃發展，卻被認為源自所羅門和提亞納的阿波羅尼烏斯（Apollonius of Tyana）。此術可以幫助魔法師立刻習得或記住所有的技藝與學科……操作這項技術時，必須一邊盯著適切的圖表，一邊念誦天使名諱和魔法禱文。[55]

---

54. 這裡指的是著有《伊莉莎白時期的魔法》一書的二十世紀作家羅伯特·特納，不是在一六五七年將《速學術》翻成英文的同名譯者。

55. 大英圖書館 Sloane MS 3648, f.1。

　　《速學術》之所以屬於《所羅門王小鑰》的一部分，原因之一在於人們認為所羅門是作者。關於利用天使的幫助、而非靠自身力量認真讀書的這點，在道德上或許會產生一些疑慮，但是實際上，學生只是將這門技術當作輔助，不是達成目標的手段。你可以這樣想：《速學術》就好比擁有進階知識的禱文，可以幫助你通過考試。今天，人們禱告時不拘形式，把自己想要得到的東西一一列出來，但是《速學術》及《所羅門王小鑰》的其他魔法書卻將祈求變成一種較為精準的技術。在將近八百年前，就已經出現像《速學術》這樣的禱告形式，但其目標是為了追求知識這類真正有價值的事物，不像現今追求的淨是五子登科。

　　書中那些美麗的圖表是掌握此技術的關鍵，但是除了最新出版的版本，所有的印刷版及多數手稿都少了這項必要元素。[56]有些圖表很抽象，但有些就像該學科的大綱整理表，例如有關文法的圖表便以圓圈畫出九大詞性，而幾何學的圖表則依序顯示直線、三角形、四角形、五角形、六芒星和圓形。然而，有些手稿[57]收錄的圖表比較像是毫無秩序的大型印記，而非有組織的學科綱要。

　　目前已知有許多手稿存在。約翰・迪伊的私人圖書館至少有兩份《速學術》手抄本，羅伯特・弗拉德（Robert Fludd）和西門・福爾曼（Simon Forman）也有三份，伊莉莎白時代的劇作家班・強森（Ben Jonson）也有一份。

　　率瑟米爾斯也有提到《速學術》，他還表示：「他有一本著作，裡頭傳授的玄祕技術可以讓完全不懂拉丁文的人在一個小時內用拉丁文寫出任何東西。」跟《速學術》的宗旨非常相似。[58]再推到更早以前，會發現阿巴諾的彼得也曾提及《速學術》；[59]前面已經提過，他是《歌伊提亞》咒語的作者。

　　占星家威廉・利利（William Lilly, 1602–1681）擁有兩份《速學術》抄本：

---

56. 見義大利杜林國家圖書館 MS E. V.13 及法國巴黎國家圖書館 MS Lat. 9336；Fanger, *Conjuring Spirits* 第114、116、120、122以及127–131頁收錄了部分黑白印刷的圖表，並以大篇幅加以討論；Skinner and Clark, Ars Notoria: The Grimoire of Rapid Learning by Magic 收錄了五張完整的全彩圖表。

57. 例如法國巴黎國家圖書館 MS Lat. 9336。

58. Thorndike, *A History of Magic and Experimental Science*, 439。

59. 參見他的《中介者》（Conciliator）及《照耀者》（Lucidator）。

在這一整年（1633～1634年），我持續鰥夫的身分，非常認真地鑽研（占星術和魔法）。期間，有一位學者以四十先令的價格把《速學術》典當給我。這是一本（西門‧福爾曼）用牛皮紙寫成的大部頭，裡頭收錄了天使名字和圖像，被當今學者認為只要遵循選定的時間和對應各天使的禱文，便可教導、傳授所有的通才學科。[60]

利利雖然說到「圖像」，但他指的應該是那些圖表。

《速學術》之所以被當成所羅門魔法的一部分，原因可從整部《所羅門王小鑰》的導言看出。有好幾份手稿都收錄了這篇導言，包括《Sloane MS 3648》，裡面提到的所羅門就是利用《速學術》獲得了所有知識：

第五卷是一本辯論和禱文的書，稱作《速學術》，充滿智慧的所羅門在（耶路撒冷的）聖殿的祭壇上會使用之。本書是上帝的神聖天使米迦勒揭示給所羅門的，同時收到許多上帝的手指書寫的簡短註記（即圖表），同樣是由該天使透過雷電宣示給他。若非這些註記，所羅門（王）永遠不可能獲取他宏偉的知識，因為這些註記使他在短時間通曉好壞皆有的一切藝術和學科，所以這些註記被稱作《速學術》。

這本書蘊含所羅門的完整藝術，雖然有很多其他的書籍據說也是他的，但是沒有任何一本可與此相比，因為這本涵蓋了所有。這本書有數個不同的名稱，如《赫利索書》（Book Helisol），但是這指的就跟前面提到的書一模一樣，亦即《速學術》。

整個中世紀，想像力和魔法是用來幫助記憶與經院哲學，《速學術》的內涵尤其如此。流傳於五到九世紀的魔法文獻記載了許多古代拉比召喚「妥拉親王」（Sar-Torah）的故事。這名天使的功用跟《速學術》的天使類似，甚至可能是《速學術》的基礎。妥拉親王賜予拉比絕佳的記憶力，是牢記妥拉大量內容的必備技能。接著，這名天使傳授一個公式給拉比，讓他們賜予別人同樣的禮物。[61]

---

60. Lilly, *William Lilly' s History of His Life and Times*, 45–46。
61. 大英圖書館 Sloane MS 3648, f.1。見 Swartz, *Scholastic Magic*。

麥克・斯沃茨（Michael Swartz）讓我們得以參閱這份文獻，[62]難得可以知道古代和中世紀的猶太人對於倚靠天使召喚來快速習得知識的過程所抱持的看法。他探討了許多召喚天使、乘坐戰車升天的魔法儀式，這在今天的實修卡巴拉當中仍占了很大一部分。因此，這就是《速學術》之所以屬於《所羅門王小鑰》其中一卷的原因，因為它也是所羅門召喚天使的另一種技巧。

第六卷：《智者的目標》

《智者的目標》（Picatrix）來自完全不同的魔法體系。所羅門魔法是源自希臘文獻（在那之前可能來自希伯來文獻），而《智者的目標》則是阿拉伯文獻傳承的魔法體系的一部分，由卡斯提爾王國的阿方索十世（Alfonso of X of Castile）的王室傳到歐洲。這種類型的魔法不會召喚靈體，而是運用複雜的占星術來判定創造護符的準確時間。等到星體的影響對齊一致、最為強大的那個時間點，護符會吸取符上圖像具有的能量。

因此，《智者的目標》跟所羅門魔法無關，就某種層面來說，甚至不屬於儀式魔法。這本書最初是由阿拉伯文寫成，先是翻譯成西班牙文，接著又在一二五六年翻成拉丁文，其後到了二十世紀中葉才翻成德文。後來，又有兩個從阿拉伯文本翻譯的不完整版本問世。黎安娜・賽福（Liana Saif）譯自阿拉伯文本的完整譯本《智者的目標：英文譯本》（The Goal of Sage: An English Translation of Maslama al-）即將出版，將可解答許多關於這份文本的疑問。

---

62. Swartz, Scholastic Magic 收錄的主要是妥拉親王文獻之完整翻譯。

作者介紹

史蒂芬・斯基納博士（Dr. Stephen Skinner）於雪梨大學畢業之後，在現今的雪梨科技大學擔任地理學講師。他在一九七二年著有《追尋阿卜拉克薩斯》（The Search for Abraxas）這本書，同年移民英國，後於一九七六年出版《高等魔法技能》（Techniques of High Magic）。不久後，他又寫了《陸地占星術》（Terrestrial Astrology）一書，即《地占術的理論與應用》（Geomancy in Theory and Practice），至今仍是有關西方占卜地占術最完整全面的英語著作。他跟唐納德・萊科克（Donald Laycock）博士合編了一由本約翰・迪伊發現、使用的天使語字典，並編纂了克勞利的《占星術》（Astrology）及《阿萊斯特・克勞利的魔法日記：突尼西亞一九二三年》（Magical Diaries of Aleister Crowley: Tunisia 1923）。

接著，他出版了插圖眾多的休閒讀物《諾斯特拉達姆士，千禧預言：二○○○年世界末日》（Nostradamus, Millennium Prophecies: Apocalypse 2000）。在二○○三年，他寫了《神聖幾何》（Sacred Geometry）一書，不久後又編纂了阿格里帕的《祕術哲學第四書》。從二○○四到二○一○年，他跟大衛・朗金合作完成儀式魔法參考書系列，包括《真實的所羅門之鑰》（The Veritable Key of Solomon）、《所羅門王小鑰》（含《歌伊提亞》）、《解鎖的門》（Janua Reserata）、《拉吉爾之書：所羅門之書》（Sepher Raziel: Liber Salomonis）以及《地獄之鑰》。

斯基納的《魔法師表格大全》（Complete Magician's Tables）使用圖表總結了卡巴拉的各種對應；天使與惡魔；眾多文化的神祇；拉丁、希臘、巴比倫和埃及的魔法文獻；以及寶石、植物、香水和薰香——共有超過八百四十份的比較表。

他在紐卡斯爾大學獲得古典學博士學位，研究的是魔法莎草紙的希臘文本及其與拉丁魔法書之間的關聯。這份論文的第一個部分是以《希臘埃及魔法技術》（Techniques of Graeco-Egyptian Magic）這個書名出版，第二部分則是《所羅門魔法技術》（Techniques of Solomonic Magic）。

斯基納最新的著作為西布利（Sibley）《魔法的祕密》（Mysteries of Magic）及《速學術》的全彩版本，其中後者收錄了許多完整的圖表，前所未見。他住在新加坡，個人網站是：www.SSkinner.com。

"Translated from"

Llewellyn's Complete Book of Ceremonial Magick:
A Comprehensive Guide to the Western Mystery Tradition

Copyright © 2020 edited by Lon Milo DuQuette and David Shoemaker
Published by Llewellyn Publications
Woodbury, MN 55125 USA
www.llewellyn.com
Chinese complex translation copyright © Maple Publishing Co., Ltd., 2021
Published by arrangement with Llewellyn Publications, a division of Llewellyn Worldwide LTD.
through LEE's Literary Agency

儀式魔法全書〈上冊〉

出　　　版／楓樹林出版事業有限公司
地　　　址／新北市板橋區信義路163巷3號10樓
郵 政 劃 撥／19907596　楓書坊文化出版社
網　　　址／www.maplebook.com.tw
電　　　話／02-2957-6096
傳　　　真／02-2957-6435
作　　　者／隆·麥羅·杜奎特
　　　　　　大衛·修梅克
翻　　　譯／邱俊銘
　　　　　　羅亞琪
　　　　　　邱鈺萱
企 劃 編 輯／陳依萱
校　　　對／黃薇霓
港 澳 經 銷／泛華發行代理有限公司
定　　　價／650元
出 版 日 期／2021年10月

國家圖書館出版品預行編目資料

儀式魔法全書 / 隆·麥羅·杜奎特，大衛·修梅克作
; 邱俊銘，羅亞琪，邱鈺萱翻譯. -- 初版. -- 新北市：
楓樹林出版事業有限公司, 2021.10　　面；　公分

譯自：Llewellyn's complete book of
　　　 ceremonial magick : a comprehensive
　　　 guide to the western mystery tradition

ISBN 978-986-5572-55-6（上冊：平裝）. --
ISBN 978-986-5572-56-3（下冊：平裝）

1. 巫術

295　　　　　　　　　　　　110012976